Michail Gorbatschow / Daisaku Ikeda

Triumph der moralischen Revolution

Michail Gorbatschow / Daisaku Ikeda

Triumph der moralischen Revolution

Aus dem Englischen übersetzt
von Alwin Letzkus

HERDER

FREIBURG · BASEL · WIEN

MIX
Papier aus verantwor-
tungsvollen Quellen
FSC® C083411

© Daisaku Ikeda und Michail Gorbatschow, 2005
© Verlag Herder GmbH, Freiburg im Breisgau 2015
Alle Rechte vorbehalten
www.herder.de

Umschlaggestaltung: Christian Langohr, Freiburg
Umschlagmotiv: Michail Gorbatschow und Daisaku Ikeda Juli 1990
im Kreml; mit freundlicher Genehmigung der Seikyo Press

Satz: Barbara Herrmann, Freiburg
Herstellung: CPI books GmbH, Leck

Printed in Germany

ISBN 978-3-451-33279-1

Inhalt

Vorwort

Dieses Buch ist den Ereignissen des 20. Jahrhunderts gewidmet. Es ist das Ergebnis langer Gespräche, in denen wir vor allem der Frage nachgegangen sind, was uns dieses Jahrhundert an moralischen Lehren hinterlassen hat. Wir, die wir beide während der schicksalhaften Übergangsphase der zwanziger und dreißiger Jahre geboren wurden, sind nicht nur Vertreter verschiedener Kulturen, sondern blicken auch beruflich auf sehr unterschiedliche Laufbahnen zurück. Der eine ist ein in der russisch-orthodoxen Kultur aufgewachsener Politiker, der andere ein in der Tradition des Buddhismus beheimateter, japanischer Religionsführer. Dass eben dieser führende Repräsentant einer der größten buddhistischen Glaubensgemeinschaften Japans und der letzte Generalsekretär der Kommunistischen Partei der Sowjetunion eine gemeinsame Basis für ein solches Gespräch finden konnten, ist dabei sicherlich kein Zufall. Es ist vielmehr ein Zeichen dafür, dass es trotz aller Unterschiede möglich ist, nach dem zu fragen, was alle Menschen miteinander verbindet.

Am Ende des 20. Jahrhunderts, das Zeuge von zwei Weltkriegen und den schrecklichsten Formen des Totalitarismus geworden ist, sehen wir uns vor allem mit der Frage nach der Würde und der Freiheit des Menschen konfrontiert: mit der Frage nach dem Recht, das dem Menschen von Gott und der Natur geschenkte Leben zu leben und den Geist dieser Freiheit in seinem Denken und Glauben zu bewahren. Dieses Jahrhundert hat die Ideale des Humanismus auf eine furchtbare Probe gestellt. Es hat gezeigt, welche verheerenden Auswirkungen der prometheische Mythos – die Arroganz menschlichen Wissens und das Verlangen nach Unterwerfung der Natur – entfalten kann. Die Absicht dieses Buches besteht daher darin, aufzuzeigen, welche Lehren die Menschheit aus dem gescheiterten Versuch, die Ideale eines sozialistischen Humanismus in die

Wirklichkeit umzusetzen, ziehen kann, und zwar nicht zuletzt deshalb, weil einer der Autoren unmittelbar an der Endphase dieses großen Experiments beteiligt war, sondern auch, weil die praktische Umsetzung der sozialistischen Theorie innerhalb der Sowjetunion – als Testfall ihrer Anwendung in einem globalen Maßstab – das Leben der Menschen auf praktisch allen Kontinenten dieser Welt beeinflusst hat.

Wir betrachten diese Epoche des sozialistischen Humanismus keineswegs nur als ein schwarzes Loch der Geschichte, denn dieses nach Gleichheit strebende Ideal hat die Menschen durchaus auch reifer und weiser gemacht. Diejenigen, die sich für den Traum eines sozialistischen Humanismus eingesetzt und ihn auch weitergegeben haben, verdienen unseren Respekt. Aber dieser Humanismus ist gescheitert und seine Grenzen und Widersprüchlichkeiten sind in aller Klarheit offengelegt worden. Unser Dialog hat seinen Ausgangspunkt daher in der Notwendigkeit eines neuen Humanismus, der eine neue Orientierung geben soll. Wir sind der festen Überzeugung, dass die Zeit für einen wahren Humanismus gekommen ist. Dieser Humanismus muss dabei nicht nur die individuelle Persönlichkeit achten und die Würde und Werte der Humanität zu schützen wissen, sondern auch dazu in der Lage sein, die Menschheit vor neuen Versuchungen und Katastrophen zu bewahren.

Die Erfahrungen und Lehren aus dem 20. Jahrhundert können uns bei der Gestaltung eines solchen Humanismus hilfreich sein. Wir müssen uns daher heute fragen: Welche sozialen Reformen und Entwicklungen sind notwendig, nachdem der revolutionäre Radikalismus sich als so gefährlich herausgestellt hat und der Traum der kommunistischen Gleichheit ausgeträumt ist? Was sind die Grundlagen von Kultur und Glaube, nachdem der ideologische Extremismus sich selbst in Verruf gebracht hat? Wie können wir das Unrecht in der Welt überwinden, nachdem nun deutlich geworden ist, dass sich das Glück und die Zufriedenheit der Menschen nicht auf Gewalt begründen lassen? Absolute Gleichheit und Einförmigkeit, sofern sie auf alles und jeden bezogen werden, zerstören die Vielfalt des Lebens. Wenn das aber so ist, dann ist zu fragen, was wir tun müssen, damit die Menschen sich in ihrer individuellen Persönlichkeit entfalten, in ihrem Streben nach Glück verwirklichen und wir trotzdem die gleichen Rechte für alle garantieren können. Und weil Klassenmoral nicht einfach mit Moralität gleichzusetzen ist, gilt es ferner zu fragen, was an deren Stelle treten soll und wie wir die menschliche Würde derjenigen schützen können, die keine Einflussmöglichkeiten haben, deren Stimme im lärmenden Gerangel um Macht und Autorität nicht gehört wird oder denen es nicht gelingt, an dem Reichtum und der Fülle des Lebens teilzuhaben.

Viele der drängendsten Probleme, denen die früheren kommunistischen Gesellschaften gegenüberstanden, bestehen auch heute noch. Ihrer Lösung werden wir nur dadurch näherkommen, dass wir das politische und geistige Erbe jenes Neuen Denkens bewahren, das die Reformen und Erneuerungen der sogenannten Perestroika eingeleitet und dann schließlich dem Kalten Krieg ein Ende gesetzt hat. Aber wie können wir in einer Zeit völlig neuer weltpolitischer Konstellationen diesem Erbe gerecht werden? Und vor allem: Welche Art von Weltordnung soll an die Stelle des früheren bipolaren Systems treten, das von der Sowjetunion und den Vereinigten Staaten dominiert wurde?

All diese Fragen sind leichter gestellt als beantwortet. Wir wissen, dass es auf manche von ihnen möglicherweise noch gar keine Antworten gibt und dass alte Vorurteile und Mythen dem Neuen Denken nicht so ohne weiteres Platz machen werden. Trotzdem sind wir überzeugt, dass es an der Zeit ist, einen breiten globalen Dialog darüber zu führen, was wir zum einen aus den Lektionen des 20. Jahrhunderts lernen können und was zum anderen das Wesen eines neuen Humanismus und eines neuen Wertesystems kennzeichnen muss, damit die Menschheit die Prüfungen des neuen, postkommunistischen Zeitalters bestehen kann.

Michail S. Gorbatschow
Daisaku Ikeda

1. Kapitel
Zufall, Wille oder Schicksal?

Ikeda: Herr Gorbatschow, wir beide sind Spezialisten auf unterschiedlichen Gebieten: Sie in der Politik, ich im Buddhismus. In diesem Dialog haben wir uns zum Ziel gesetzt, die besten Wege für das Denken und Handeln der Menschen zu erkunden, und deshalb müssen wir auch eine große Bandbreite an Themen behandeln, die bei weitem über unsere persönlichen Fachkompetenzen hinausgehen. Dennoch hoffe ich, dass es vielleicht gerade diese Unterschiede unseres jeweiligen biografischen Hintergrundes und unserer individuellen Erfahrungen sind, die bei den Lesern ein besonderes Interesse dafür wecken, was wir uns zu sagen haben.

Als Sie in den achtziger Jahren die politische Bühne betreten haben, war das für die Weltgeschichte ein einschneidendes Ereignis. Die Perestroika, deren geistiger Vater Sie gewesen sind, hat zum Ende des Kalten Krieges, zur weitgehenden Demokratisierung Mittel- und Osteuropas und zum Untergang des totalitären kommunistischen Regimes in Russland geführt. All diese Ereignisse sind sehr plötzlich und völlig unerwartet geschehen. Sie haben das Gesicht der menschlichen Zivilisation und das Schicksal von Nationen, ethnischen Gruppen und individuellen Menschen maßgeblich verändert. Die einzigartige Verwandlung eines totalitären kommunistischen Systems in eine demokratische Gesellschaft war ein Fortschritt für die ganze Menschheit.

Heute, da uns das ganze geschichtliche Ausmaß der Veränderungen, die die Perestroika hervorgerufen hat, deutlich vor Augen steht, wundere ich mich oft darüber, wie all das überhaupt möglich sein konnte. Welche Ihrer persönlichen Eigenschaften waren Ihrer Meinung nach ausschlaggebend dafür, dass Sie solch weitreichende demokratische Reformen in Angriff nehmen konnten? Und was hätte es für Russland und die

Weltgemeinschaft insgesamt bedeutet, wenn Sie 1985 nicht
zum Generalsekretär des Zentralkomitees der UdSSR gewählt
worden wären? Sie sagten einmal in einer Rede, die Sie 1993
an der Soka-Universität in Japan gehalten haben: „Das Schicksal eines jeden von uns ist unergründlich. Wir gestalten zwar
unser eigenes Leben, aber jeder von uns hat seine eigene Bestimmung." Wann haben Sie Ihre Bestimmung und Ihren geschichtlichen Auftrag erkannt? Was bedeuten Leben, Politik, Schicksal
und Geschichte für Sie? Konnten Sie die Macht des Schicksals
in Ihrem eigenen politischen Handeln spüren?

Gorbatschow: Meine Bestimmung war das Resultat der Erfahrungen, die ich in meinem Leben gemacht habe. Sie entstand
aus einem Gefühl der Verantwortung heraus. Für mich sind tatsächlich Schicksal und Auftrag gleichbedeutend mit Verantwor-
tungsgefühl. Alles, was ich getan habe, war erfüllt von dem
Glauben, dass eine auf ethischen Grundsätzen basierende Demokratie in der damaligen Sowjetunion möglich wäre. Aber
eine solche Demokratie ist nicht mit Gewalt gegen Einzelne zu
vereinbaren. Demokratie ohne Moralität ist inakzeptabel.
Dort, wo Panzer auf wehrlose Menschen schießen oder eine
ganze Nation in Furcht und Schrecken gehalten wird, kann es
keine wahre Demokratie geben.

Meine Generation hatte ein fast schon instinktives Verlangen nach Freiheit und wollte sich möglichst schnell vom stalinistischen Erbe befreien. Ich selbst kannte die stalinistischen
Säuberungen ja nicht nur vom Hörensagen. Mein Großvater
ist 1937 ins Gefängnis gesteckt worden und alle in unserem
Dorf sind uns aus dem Weg gegangen. Selbst von den eigenen
Nachbarn wurden wir geächtet. Ich werfe ihnen das heute nicht
vor, denn damals wusste niemand, wer als Nächstes an der
Reihe sein würde. Aber die Erinnerungen bleiben doch tief in
meinem Herzen verwurzelt. Viele von uns, die wir Kinder der
stalinistischen Epoche waren, hatten gar keine Ahnung von
den feinen Unterschieden des Liberalismus. Und trotzdem sind
wir glühende Anhänger der Freiheit in allen Belangen gewesen,
im Großen wie im Kleinen. Wir strebten nach dem, was wir
nicht hatten: nach Redefreiheit, Diskussionsfreiheit, nach dem

Recht auf Informationen. Wir träumten davon, unser Schicksal selbst in die Hand nehmen zu können.

Früher oder später musste das sowjetische Volk eine Bilanz seiner Vergangenheit ziehen, die Wahrheit über all sein Leiden erzählen und das ganze Land aufrütteln. Es war sein plötzliches Erwachen zur Freiheit. Und ich bin froh, dass gerade ich und meine Gesinnungsgenossen die Chance erhalten haben, die Stagnation in unserem Land zu beenden und mit demokratischen Reformen zu beginnen.

Ikeda: Die Reformen waren dramatisch und hatten umwälzende Konsequenzen. Und dennoch ist es bei diesem Ereignis, das immerhin zu den bedeutendsten des 20. Jahrhunderts gehört, vergleichsweise ruhig geblieben, verglichen zum Beispiel mit den grausamen Geschehnissen, die mit dem Zusammenbruch des ehemaligen Jugoslawien einhergingen. Alle sind sich darin einig, dass es im Wesentlichen Michail S. Gorbatschow zu verdanken war, dass es kaum zu blutigen Auseinandersetzungen gekommen ist. Von Václav Havel stammt die Bemerkung, Gorbatschow habe das Amt des Präsidenten als typischer Bürokrat angetreten und es als wahrhafter Demokrat wieder abgegeben. Und Alexander S. Zipko, einer Ihrer damaligen engen Mitarbeiter, beschreibt Ihre politische Arbeit in seinem Buch *Abschied vom Kommunismus:*

> Wie paradox es auch klingen mag, das Schicksal der Demokratie in Russland hängt viel mehr von Gorbatschow ab als von Jelzin. Ich meine damit nicht die gegenwärtige Situation, sondern die Demokratie als moralischen Wert, als Leitbild für politische Entwicklung. ... Gorbatschow ist als Persönlichkeit und Mensch mit seinen Reformen und mit der Zukunft der demokratischen Reform in Russland verbunden. Er steht an der Quelle unserer postkommunistischen Geschichte.

Vor dem Beginn dieser postkommunistischen Geschichte waren es meines Wissens übrigens vor allem die Bauern, die es in Russland zu allen Zeiten besonders schwer hatten. Und da Ihre Vorfahren ja auch Bauern gewesen sind, können Sie das Elend, das z. B. die landwirtschaftlichen Zwangskollektivierungen im Jahre 1932 hervorgerufen haben, sicherlich sehr gut nachempfinden. Die Bolschewiken haben damals sogar künstliche Hungersnöte erzeugt, die Millionen von Bauern in der Ukraine, wohlgemerkt der so genannten „Kornkammer Europas", das Leben gekostet haben.

Gorbatschow: Das ist allerdings richtig. Die Vernichtung der Bauern und die damit einhergehende Zerstörung ihrer moralischen Werte gehört zu den größten Verbrechen, die von den Bolschewiken begangen wurden. Diesen Linksextremismus, der die eigentliche Seele des Bolschewismus gewesen ist, beschreibt übrigens der russische Opernsänger Fjodor Schaljapin in seinen Memoiren *Maske und Seele* sehr genau. Und vermutlich gerade weil er ein eigentlich unpolitischer Künstler gewesen ist, hat mich die Deutlichkeit seiner Darstellung wirklich beeindruckt:

> In dieser Kombination von Dummheit und Grausamkeit – von Sodom und Nebukadnezar –, die das Sowjetregime darstellt, sehe ich etwas fundamental Russisches. Das ist unsere eigene Missgestalt in allen Varianten, Formen und Schattierungen … Das Problem liegt darin, dass unsere russischen Baumeister sich einfach nicht dazu herablassen konnten, ein gewöhnliches, menschliches Gebäude nach einem vernünftigen, menschlichen Plan zu errichten, es musste unbedingt ein „Turm bis in den Himmel", der Turmbau zu Babel sein! … Ihnen genügte nicht der normale, gesunde, feste Schritt, mit dem der Mensch zur Arbeit kommt und abends nach Hause geht, sie mussten mit Siebenmeilenstiefeln in die Zukunft stürmen.

> „Brechen wir mit der Vergangenheit!" Sie wollten die alte Welt über Bord werfen und haben sie mit einem Schlag so gründlich beseitigt, dass keine Wurzel und kein Staubkörnchen übrig geblieben ist. Und das Schlimmste – unsere russischen Schlauköpfe wissen alles ganz genau. Sie wissen, wie aus dem buckligen Schuster mit einem Schlag ein Apoll von Belvedere wird, wie man dem Hasen beibringt, Streichhölzer anzuzünden, was dieser Hase für sein Glück braucht und womit die Nachkommen dieses Hasen in zweihundert Jahren glücklich sein werden.

Auch wenn sie das alles weder wussten noch wissen konnten: ihre Überzeugung, dass sie alles wussten, verursachte immenses Leid.

Ikeda: Im Gegensatz zu dieser Ideologie der Bolschewisten ist der Buddhismus keine Lehre, die den Menschen von oben herab aufgezwungen werden könnte. Er beruht auf den Gedanken der Gleichheit, des Mitgefühls und des friedlichen Zusammenlebens, was nichts anderes bedeutet, als dass die Menschen offen und ehrlich miteinander umgehen und zusammen nach Vollkommenheit streben sollen. Mein Lehrer Josei Toda, der zweite Präsident der Soka Gakkai, der wirklich außergewöhnliche soziale Fähigkeiten besaß, hat mich in all diesen Dingen unterwiesen.

Die Bezeichnung „Buddha" bezieht sich in der buddhistischen Philosophie auf ein Wesen, das den höchsten Zustand des Seins erreicht hat, der verbunden ist mit unerschöpflicher Weisheit, Barmherzigkeit, Scharfsinn und dem unbedingten Willen, alle Schwierigkeiten zu überwinden. Dieser Zustand des Seins bedeutet allerdings keine Vergöttlichung des Menschen, die ihn zu Wundertaten oder anderen geheimnisvollen Handlungen befähigen würde. Ein Buddha ist ein menschliches Wesen, das erfüllt ist von Kraft, Lebensfreude und Liebe zu allen lebendigen Wesen.

Der Mahayana-Buddhismus lehrt, dass jeder Mensch von Natur aus in der Lage ist, den Zustand des Buddha zu erreichen. Alle Menschen sind vollkommen gleich. Diskriminierung auf der Basis von Unterschieden wie denen der Rasse ist daher ausgeschlossen. Jeder kann sich auf eine Höhe hin entwickeln und vervollkommnen, die er ursprünglich für unerreichbar gehalten hat. Erst die Unterschiede machen jedes Individuum einzigartig, führen zu gegenseitiger geistiger und spiritueller Bereicherung und tragen zur Vielfalt einer menschlichen Gesellschaft bei. Aber das Individuum, das frei, unabhängig und einzigartig ist, muss nicht darauf warten, dass das Glück sich ihm zuwendet. Denn gegenseitige Hilfe und Unterstützung bedeuten nicht, vorgefertigte Rezepte für das Glück der anderen parat zu haben, wie es wohlmeinende Bolschewiken glauben. Es bedeutet vielmehr, dass sich die Menschen gemeinsam auf die Suche nach der unerschöpflichen Quelle der geistigen Kraft machen, die in ihnen liegt.

Gorbatschow: Zweifellos ist die Gemeinschaft mit anderen Menschen für unser Leben von immenser Bedeutung. Wir leben mit anderen zusammen, sind abhängig von ihnen und verdanken ihnen auch sehr viel – in erster Linie vermutlich den Eltern, dem Partner und den Kindern. Einen großen Teil dessen, was mir in meinem Leben gelungen ist, habe ich allerdings auch der Universität von Moskau zu verdanken. Da waren diese besondere Atmosphäre, der Respekt vor der Wissenschaft, die konzentrierte Aufmerksamkeit auf die Sache, die Freundschaft unter den Studenten. Als ich zum ersten Mal die heiligen Hallen der Lomonossow-Universität betrat, war ich der glücklichste Mensch auf der Welt.

Ich halte ziemlich wenig von dem Argument, dass alles irgendwie in der Hand des Schicksals liegt. Meistens werden wir doch eher von Interessen, Neigungen und den Vorstellungen und Idealen unserer Zeit geleitet. Wir handeln innerhalb eines vorgegebenen Bezugsrahmens, den man nicht so einfach überschreiten kann. Niemand fängt einfach nur bei null an und vieles in uns ist durch unsere eigene Natur und Umgebung vorbestimmt. Damit meine ich allerdings nicht, dass alles in der Geschichte in festgelegter Weise abläuft. Selbst der Materialist Marx räumte die Freiheit zu wählen ein. Und eben weil wir frei sind, hängt auch mehr, als wir glauben, von uns selbst ab.

Ikeda: Manchmal werden unsere Pläne allerdings auch so drastisch von den äußeren Umständen durchkreuzt, dass wir so gut wie nichts dagegen unternehmen können. Plötzlich jagen wir ganz neuen Zielen nach und tun dabei Dinge, die wie vorher für völlig ausgeschlossen gehalten haben. Denn schließlich verfügt ein Mensch über verschiedene Talente und Neigungen, die ihm unterschiedliche Tätigkeitsfelder eröffnen können. Aber ich denke auch, dass sich in jedem von uns etwas finden lässt, das unveränderlich ist – eine geistige Grundhaltung, ein moralischer Kompass, das Streben nach umfassender Bildung und Kultur bzw. das Fehlen eines solchen.

Es scheint mir zum Beispiel, dass die treibende Kraft in Ihrem Leben immer in erster Linie die Leidenschaft für die Erkenntnis gewesen ist, die Offenheit für neues Wissen und neue

Wahrheiten. Die auf Dumpfheit und Ignoranz basierende Rechthaberei, die zuweilen Politiker dazu treibt, Angst und Schrecken zu verbreiten, ist Ihnen vollkommen fremd. Leider ist die Geschichte allerdings voll von solchen Beispielen blinder Verbohrtheit. Robespierre und Lenin, zwei Dogmatiker, die felsenfest von der Vernünftigkeit ihrer Ideen überzeugt waren, wählten den Weg der Schreckensherrschaft. Sie dagegen haben sich für den Grundsatz *trial and error* entschieden und damit die Rolle eines Vorreiters übernommen, dessen Weg völlig unerforscht war und daher auch mühsam werden würde.

Gorbatschow: Aber trotz dieser bewussten Entscheidung hing auch vieles in meinem Leben, wie vielleicht auch in Ihrem, vom Zufall ab. Wenn ich so zurückschaue, stelle ich zwar fest, dass ich mich schon in jungen Jahren zu gesellschaftlichem Engagement berufen fühlte, denn bereits in meiner Jugend wählten mich die anderen Kinder gerne zu ihrem Anführer und als Student war ich im Komsomol, der Jugendorganisation der KPdSU, aktiv. Nichtsdestotrotz aber wäre mein Leben sicherlich anders verlaufen, wenn ich nach dem Abschluss der Universität nicht zurück in meine Heimatregion Stawropol gegangen wäre. Denn ursprünglich hat alles ganz danach ausgesehen, als würde ich in Moskau bleiben. Die Universitätsleitung hatte entschieden, zwölf Absolventen der Juristischen Fakultät, mich eingeschlossen, an die Staatsanwaltschaft der UdSSR zu delegieren. Die Rehabilitierung von Opfern der stalinistischen Unterdrückung war damals in vollem Gange und wir sollten in den neugeschaffenen Abteilungen zur Überprüfung der entsprechenden Fälle ein Auge darauf haben, dass sich die staatlichen Organe auch an Recht und Gesetz hielten. Ich habe mir damals schon ausgemalt, wie ich in Zukunft als Streiter für die Gerechtigkeit auftreten würde, was durchaus auch meinen eigenen politischen und moralischen Überzeugungen entsprochen hätte. Und als ich dann am 30. Juni nach der letzten Staatsexamensprüfung in mein Studentenwohnheim zurückkehrte, fand sich in meinem Briefkasten ein offizielles Einladungsschreiben meiner künftigen Arbeitsstelle – der Staatsanwaltschaft der UdSSR. Ich ging da-

von aus, dass ich dort in meine neuen Aufgaben eingewiesen
werden sollte.

Als ich aber beschwingt und mit einem Lächeln im Gesicht
das Büro betrat, welches im Brief angegeben war, sagte mir der
dort sitzende Beamte in einem trockenen, offiziellen Ton: „Ihrem Einsatz in den Organen der Staatsanwaltschaft der UdSSR
kann nicht zugestimmt werden." Ich war wie vor den Kopf gestoßen. Angeblich hatte erst in der Nacht zuvor die Regierung
ein geheimes Dekret verabschiedet, das die Rekrutierung junger
Absolventen juristischer Fakultäten für die Zentralorgane der
Justiz untersagte. Man hat das damals damit begründet, dass
eine der vielen Ursachen für die massenhafte Unterdrückung in
den dreißiger Jahren die gewesen sei, dass zu viele junge Leute
ohne Berufs- und Lebenserfahrung über das Schicksal von Menschen entschieden hätten. So paradox es auch klingen mag,
aber gerade ich, der ich aus einer Familie stamme, die unter
den Repressionen zu leiden hatte, wurde zu einem unfreiwil-
ligen Opfer dieses „Kampfes zur Wiederherstellung der sozialistischen Gesetzlichkeit".

Alle meine Pläne wurden also mit einem Schlag über den
Haufen geworfen. Natürlich hätte ich mir ein ruhiges Pöstchen
an der Universität suchen können, um in Moskau zu bleiben.
Doch nachdem ich das Für und Wider gründlich abgewogen
hatte, entschied ich mich, zurück aufs Land zu gehen. Diesem
Ereignis ist es vermutlich zu verdanken, dass ich meinen eigenen Weg finden konnte und am Ende Dinge erreicht habe, die
nun unabhängig von meiner Person weiterwirken. War das jetzt
Zufall oder Schicksal? Ich kann es wirklich nicht sagen.

Ikeda: Die Erfahrungen meiner Jugend waren größtenteils geprägt durch die Umwertung der gesellschaftlichen Regeln und
Normen, die durch die Niederlage Japans im Zweiten Weltkrieg in sich zusammengestürzt waren. Vor dem Krieg waren
wir im Glauben an die Heiligkeit des Kaisers und des kaiserlichen Japan erzogen worden. Dann ist wie aus heiterem Himmel
all das durch die Demokratie ersetzt worden – mit Unterstützung der Besatzungsmächte. Völlig verwirrt durch die grundlegende Neuausrichtung der offiziellen Ideologie haben vor al-

lem die jungen Leute begonnen, sich nach spiritueller Orientierung zu sehnen. Ich erinnere mich noch sehr genau an diese Zeit. Ich wollte sehr gerne studieren, musste aber meiner Familie helfen. Mein Vater war ernsthaft krank und mein Bruder noch nicht von der Front zurückgekehrt. Tagsüber habe ich in einer Fabrik gearbeitet und nachts die Handelsschule besucht, die zu ihr gehörte. Unterrichtsmaterial war äußerst knapp. Wir haben buchstäblich im Dunkeln gearbeitet, weil der Strom ständig abgestellt wurde. Ich erkrankte an Tuberkulose, hatte hohes Fieber und spuckte Blut, sodass ich oft zu Hause bleiben musste. Damals war Lesen meine große Leidenschaft. Zusammen mit einer Gruppe junger Leute in meinem Alter habe ich sogar einen Bücherclub gegründet, in dem über Philosophie und die Bücher, die wir gelesen hatten, diskutiert wurde.

In dieser Zeit lernte ich auch den Mann kennen, der für den Rest meines Lebens einen großen Einfluss auf mich ausüben sollte. Es war an einem heißen Sommerabend, als mich ein Freund, den ich noch aus der Grundschule kannte, zu einer philosophischen Diskussionsveranstaltung im privaten Rahmen einlud, zu der etwa 20 Leute kamen. Ein Mann von ungefähr 40 Jahren hielt dort einen Vortrag über die buddhistische Lehre des japanischen Priesters Nichiren Daishonin. Ich erinnere mich daran, dass sein einfacher, leicht verständlicher und völlig entspannter Vortragsstil eine geradezu inspirierende Atmosphäre erzeugt hat. Dieser Mann war Josei Toda, der für den Rest seines Lebens mein Lehrer und Mentor blieb. War es das Schicksal, das uns dort zusammengeführt hat? Vielleicht.

Seine unverblümten, messerscharfen Antworten auf meine Fragen haben mich davon überzeugt, dass er meinen Wissensdurst stillen konnte und den Schlüssel zur Wahrheit besaß. Als es in der Diskussion um die Lehren von Nichiren ging, sagte er:

Das Wichtigste beim Studium der äußerst vielschichtigen buddhistischen Philosophie besteht darin, durch praktisches Handeln ihr Wesen zu erfassen. Leben Sie entsprechend den Grundsätzen, wie sie Nichiren vorgegeben hat, die sich folgendermaßen zusammenfassen lassen: Führe dein eigenes Leben in grundsätzlicher Weise zur Vollkommenheit und helfe den anderen dabei, es dir gleich zu tun.

Toda war ein außergewöhnlicher Mensch. Während des Zweiten Weltkriegs hielt er, trotz massiven Drucks von Seiten der offiziellen Religion des Shintoismus, hartnäckig an den Prinzipien
der buddhistischen Lehre fest, weshalb er von den Militärs zu
zwei Jahren Gefängnis verurteilt wurde. Dieses mutige Festhalten am eigenen Glauben ist für mich der entscheidende Grund
dafür gewesen, ihn mir als Lehrer auszuwählen.

Meine Begegnung mit Josei Toda ist demnach ausschlaggebend dafür gewesen, dass ich den buddhistischen Glauben
angenommen habe. Ich wurde Buddhist, nicht weil ich auf Anhieb das Wesen dessen verstanden habe, was Toda mich gelehrt
hat, sondern weil dieser große Humanist, der so ganz anders
war als die üblichen religiösen Lehrer, mein tiefstes Vertrauen
gewonnen und mir zudem großen Respekt eingeflößt hat.

Bevor ich Buddhist geworden bin, habe ich keiner Religion
angehört, auch wenn unsere Generation ganz im Sinne des
Shintoismus indoktriniert worden ist. Diese offizielle Staatsreligion wurde uns vor allem mit dem Ziel eingetrichtert, während
des Zweiten Weltkriegs die militärischen Tugenden und das nationale Bewusstsein zu stärken. Von Kindesbeinen an sind wir
gezwungen worden, an diese totalitäre Ideologie zu glauben,
die das Land letztlich in eine nationale Katastrophe geführt hat.

Religion sollte eigentlich der Menschheit und ihrem Glück
dienen. Aber wie die Geschichte und speziell die japanische Erfahrung zeigt, wird der Glaube allzu oft dahingehend manipuliert, blinde Unterwerfung einzufordern. Und weil ich mir über
diese Zusammenhänge schon damals im Klaren gewesen bin,
wurde ich nicht sofort zu einem eifrigen Glaubensanhänger.
Ich bin in der ersten Zeit auch weiterhin oft orientierungslos
und unentschieden gewesen. Zudem war ich noch immer ernsthaft krank und daher unsicher, ob ich überhaupt die nötige
Kraft besitzen würde, die buddhistischen Ideale in die Praxis
umzusetzen. Denn das war alles in allem eine schwierige Aufgabe, die enorm viel Energie und Ausdauer erfordert hat. Aber
nach und nach habe ich durch Todas Lehren und meine eigene
Erfahrung begriffen, dass es eine Art Gesetz gibt, welches unser
Leben und das ganze Universum lenkt und leitet, und dass es
eine Religion gibt, die das Wesen dieses Gesetzes zum Vorschein

bringt und es dadurch ermöglicht, in vollkommenem Einklang mit ihm zu leben.

Zu Beginn unseres Gesprächs haben Sie gesagt, dass sich Ihr Schicksal aus Ihrem Verantwortungsbewusstsein heraus ergeben hat. Dieses Bewusstsein war es, das bloßes Glück in Schicksal verwandelt hat. Das, was Sie ein ausgeprägtes Verantwortungsbewusstsein nennen, ist im Buddhismus in einem einzigen Augenblick des individuellen Lebens verankert und nennt sich Ichinen, in etwa „Entschlossenheit". Der ungeheure Wille, der im Wesen jedes Menschen verborgen liegt, bringt jeden Augenblick aufs Neue gewaltige Anstrengungen hervor. Diese haben eine einschneidende Wirkung, die ich als „menschliche Revolution" bezeichnen möchte, weil sie die Menschen in ihrer Persönlichkeit und damit auch die sie umgebende Welt verändert.

Mahatma Gandhi war ein eindrucksvolles Beispiel für diese verändernde Kraft. Die Ausdauer und Konsequenz, mit der er für die Unabhängigkeit Indiens gekämpft hat, hat die Menschen in Erstaunen versetzt. Nehru sagte, dass Gandhi die Seele des indischen Volkes von der bedrückenden Last der Angst befreit habe und es dadurch vollkommen verwandelt worden sei.

Und der französische Schriftsteller André Maurois beschrieb einmal das ungeheure, den Lauf der Geschichte verändernde Potenzial eines einzelnen Menschen in seinem Buch *Au commencement était l'action:*

Eine echte Revolution, sagt man, ist die Revolution eines einzelnen Menschen. Genauer gesagt: Eine einzige Person, ob Held oder Heiliger, kann für die Massen ein Beispiel setzen, das, wenn es nachgeahmt wird, die Welt aus den Angeln heben kann.

Der große Mensch der Tat folgt keinem ausgetretenen Pfad. Weil er sieht, was andere nicht sehen, tut er, was andere nicht tun. Er wird zur Flutwelle, die Gewohnheit und Blockaden hinwegfegt.

Ohne Leonardo da Vinci wäre die italienische Renaissance ein leerer Traum geblieben. Und ohne den Namen Alexander Puschkin wäre auch die Renaissance des russischen Geistes undenkbar gewesen.

Aber was ich sagen will, bezieht sich nicht nur auf die Welt der Kunst. Der Buddhismus lehrt, dass

durch das Beispiel eines einzelnen Menschen [der zum Buddha
geworden ist] der Weg für alle eröffnet wird. Denn was für den
einen gilt, ist für alle anderen in gleichem Maße gültig. Das see-
lische Gleichgewicht der Gesellschaft wird gestört und die
Grundsätze der Moral gehen verloren, wenn niemand da ist,
der den anderen mit gutem Beispiel vorangeht. Darin liegt möglicherweise auch der Hauptgrund dafür, dass die heutige Gesellschaft so krank ist.

Hegel bezeichnet denjenigen, der den Geist seiner Zeit durch-
dringt und eine neue Epoche hervorbringt, als den personifizier-
ten Weltgeist. Das ganze Leben einer solchen Persönlichkeit ver-
zehrt sich in Leidenschaft und Kampf, ohne dass sie sich einer
Macht beugt oder in eigene Machtgelüste verstrickt.

Gorbatschow: Ich stimme dem bis zu einem gewissen Maß zu.
Wo es allerdings um das individuelle Schicksal geht, bin ich
nicht der Meinung, dass man sich ausschließlich am Beispiel
großer Persönlichkeiten orientieren sollte. Denn es heißt ja
ganz zu Recht, dass jede Zeit ihre eigenen Helden hervorbringt.
Die Zeit und nicht die vorschnelle Bewertung durch die Zeitgenossen fällt das Urteil darüber, welchen Beitrag ein jeder für die
Geschichte geleistet hat. Denn schließlich besteht ein großer
Unterschied zwischen den Taten bedeutender Menschen und
dem, was aus ihnen folgt.
     In diesem Zusammenhang kommt mir ein Buch in den Sinn,
das mir als Schüler der Oberstufe in die Hände gefallen ist. Es
war eine Auswahl literaturkritischer Aufsätze des russischen
Schriftstellers Wissarion Grigorjewitsch Belinski. Indem er He-
gels Gedanken über den Heroismus des Kampfes und die erfolgreiche Überwindung widriger Umstände zitiert, betont Belinski –
der ein Realist war – vor allem die Wirklichkeit und stellt die individuelle Person samt ihrer Träume völlig in den Hintergrund.
In seinem Artikel über Gribojedows *Verstand schafft Leiden*
hält er ein – für mich unvergessliches – Plädoyer für einen unge-
trübten Blick auf die Wirklichkeit. Für die jungen Leute meiner
Generation, die gerade ihr Elternhaus verlassen und auf ihrem
Weg hinaus ins Leben schwierige Prüfungen zu bestehen hatten,
war das extrem wichtig. Und wenn ich Prüfungen sage, meine

ich damit solche Prüfungen, die unser Durchhaltevermögen auf eine harte Probe gestellt haben. Denn das wahre Wesen einer Person, ihr eigentlicher Wert, zeigt sich nicht in Tagen des Triumphes, sondern in denen der Niederlage. Man weiß ja, dass das Leben am hellsten im Kampf gegen das Chaos leuchtet, dann, wenn das Nötigste zum Leben fehlt, wenn alle sich gegen einen stellen und man wieder ganz bei null anfangen muss. Ich selbst kenne solche Prüfungen nur zu gut.

Als wir 1955 nach Abschluss der Universität zurück nach Stawropol gegangen waren, lebten meine Frau Raissa und ich dort viele Jahre lang in einem einzigen Zimmer in einem primitiven, einstöckigen Haus. In diesem Raum ist auch unsere Tochter Irina geboren worden. Ich werde das nie vergessen. In dem winzigen Zimmer gab es fast keine Möbel. Wir hatten einen Kohleofen und ein eisernes Bettgestell. In der Mitte des Zimmers standen außerdem noch zwei Stühle und die riesige Holzkiste, in der ich meine Bücher aus Moskau transportiert hatte und die nun zugleich als Tisch und Bücherbord diente. Und trotzdem war es gut, dass wir uns von ganz unten heraufgearbeitet haben. Ich bedaure es keineswegs, dass ich den größeren Teil meiner jugendlichen Energie dafür aufgebracht habe, die widrigen Umstände zu überwinden. Die Schwierigkeiten und alltäglichen Nöte in diesen ersten Jahren auf dem Weg zu einem selbständigen und unabhängigen Leben haben mich abgehärtet. Den Alltag zu bewältigen, war jeden Tag aufs Neue eine große Herausforderung, aber in uns brannte die Sehnsucht nach einem besseren, interessanteren und sinnvolleren Leben. Diese Erfahrungen haben mich etwas sehr Wichtiges gelehrt, nämlich dass die Menschen sich auch in Zeiten der Not und Entbehrungen dennoch das bewahren, was ich „normale, menschliche Gefühle" nennen würde. Vermutlich liegt ja die Weisheit des Lebens tatsächlich darin, auch in schwierigen Phasen noch Feste feiern zu können.

Ikeda: Ihre Erfahrungen zeigen, dass Schwierigkeiten und Nöte einen Mensch auch festigen können. In meiner Jugend hat es ebenfalls immer wieder solche schwierigen Phasen der Prüfung gegeben. Ein Jahr nach meiner ersten Begegnung mit Josei Toda

zum Beispiel habe ich begonnen, in seinem Verlag zu arbeiten.
Aber die Besitztümer Todas, der vor dem Krieg ein erfolgreicher
Geschäftsmann gewesen ist, dem nicht nur mehrere Unterneh-
men, sondern auch eine Privatschule gehört hatten, haben wäh-
rend des Krieges ihren Wert verloren und ihm einen riesigen
Schuldenberg hinterlassen. Nach dem Krieg hat er dann einen
Verlag gegründet, in dem ich ein Jugendmagazin mit dem Titel
Boken Shonen [Jungs und ihre Abenteuer] herausgeben konnte.
Ich liebte diese Arbeit sehr, weil ich schon in meiner Kindheit
davon geträumt habe, Journalist zu werden und für ein jugend-
liches Publikum zu schreiben. Weil ich diese Zeitschrift unbedingt populär machen wollte, habe ich sogar Umfragen an
Schulen durchgeführt, um etwas über die Vorlieben der jungen
Leser herauszubekommen. Aber sowohl die gesamtwirtschaftli-
che Situation als auch der Mangel eigener finanzieller Ressourcen haben uns dazu gezwungen, die Zeitschrift wieder ein-
zustellen.

Herr Toda war außerdem der Vorsitzende einer Genossenschaftsbank, in die ich dann übernommen werden konnte. Weil
aber auch dort die Geschäfte mehr schlecht als recht liefen, hat
die Mehrzahl meiner Arbeitskollegen schon bald begonnen,
sich nach anderen Jobs umzusehen. Und schließlich ging auch
die Genossenschaftsbank bankrott, trotz aller Anstrengungen,
sie zu retten. Wir steckten bis über die Ohren in den Schulden.
Die Gläubiger verfolgten uns jeden Tag mit ihren Mahnungen.
Zunächst wurden unsere Gehälter gestundet, dann halbiert und
am Ende konnten sie gar nicht mehr ausbezahlt werden. Viele
Mitarbeiter haben die Bank daraufhin verlassen, sodass am
Ende nur noch Herr Toda und ich sowie zwei oder drei Hilfs-
kräfte übriggeblieben waren.

In dieser Zeit bin ich auch bei meinen Eltern ausgezogen
und habe mir ein kleines Zimmer gemietet. Die Situation war
alles andere als einfach. Im Winter war ich gezwungen, ohne
Mantel aus dem Haus zu gehen, meine Hosen waren völlig zer-
schlissen und meine Socken an allen Enden geflickt und ge-
stopft. Ich habe ständig Fieber gehabt und unaufhörlich gehus-
tet. Das Verhältnis zwischen Herrn Toda und mir hat trotz all
dieser Rückschläge auf beruflicher Ebene allerdings keinen

Schaden genommen. Ich erinnere mich, dass er selbst in den schwierigsten Situationen eine enorme Ruhe und Selbstsicherheit ausgestrahlt und mir häufig gesagt hat: „Einzelne Niederlagen auf dem langen Weg des Lebens bedeuten nicht, dass das Leben als Ganzes gescheitert ist." Ich war daher fest entschlossen, alle Widrigkeiten mit ihm zusammen durchzustehen, auch wenn meine Ärzte mir oft gesagt haben, dass ich vermutlich kaum älter als dreißig Jahre alt werden würde. Ich versuchte trotzdem immer, optimistisch zu bleiben.

Die Phase, in der Herr Todas Genossenschaftsbank aufgelöst wurde, war für mich eine der schwierigsten und zugleich auch glücklichsten Zeiten meines Lebens. Denn die viele Arbeit hat mich dazu gezwungen, mich vom Abendunterricht, den ich regelmäßig besucht habe, wieder abzumelden. Aber Herr Toda erklärte sich daraufhin bereit, mich privat zu unterrichten. Vor der Arbeit und an arbeitsfreien Tagen opferte er seine Freizeit, um mich in Politikwissenschaft, Wirtschaft, Recht, Literatur, Physik usw. zu unterrichten. Die Vorträge dieses gelehrten Mannes, die mir einen Einblick in so viele Wissensgebiete gewährt haben, waren meine Universität.

Die Prägung durch Herkunft und Tradition

Ikeda: Einige Leute, die Sie gut kennen, behaupten, dass in Ihrer Heimatregion Stawropol der Schlüssel für das Geheimnis liegt, wie ein Mann wie Michail S. Gorbatschow überhaupt in den Kreml kommen konnte. Dabei beziehen sie sich vermutlich unter anderem auf die eindrucksvolle Landschaft des Kaukasus – die majestätischen Berggipfel und sanften Hügel, die weiten Täler und Wiesen. Diese Gegend hat mich schon fasziniert, als ich in der Kindheit die Erzählungen von Tolstoi verschlungen habe. Außerdem blicken der Kaukasus und die Stadt Stawropol auf eine lange Tradition der Unabhängigkeit zurück. Über 300 Jahre lang hatte die Region ihre eigene Regierung und es gab dort weder eine Polizei noch einen Beamtenapparat. Wer in einer solchen Region aufwächst, für den dürfte das Wort Demokratie niemals ein Fremdwort gewesen sein. Mir scheint, demo-

kratische Werte gehören zur Geschichte des Kaukasus einfach
dazu. Und weil die Herkunft und die Umgebung der eigenen
Kindheit unbestreitbar einen Einfluss auf den Charakter und
die Einstellung eines Menschen zum Leben haben, frage ich
mich, in welcher Weise die demokratischen Traditionen von
Stawropol Sie als Politiker beeinflusst haben. Denn egal, ob Japan, Russland oder ein anderes Land – es ist doch vor allem die
Heimat, die die Geisteshaltung eines Menschen zu großen Teilen prägt.

Gorbatschow: Es ist schwierig zu erklären, warum man der geworden ist, der man ist, und nicht ein anderer, und warum der
eine nach Freiheit und Wahrheit strebt und der andere nicht.
Forscher haben schon oft darauf hingewiesen, dass in der Gegend, aus der ich stamme, ein besonderer südrussischer Men-
schenschlag zu Hause ist. Die Bewohner des Nordkaukasus gelten als sehr offen und geradeheraus. Ich würde aber nicht
sagen, dass sie dadurch von Natur aus schon demokratischer
veranlagt wären als zum Beispiel die Russen aus Pskow oder
Nowgorod. In diesen Regionen standen die Regierungen in der
Tradition der sogenannten Volksversammlungen, die eine Ähn-
lichkeit zu den Stadtversammlungen, den Town Meetings Neu-
englands aufweisen. Und von denen sagte Ralph Emerson sogar, sie würden den wichtigsten Teil der amerikanischen
Demokratie ausmachen. Man kann also durchaus sagen, dass
auch die Regierungsformen von Pskow und Nowgorod einen
entscheidenden Beitrag zur Entwicklung demokratischer Institutionen in der Welt geleistet haben. Zu den Bewohnern des
Kaukasus muss man außerdem auch noch anmerken, dass sie,
zumindest in früherer Zeit, als sehr grausam beschrieben wurden, vor allem in den Schlachten. Und sie galten immer als zu-
verlässige Stütze des Zarenreiches.
    Im Lauf der Zeit ist der Kaukasus für Russland dann zu ei-
ner wichtigen Verteidigungslinie geworden. Verschiedene
Festungsanlagen – unter ihnen auch Stawropol – wurden entlang dieser Linie errichtet und das ganze Gebiet wurde nach
und nach kolonisiert. Bauern von außerhalb wurden im Kauka-

sus zwangsangesiedelt, beispielsweise meine Vorfahren. Ich weiß gar nicht genau, ob ich mich als Russen oder als Ukrainer bezeichnen soll. Meine Mutter war eine Ukrainerin, was schon ihr typisch ukrainischer Name Gopkalo verrät; ihre Familie stammt aus der Gegend von Tschernigow. Mein Urgroßvater väterlicherseits dagegen stammte ursprünglich aus dem Gouvernement Woronesch.

Ikeda: Ich erinnere mich, dass Leo Tolstoi diese bemerkenswerten Biographien und Familiengeschichten der Menschen im Kaukasus literarisch verarbeitet hat. In seiner Novelle *Hadschi Murat* berichtet er zum Beispiel von der Lebensgeschichte eines Nichtrussen und Muslim im Kaukasus. Seine Haltung dem Protagonisten gegenüber ist völlig unvoreingenommen, sogar wohlwollend. Nun war freilich Tolstoi ein außergewöhnlicher Mensch, aber mir scheint, dass Offenheit und Unvoreingenommenheit gegenüber anderen Völkern generell Eigenschaften sind, die viele Russen auszeichnen.

Gorbatschow: Das hängt damit zusammen, dass unterschiedliche ethnische Wurzeln früher, im „Vielvölkerstaat Russland" beziehungsweise danach in der UdSSR, keine so große Rolle gespielt haben. Aber im Dezember 1991 gründeten Russland, Weißrussland und die Ukraine auf der Konferenz von Belowezskaya die Gemeinschaft Unabhängiger Staaten (GUS) und besiegelten damit das Ende der Sowjetunion. Erst nach der dramatischen Wende dieser Ereignisse haben die Menschen begonnen, im eigentlichen Sinne nach ihrer Herkunft zu fragen. Auf einmal war es von Bedeutung, ob jemand ein „reiner" Ukrainer oder ein „reiner" Russe ist. Für unsere Vorfahren, und auch noch für meine Großeltern, meinte der Begriff Russe aber etwas völlig anderes. Damit war nämlich einfach die Zugehörigkeit zum russischen Staat, zur russisch-orthodoxen Kirche und zur russischen Kultur gemeint. Niemand hat besonders darauf geachtet, ob nun jemand ein Chochol, d. h. ein Ukrainer, oder ein Kazap, also ein Russe, war. Daher ist es auch nicht verwunderlich, dass jeder bei uns in Stawropol und entlang des Flusses Kuban schon von klein auf sowohl die ukrainischen als auch

die russischen Lieder singen und ganz leicht von einer Sprache
in die andere wechseln konnte. Dazu kommt, dass die Menschen aus unserer Gegend sehr
gesellig sind und viel eher den Kompromiss als den Streit su-
chen. Das war für die Staaten im Nordkaukasus schon immer
eine wesentliche Voraussetzung für das Überleben. Von unserer
Gesinnung her und so, wie wir zwischenmenschliche Beziehungen pflegen, waren wir also fast schon dazu verurteilt, Interna-
tionalisten zu werden.

Ikeda: Ja, das harmonische Miteinander von Völkern mit unterschiedlichen Wurzeln und gemeinsamen kulturellen und geschichtlichen Voraussetzungen bringt tatsächlich oft eine Geisteshaltung hervor, die von Weltoffenheit geprägt ist. Mit diesem
Zusammenhang hat sich übrigens auch Tsunesaburo Makiguchi beschäftigt, der erste Präsident der Soka Gakkai. Er hat
nämlich nicht nur mitgeholfen, das Bildungswesen zu reformieren, sondern war auch als Geograf tätig. In seinem Werk *Geo-
grafie des menschlichen Lebens* von 1903 arbeitete er auf der
Basis des gesammelten Materials aus seiner Heimatregion akri-
bisch genau die wechselseitigen Beziehungen zwischen den
Menschen und ihrer Umgebung heraus. In der Einleitung
schreibt er, dass sich alles, was sich in der Weite des Universums
entdecken lässt, auch in der kleinen Welt der engeren Heimat
findet, sofern wir nur die nötige Aufmerksamkeit dafür haben.
Herr Makiguchi stellt detailliert all die Einflüsse zusammen, die
die Natur und die klimatischen Bedingungen auf den Charakter
eines Menschen haben, auf seine Art zu denken und auf seinen
Lebensstil. Alle Menschen innerhalb einer Nation haben eine
gemeinsame Identität, von denen es mindestens ebenso viele
gibt wie ethnische Gruppen. Innerhalb solcher riesigen Zusam-
menschlüsse von Gruppen den Frieden aufrechtzuerhalten kann
schwierig werden, wie das Beispiel der hochheterogenen Sowjetunion gezeigt hat.

Gorbatschow: Dazu muss ich leider sagen, dass wir, ebenso wie
all unsere Sozialwissenschaften, solchen Einflüssen geogra-
fischer Faktoren auf die Gefühlswelt der Menschen kaum Be-

achtung geschenkt haben. Das lag natürlich auch an dem in der Sowjetunion herrschenden Dogmatismus und ökonomischen Determinismus. Dabei haben die Forschungen von Herrn Makiguchi viele interessante Beobachtungen zutage gefördert. Zum Beispiel die Überlegung, ob Menschen, die in sonnigen Klimazonen leben, auch ein sonnigeres Gemüt haben. Wie ein Fluss nach dem Frühjahrshochwasser zahlreiche große und kleine Tümpel zurücklässt, so ähnlich haben die Umsiedlungs- und Wanderungsbewegungen der Völker in der Gegend um Stawropol unterschiedliche ethnische Gruppen zurückgelassen. Es gibt nur wenige Regionen in der Welt, in denen so viele verschiedene Sprachen, Kulturen und Religionen auf engstem Raum beheimatet sind. Diese Vielseitigkeit meiner Heimat hat mich vor allem Toleranz, Taktgefühl und gegenseitigen Respekt gelehrt. Wer einen kaukasischen Bergbauern kränkt oder beleidigt, hat sich einen Todfeind geschaffen. Wer aber seiner Person und seinen Sitten mit Respekt begegnet, wird einen Freund fürs Leben gewinnen. Ich selbst habe einige solcher Freunde gehabt, weil ich schon in jungen Jahren gelernt habe – allerdings nicht durch theoretische Abhandlungen in Lehrbüchern –, dass Toleranz und nicht Feindseligkeit der alleinige Weg ist, um Frieden zwischen den Völkern zu schaffen.

Als ich später dann Präsident der UdSSR geworden bin und mit den Problemen vieler verschiedener Nationen zu tun hatte, konnte ich daher auf meine eigenen Erfahrungen zurückgreifen. Auch hier lassen sich meine Bemühungen, nach Kompromissen zu suchen, auf die besondere geistige Kultur des Nordkaukasus zurückführen. Ein Wesensmerkmal dieser Kultur ist übrigens keineswegs, wie zuweilen behauptet wird, die Charakterschwäche. Im Gegenteil sind die Menschen des Nordkaukasus ausgesprochen tapfer und wurden aus diesem Grund von den Anführern vieler Volksbewegungen des 17. und 18. Jahrhunderts, zum Beispiel von Kondrati Bulawin, Ignat Nekrassow, Stepan Rasin oder Jemeljan Pugatschow, rekrutiert. Im Kaukasus wurden dann auch häufig deren Feldzüge begonnen. Es heißt außerdem, dass auch Jermak Timofejewitsch, der „Eroberer Sibiriens", aus unserer Gegend stammt. Doch insgesamt sind die Südrussen von Natur aus offenherzig und friedliebend. Viel-

leicht keine Engel, aber alles andere als übermäßig streitsüchtig.
Sie lachen viel und lieben und genießen das Leben.

Ikeda: Die ethnische und kulturelle Vielfalt, mit der Sie aufgewachsen sind, hat Sie zu genau dem Weltbürger gemacht,
den das 21. Jahrhundert braucht.

Von der Tragödie des Krieges zu einer Philosophie des Friedens

Ikeda: Als ich Ihnen im Juli 1990 zum ersten Mal im Kreml
begegnet bin, herrschte dort eine erfrischend entspannte Atmosphäre. Das entsprach so gar nicht den üblichen Vorstellungen und hat mich überrascht. Tschingis Aitmatow war damals auch anwesend und Sie haben lächelnd in seine Richtung
genickt und ihn als Ihren engen Freund bezeichnet. Es hat
mich wirklich gefreut zu sehen, dass Freundschaft auch zwischen einem großen Politiker und einem großen Schriftsteller
möglich ist. In dem freien und ungezwungenen Meinungsaus-
tausch dieser Begegnung lag eine ganz besondere Stimmung.
Es war, als ob ich etwas von den positiven Gedanken und Ge-
fühlen derjenigen nachempfinden könnte, die den langen sowjetischen Winter überlebt haben und nun dem Frühling ent-
gegenblicken.

Wir haben bereits darüber gesprochen, dass eine Vielzahl
verschiedener Ereignisse diesen „geistigen Frühling" überhaupt erst möglich gemacht hat. Für Sie persönlich waren dabei wie gesagt vor allem die Erlebnisse Ihrer Kindheit und Jugend sehr wichtig. Denn vieles, was wir in reiferen Jahren an
geistigem Potenzial besitzen, hat sich ja bereits in der Jugend
angesammelt. Sie haben sich außerdem bis heute die Treue einiger guter Freunde von früher bewahrt. Welche Bedeutung
haben Ihrer Meinung nach die frühen Jahre im späteren Leben
eines Menschen?

Gorbatschow: Lassen Sie mich dazu ein wenig weiter ausholen.
Denn aus dem Schicksal derjenigen, die in den dreißiger Jahren
des letzten Jahrhunderts geboren wurden, lässt sich mit Sicher-

heit vieles lernen. Man muss nicht all die Nöte und Entbehrungen unserer Kindheit am eigenen Leib erfahren, um sich an den schönen Seiten des Lebens erfreuen zu können. Und genauso wenig ist es für das spätere Glück im Leben notwendig, die Erfahrungen des Stalinismus und der post-stalinistischen Zeit selbst gemacht zu haben. Selbst wenn das Leiden einen Menschen unter Umständen auch veredeln kann.

Der Stalinismus war eine Zeit, in der wir ganz instinktiv unsere eigenen Meinungen für uns behalten und uns dem Konformismus so vollständig überlassen haben, dass es unsere Seelen auffraß. Jeder hat sich davor gefürchtet, wegen mangelnder Loyalität zur offiziellen Parteilinie angeklagt zu werden. Und trotzdem haben wir selbstverständlich auch in dieser Zeit Freundschaften geknüpft und einander vertraut. Denn schließlich sind das ganz natürliche menschliche Regungen, die sich nicht unterdrücken lassen. Außerdem sind Gewissen, moralische Kriterien und gegenseitige Zuwendung auch damals die letzten Instanzen für die Beurteilung des menschlichen Verhaltens geblieben.

Das Entscheidende unserer Generation ist: Wir waren Kinder des Krieges und wir hatten überlebt. Man wird nichts von unserem Leben und Handeln begreifen, wenn man das nicht vor Augen hat. Wir jungen Leute, die wir die Verantwortung für unser Überleben und das unserer Familien übernehmen mussten, wurden von heute auf morgen erwachsen. Durch den Beginn des Krieges ist das alltägliche Leben vor unseren Augen zusammengebrochen. Und mit diesem allgemeinen Zusammenbruch ging dann auch mit einem Schlag unsere Kindheit zu Ende. Trotzdem wollten wir uns natürlich auch weiterhin wie Kinder am Leben erfreuen. Deswegen spielten wir Verstecken und unsere Ballspiele, schauten uns dabei aber wie mit den Augen von Erwachsenen zu. Vermutlich sind diese frühen Erfahrungen eine Erklärung dafür, warum wir Kriegskinder uns dafür entschieden haben, ein anderes Leben zu führen und ein für alle Mal mit dem stalinistischen Sozialismus zu brechen.

Ikeda: Kriegskinder. Dieser Begriff beinhaltet das ganze Elend, das unsere Generation eint. Und wie Sie schon gesagt haben,

ist diese Generation angetreten, um eine neue Ära zu beginnen
und die alten Systeme, die letztlich zum Ausbruch des Krieges
geführt haben, hinter sich zu lassen. Und doch darf die Menschheit nie vergessen, was Krieg bedeutet. Es ist unsere Verpflich-
tung, den künftigen Generationen deutlich zu machen, welches
Ausmaß an Leid jeder Krieg mit sich bringt.

Meine erste Erfahrung mit dem Krieg war ein Luftangriff.
Ich war siebzehn Jahre alt und wir Kinder waren gerade erst in
das Haus einer Tante evakuiert worden. Unsere Eltern sollten
dann in den nächsten Tagen nachkommen. Mitten in dieser
Nacht fand der Bombenangriff statt. Eine Brandbombe traf
das Haus meiner Tante, das sofort in Flammen aufging. Mein
kleiner Bruder und ich konnten uns gerade noch durch einen
Sprung aus dem Fenster retten. Das Haus brannte bis auf die
Grundmauern nieder. Bis heute erinnere ich mich noch gut an
die Angst, die ich beim Anblick der Flammen vor dem nächt-
lichen Himmel empfunden habe.

Da meine vier älteren Brüder damals schon an der Front
waren, musste ich als fünfter Sohn von insgesamt neun Ge-
schwistern mich um die Familie kümmern – trotz der Tuberkulose, an der ich damals schon gelitten habe.

Die japanischen Kinder wurden in der damaligen Zeit, wie
ich schon erwähnt habe, einem strengen ideologischen Drill unterzogen. Uns wurde beigebracht, dass dem Kaiser und der Regierung zu dienen unserem Leben erst seinen eigentlichen Sinn
verleihen würde. Als junger Teenager glaubte ich daher an die
heilige Pflicht, meinem Vaterland zu dienen, und wollte mich
beim Fliegercorps melden. Ein Offizier kam mit meinem Antrag
zu uns nach Hause, um das Einverständnis meines Vaters einzuholen, welches dieser allerdings strikt verweigerte. Vier seiner
Söhne seien bereits an der Front, so sagte er, und er sei nicht
bereit, auch noch seinen fünften Sohn zum Militär gehen zu lassen. Der Offizier akzeptierte diesen Einwand – und ich wurde
kein Soldat. Auch wenn ich meinem Vater als Erwachsener immer dankbar für diese Entscheidung gewesen bin, so war ich
damals doch bitter enttäuscht darüber. Das zeigt sehr deutlich,
was für einen mächtigen und verheerenden Einfluss die militärische Erziehung der damaligen Zeit auf die Seele eines Kindes

hatte. Die Erinnerungen daran wühlen mich auch heute noch ziemlich auf.

Nachdem ich die Schule beendet hatte, habe ich dann in einem Stahlwerk gearbeitet, in dem die Lehre mit einem militärischen Ausbildungsprogramm kombiniert war. Zunächst wurden dort nur Fertigteile für große Schiffe produziert. Dann, als das Stahlwerk auch militärische Aufträge annahm, stellten wir Einmann-Torpedoboote her. Diese Boote hatten bei einem Angriff nur Treibstoff für die Hinfahrt, sodass sie, sobald sie auf ein feindliches Schiff trafen, zusammen mit ihrem Ziel in die Luft flogen. Die Pflicht eines guten Patrioten bestand darin, zum Wohle des Staates bereitwillig solche tödlichen Aufgaben zu übernehmen. Dieses Vorgehen ist ja auch von den sogenannten Kamikaze-Piloten bekannt.

Im Mai 1946 haben wir dann die Nachricht erhalten, dass mein ältester Bruder in Burma gefallen ist. Noch heute versetzt es mir einen Stich ins Herz, wenn ich an den gebrochenen und völlig verlorenen Blick meiner Mutter beim Erhalt dieser Nachricht zurückdenke. Im Grunde genommen ist sie immer eine starke Persönlichkeit gewesen, aber es schien, als würde sie diesen Schlag nicht verkraften.

Meine eigene Reaktion bestand in erster Linie darin, die Gründe infrage zu stellen, die uns in diesen Krieg getrieben haben. Ich war jung und ungeheuerlich empört über die sinnlose Tragödie und Grausamkeit des Krieges. Und mir wurde letztlich auch klar, dass der falsch verstandene Patriotismus unserer Führer fast unweigerlich in eine solche Katastrophe hatte führen müssen. Als ich dann im Alter von neunzehn Jahren zum ersten Mal Josei Toda begegnet bin, war meine erste Frage an ihn daher auch gewesen, was es bedeute, ein wahrhafter Patriot zu sein.

Alles, was ich heute für den Frieden unternehme, hat seine Grundlage in den tragischen Erfahrungen dieser Kriegsjahre. Mein Roman *Die menschliche Revolution* setzt ganz bewusst in Okinawa ein, der am schlimmsten vom Krieg betroffenen Präfektur Japans. Und gleich zu Anfang finden sich die Sätze: „Krieg ist barbarisch und unmenschlich. Nichts ist grausamer und nichts ist tragischer."

Gorbatschow: Frieden bedeutet auch, gegen das Vergessen anzu-kämpfen. Der Krieg bleibt so etwas wie eine eigene Welt, die sich tief in unser Gedächtnis eingräbt. So wie Sie musste auch ich ganz plötzlich Verantwortung übernehmen, als mein Vater an die Front geschickt wurde. Die Menschen stellten alles, was sie hatten, in den Dienst der „Kriegsanstrengungen" und des „Sieges". Meine Mutter beispielsweise hat von frühmorgens bis in die Nacht hinein in einer Kolchose gearbeitet, sodass ich zu Hause auf unserem Hof immer etwas anpflanzen musste, da-mit wir zu essen hatten. Auch all die anderen Bauern hatten bis zum Ende des Krieges unter denselben ärmlichen Bedingungen zu leben. Und ich erinnere mich auch noch sehr genau, wie Ende des Jahres 1942 Tausende von Vertriebenen und Truppen der Sowjetarmee durch unser Dorf zogen.

Ikeda: Auf der Flucht vor den Nazis?

Gorbatschow: Ja. Der überwiegende Teil waren Frauen, Kinder und Alte. Die meisten waren wie benommen durch den Verlust ihrer Angehörigen und schleppten sich mehr dahin, als dass sie gingen. Und auch die Soldaten schauten ziemlich mutlos drein, denn sie wussten, dass die Faschisten nicht mehr weit entfernt waren. Wörter wie „Untergang" und „Katastrophe" machten die Runde und riefen Bilder von den brennenden Häusern und Feldern derjenigen wach, die nun mit sorgenvollen Mienen auf der Flucht waren. Auch unsere Familie hatte von den Nazis nichts Gutes zu erwarten, denn mein Großvater war Leiter ei-ner Kolchose und musste daher Angst haben, erschossen zu werden. Also hat er schnell ein paar Habseligkeiten zusammen-gepackt und die Flucht ergriffen. Als dann die Deutschen durch unser Dorf hindurchmarschiert waren, ließen sie eine Garnison zurück, in der einheimische Soldaten, die von der Front davon-gelaufen waren und sich über Monate versteckt hatten, be-schäftigt wurden. Unser Dorf Priwolnoje war vom 3. August 1942 bis zum 21. Januar 1943 besetzt.

Die Deutschen haben übrigens auch einige Dorfbewohner rekrutiert, um sie als, wie sie es nannten, „Polizei" einzusetzen. Deren Aufgabe bestand dann darin, die eigenen Landsleute zu drangsalieren und sie zu Zwangsarbeiten abzukommandieren. Auch meine Mutter wurde zu solchen Arbeiten gezwungen und sagte immer wieder, wie gefährlich die „Polizei", die ganz in unserer Nähe stationiert war, für die einheimische Bevölkerung sei. Es wurden auch immer wieder Leute durch Erschießungskommandos hingerichtet, und es wurde sogar gemunkelt, dass Menschen vergast worden seien, was sich später dann auch bestätigte.

Als schließlich das Gerücht die Runde machte, dass die Deutschen in all denjenigen Häusern Razzien durchführen wollten, in denen Mitglieder der Kommunistischen Partei wohnten, haben mich meine Mutter und mein Großvater väterlicherseits auf einem Bauernhof versteckt, der etwa dreißig Kilometer von unserem Dorf entfernt lag. Wahrscheinlich ist es die Niederlage der Deutschen in Stalingrad gewesen, die uns allen das Leben gerettet hat. Aber die Erinnerungen an den Krieg werden nicht aufhören uns zu verfolgen, zu quälen und unser Gewissen herauszufordern. Und das sind nicht nur leere Phrasen. Mir gehen auch heute noch die Erlebnisse der Frauen und Männer, die an den verschiedenen Fronten des Großen Vaterländischen Krieges gekämpft haben, sehr zu Herzen.

Ich war gerade einmal zehn Jahre alt, als der Krieg ausgebrochen ist. In diesem Alter nimmt man die Dinge sehr genau wahr, auch wenn man noch nicht alles versteht. Bis zum heutigen Tag habe ich noch die Versammlung der Dorfbewohner vor Augen, die im Stehen einer Rede Molotows anlässlich des Angriffs der Deutschen auf die Sowjetunion zuhörten. Innerhalb von wenigen Wochen waren alle jungen Männer an der Front und zurück blieben nur die Alten, die Frauen und die Kinder. Und sehr bald kamen auch die ersten Nachrichten über jene aus unserem Dorf, die an der Front gefallen waren. Ich habe die Verzweiflung der Witwen und Mütter gesehen, die ihre Ehemänner oder ihre Söhne verloren haben. Und ich weiß, wie schwer sie es später im Leben hatten. Ich habe gesehen, wie der Krieg ihnen all das geraubt hat, was ihnen im Leben das Wichtigste war: die Familie, die Liebe und die Freundschaft. Für Millionen von Menschen war und bleibt das ein furchtbares Unglück. Und es gab kaum eine Familie, die davon verschont geblieben wäre. Ich sehe noch die Tausenden von Menschen vor mir, die vor den Angriffen der Faschisten geflohen sind und Häuser und Arbeit, Freunde und Verwandte zwangsläufig zurückgelassen haben. Wir mussten mit ansehen, wie unsere Truppen im Sommer 1943 zurückgewichen sind und wie dann die Zeit der deutschen Besatzung kam. Wir sind auch mehrfach Zeugen von Verrat und Fahnenflucht aufseiten sowjetischer Soldaten und von Vergeltungsmaßnahmen der Faschisten geworden. Jede Niederlage unserer Truppen hat uns schwer erschüttert und ihre Siege bei Moskau, dann bei Stalingrad und Kursk waren eine unendliche Erleichterung.

Als ich nach dem Abschluss der Mittelschule zum ersten Mal nach Moskau kam, habe ich gesehen, was der Krieg dort angerichtet hatte. Und nicht nur dort, sondern auch in Rostow, Charkow, Woronesch, Kursk und natürlich in Stalingrad. Doch wie alle anderen auch war ich vor allem glücklich darüber, zu sehen, wie unser Land allmählich wieder zu neuem Leben erwachte. Wer solche Ereignisse selbst erfahren hat, wird davon in allem, was er tut und wofür er sich entscheidet, geprägt bleiben. Sich den Widrigkeiten des Lebens zu stellen ist genauso wenig selbstverständlich wie den Mut zu haben, sie zu überwinden; beides wird nur gelingen, wenn man akzeptiert, dass es Erfolg und Fortkommen nicht ohne Niederlagen und Rückschläge geben kann.

Ikeda: Genau aus diesem Grund mache ich mir auch manchmal ein bisschen Sorgen um die heutige Generation, die in einer Welt des Überflusses groß geworden ist und das Elend des Krieges und der Nachkriegszeit gar nicht mehr kennt. Natürlich können wir sehr dankbar dafür sein, dass sie solche Zeiten nicht miterleben musste, aber auf der anderen Seite sinkt dadurch auch die Fähigkeit der Einzelnen, sich in das Leid anderer hineinversetzen zu können. Unter Umständen kann diese Unfähigkeit sogar so weit gehen, dass das Unglück der anderen gar nicht mehr wahrgenommen werden kann. Es gibt natürlich keine festen Regeln, die das menschliche Verhalten steuern, und manchmal werden gerade diejenigen, die immer nur gedemütigt wurden, sehr hartherzig. Und trotzdem gilt in vielen Fällen, dass das Leiden das Herz für die anderen öffnet und Dinge erkennen lässt, die derjenige, dem es gut geht, im Allgemeinen übersieht.

Erfahrungen mit Leid und Demütigung haben übrigens auch Fjodor Michailowitsch Dostojewski entscheidend geprägt, der die menschliche Seele in ihrer ganzen Abgründigkeit kannte. Und in seinem Fall brachten die Jahre der Verbannung und Zwangsarbeit sogar eines der größten Genies der Menschheit hervor. Manchmal habe ich den Eindruck, die Menschen unserer Zeit erkennen nur dann, dass die Seele und Existenz der Dinge wichtiger sind als Wohlstand und Bequemlichkeit, wenn sie an die Vergänglichkeit des Lebens erinnert werden.

Gorbatschow: Mit Niederlagen und Rückschlägen umgehen zu lernen ist sicherlich ein unverzichtbarer Bestandteil des Reifeprozesses eines Menschen. Als wir uns beispielsweise 1990 zum ersten Mal im Kreml trafen, war die Perestroika zwar bereits in vollem Gange und es war auch klar, dass sie unumkehrbar sein würde. Und wie Sie schon gesagt haben, war das Gefühl, einen Frühling des Wandels und der Freiheit mitzuerleben, enorm präsent. Es war so unglaublich, dass unsere Träume tatsächlich wahr werden sollten, und wir waren glücklich, am Aufbau eines neuen und freien Landes teilhaben zu können, sowohl als Zeugen als auch als aktiv Gestaltende. Aber auch diese Medaille hatte eine Kehrseite und so, wie man die Freuden des Frühlings genießen soll, gilt es auch in den Herbststürmen der Niederlagen standhaft zu bleiben. Wenn diese Augenblicke dann kommen, so können wir Kraft schöpfen aus den Erfahrungen unserer Jugend sowie aus der Zähigkeit, mit der wir uns gegen alle Prüfungen und Schicksalsschläge behauptet haben.

Das ist besonders wichtig für junge Menschen, die davon träumen, einmal Politiker zu werden, oder die sich gerne politisch engagieren wollen. Jemand, der auf diesem Weg etwas erreichen will, muss vor allem in seinem Inneren so etwas wie einen untrüglichen Kompass haben. Ich meine damit etwas, das

auch unabhängig davon, wie sich die eigene Karriere entwickeln mag, unerschütterlich bleiben wird. Außerdem muss
er sich auf seine Familie, seine Vertrauten und Freunde verlassen können. Dieses untrügliche Gespür dafür, wer man selbst
ist, ist meiner Ansicht nach das A und O für den Erfolg eines
jeden Politikers.

Ikeda: Ich habe allerdings den Eindruck, dass es in unserer heutigen, so überaus bequem eingerichteten Welt schwieriger geworden ist, eine eigene Persönlichkeit herauszubilden – das eigene
Ich zu finden –, als es früher der Fall war. Das Leben ist für die
jungen Leute heute komplizierter geworden. Wer etwas erreichen
will, muss für einen harten Konkurrenzkampf gerüstet sein. Andererseits gilt aber auch, dass sich jemand, der es in jungen Jahren
allzu bequem gehabt hat, später häufig schwertun wird, die Kost-
barkeit des eigenen Ich zu begreifen oder einen sorgsamen Umgang mit dem eigenen Selbst und dem eigenen Leben zu pflegen.
Ich kann mich nicht wirklich in den Kopf eines Drogensüchtigen
hineinversetzen, aber klar ist, dass er sich bewusst schadet und oft
sogar mehr oder weniger absichtlich umbringt. Was also können
wir tun, um die Selbstachtung junger Menschen zu stärken,
sprich den Respekt für das eigene Ich und seinen Wert? Die Frage
nach dem eigenen Ich ist unter den heutigen Bedingungen eine andere, als sie es früher gewesen ist, und bedarf daher zweifellos
auch anderer Herangehensweisen und Antworten.

Gorbatschow: Und dennoch ist die Frage nach dem Ich ebenso
wie die Suche nach Antworten auf die verschiedenen Probleme
der heutigen Gesellschaft auch für junge Menschen hochaktu-
ell. Dazu würde ich gerne noch eine andere Beobachtung anführen, die sich auf unsere sowjetische Geschichte bezieht, nämlich
auf die Gefahr des Maximalismus, d. h. des revolutionären Extremismus. Denn die Verlockung nach einfachen Lösungen besteht auch heute noch, weswegen der Extremismus leider so
zählebig ist. Dabei hat der naive Glaube, man könne wie durch
ein Wunder mit einem Schlag alle Probleme lösen, bereits im
20. Jahrhundert über zahllose Menschen Leid und Unglück gebracht. Aber mit jeder neuen Generation kommen wieder neue

radikale Kräfte zum Vorschein, die nach einem kompletten Bruch mit der Vergangenheit, nach einer tiefgreifenden Umwälzung verlangen. Je radikaler der Schnitt mit der Vergangenheit, so glauben diese Leute, desto größer die Hoffnung, dass in der Zukunft etwas Neues entsteht. Das alles ist Täuschung und vollkommener Unsinn. Nur Wurzeln, die tief in die Vergangenheit hinabreichen, machen das Neue auch tragfähig. Einzig allmähliche, schrittweise Reformen können die Unumkehrbarkeit von Veränderungen gewährleisten. Die im 19. und 20. Jahrhundert vorherrschende Überzeugung, dass nur die radikalsten und revolutionärsten Aktionen den durchschlagenden Erfolg von Wandel und Fortschritt sicherstellen können, hat sich als ein Trugschluss herausgestellt. Heute können wir sagen, dass die allmähliche Entwicklung und die Veränderungen, die schrittweise vorgenommen werden und im Einklang mit der Natur des Menschen und dem gesellschaftlichen Leben stehen, viel wirkungsvoller sind als jedes Streben nach Revolution. Auch wenn wir viele wichtige Lehren aus dem 20. Jahrhundert gezogen haben, können wir trotzdem nicht behaupten, dass wir die ganze Wahrheit schon gefunden hätten. An vielen Beispielen ließe sich nach wie vor deutlich machen, dass sich die Weisheit der Zukunft auf die Weisheit der Vergangenheit gründen muss.

Ikeda: Von den Grundsätzen des Maßhaltens und des allmählichen Wandels bin ich auch seit Langem überzeugt. Es erstaunt mich allerdings ein bisschen, dass Sie, der Sie von der radikalen Ideologie des Bolschewismus geprägt worden sind, die Bedeutung von schrittweisen Reformen ebenfalls so uneingeschränkt verteidigen. Vielen anderen erscheinen diese Grundsätze wie Relikte einer längst vergangenen Zeit, aber in Wirklichkeit zeugen sie von einer tiefen menschlichen Weisheit.

Selbstverständlich ist mit dem Grundsatz des schrittweisen Vorgehens nicht einfach nur Langsamkeit gemeint, denn Geschwindigkeit im physikalischen Sinne ist dabei nicht entscheidend. Das Wesentliche beim Gedanken einer solchen Entwicklung ist vielmehr, dass sie in kleinen Schritten und vor allem zum Wohle der Menschheit vonstattengehen muss. Reformen,

Fortschritte und Entwicklungen dürfen nicht auf Kosten des menschlichen Glücks vorgenommen werden, im Gegenteil, sie sollen dieses befördern. Sie dürfen weder nur den eigenen noch den von außen vorgegebenen Zielen unterstellt werden, sondern müssen auch immer das Wohl aller Menschen im Auge behalten. Denn alles, was wir tun, sollte im Dienst der Menschheit getan werden. So zumindest verstehe ich den Grundsatz des schrittweisen Vorgehens. Dieser Grundsatz ist übrigens auch in der Lehre des Buddha Shakyamuni verankert, die im Lotos-Sutra beschrieben wird:

Buddha Shakyamuni sieht es als eine dringende Notwendigkeit an, dass die Weisheit, die er selbst erlangt hat, allen Menschen zugänglich werden soll, und vertritt daher die Auffassung, dass der Pfad der Erleuchtung jedem Menschen offen steht. Dahinter steht der Gedanke, dass jedes menschliche Wesen einzigartig und daher von unschätzbarem Wert ist. Viele Menschen halten Buddha oder Gott für ein Wesen, das in fernen Sphären wohnt und daher für die gewöhnlichen Sterblichen unzugänglich bleibt. Auch die Hörer des Buddha Shakyamuni sind dieser Meinung und halten seine Gedanken daher nur für schwer zugänglich. Zunächst versucht er sie mit theoretischen Erklärungen zu überzeugen, doch da ihn kaum jemand versteht, nimmt er Gleichnisse zu Hilfe, um ihnen den Kern seiner Botschaft zu verdeutlichen.

Eines dieser Gleichnisse ist die berühmte Erzählung von dem „brennenden Haus", in dem die Kinder – die stellvertretend für die Menschheit stehen – so selbstvergessen in ihre Spiele vertieft sind, dass sie gar nicht merken, dass das alte Haus bereits lichterloh brennt. Der Vater (Shakyamuni) fleht sie an, aus dem Haus zu rennen, doch die Kinder spielen unverdrossen weiter. Nach kurzer Überlegung lädt er sie zu einem Ausflug in einem riesigen und wunderschönen Wagen ein (die Lehre des Mahayana), der vor dem brennenden Haus steht. Voll Freude springen die Kinder auf und rennen hinaus, weil jedes als Erstes im Wagen sein will. So rettet der Vater seine törichten Kinder vor dem Feuer.

Die Hörer, die die große Liebe des Buddha Shakyamuni zu den Menschen spüren, verlangen aufrichtig danach, ihn zu verstehen. So fährt er mit seiner Rede fort und erzählt ihnen, dass sie und er durch enge Bande miteinander verbunden sind, die bereits seit entfernten früheren Leben bestehen. Hier also findet sich die Lehre vom schrittweisen Vorgehen in aller Kürze zusammengefast: All jene, die vorher den Gedanken von der für alle erreichbaren Buddhaschaft nicht erfassen konnten, beginnen nun allmählich zu begreifen und das Leben aller Lebewesen zu achten: ihr eigenes und das der anderen.

Auf diese Weise also bemüht sich Buddha Shakyamuni darum, den Menschen seinen Weg der Selbstvervollkommnung nahezubringen, damit sie ihn mit Freude in die alltägliche Praxis umsetzen können. Er drängt diesen Weg niemandem auf, doziert nicht von oben herab und spricht auch nicht nur zu seinem eigenen Vergnügen, ohne zu erkennen, wie schwierig es für die Menschen ist, das Wesen seiner Lehre zu begreifen. Sein Geschick in der Auswahl der Gleichnisse und in der Kunst der Überzeugung sind die Kennzeichen seiner Methode des schrittweisen Vorgehens, um die eigenen Ziele zu verwirklichen.

Und um nun wieder auf das zurückzukommen, was wir bereits über den Radikalismus und den Extremismus gesagt haben, so würde ich behaupten, dass nichts von dem, was gewaltsam in die Köpfe der Menschen eingetrichtert wird – nicht einmal die wissenschaftlichen Ideen –, in irgendeiner Weise Bestand haben wird. Die Falle des modernen Radikalismus besteht darin, dass Wissen mit Weisheit verwechselt wird. Sicher, das menschliche Wissen ist in vielen Bereichen auf eine unglaubliche Weise angewachsen. Aber Wissen allein führt nicht notwendigerweise auch zu Weisheit. Nicht selten verhalten sich Wissen und Weisheit sogar umgekehrt proportional zueinander, sodass man sagen kann, dass ein Wissen, das immer aufgeblähter und überheblicher daherkommt, die Weisheit am Ende austrocknen wird. Der Radikalismus unserer Zeit irrt daher, wenn er beide einfach gleichsetzt und versucht, den gesellschaftlichen Wandel nach irgendwelchen Vorgaben und Entwürfen zu erzwingen, die auf Grundlage des Wissens gemacht wurden. Je schneller die erkannten Ziele erreicht werden, desto besser – so lautet die Devise der Anhänger einer solchen Ideologie. Und sie sind leider allzu oft der Auffassung, dass jene, die nicht erkennen oder nicht erkennen wollen, mit Gewalt dazu gezwungen werden dürfen. Ein derartiger Radikalismus hat immenses Blutvergießen und Leid verursacht.

Gorbatschow: Dabei ist das Einzige, was Kampf und Konflikte hervorbringen können, das Leben in seiner Vielfalt zu zerstören und am Ende nur eine soziale Wüste zurückzulassen. Ein sorgsamer Umgang mit der Natur setzt heute auch einen sorgsamen Umgang mit dem Menschen voraus, mit seinen Leidenschaften und Widersprüchen, Stärken und Schwächen. Das bedeutet, dass man den Menschen zunächst einmal kennen muss, um in Einklang mit sich selbst und in der Beherrschung des eigenen Willens leben zu können. Man darf den Menschen nicht zerstören und man darf auch nicht versuchen, ihn völlig umzukrempeln oder Unmögliches von ihm zu verlangen. Die Vorstellung von einem allmächtigen Gott-Menschen, dem alle Rechte zukommen, ist extrem gefährlich und kann verhängnisvolle Folgen haben.

Am Beispiel Russlands kann man gut sehen, was für völlig unerwartete und überaus zynische Formen der Radikalismus und der revolutionäre Extremismus annehmen können. Mit Gewalt gegen gesellschaftliches Eigentum vorzugehen ist genauso verwerflich wie die gewaltsame Aufhebung des Privateigentums. In beiden Fällen ist es der Mensch, der das Opfer ist. Und darum bleibt auch der Kampf gegen die Philosophie der Gewalt immer aktuell.

2. Kapitel
Perestroika und Freiheit

Ikeda: Als wir uns zum ersten Mal begegnet sind, haben Sie mir gesagt, dass die eigentliche Bedeutung der Perestroika in der Tatsache liegt, dass sie die Freiheit gebracht hat. Wir haben damals darüber gesprochen, welcher konkrete Gebrauch von dieser Freiheit zu machen wäre, und Sie führten ein Beispiel an, das an Platons Höhlengleichnis erinnert. Es ging darum, dass ein Mensch, der lange Zeit in einer dunklen Höhle gefangen gehalten worden ist, von der Sonne geblendet wird, sobald er zum ersten Mal wieder ans Tageslicht tritt, und deshalb zurück in seine Höhle will. So verhielt es sich Ihrer Meinung nach auch mit den Menschen, die plötzlich ihre Freiheit erlangt haben und diese nur dazu nutzen, in der Vergangenheit zu schwelgen, statt ihren Blick auf die Gegenwart und in die Zukunft zu richten.

Sie dagegen sind wirklich fest von der Perestroika überzeugt gewesen, was zum Beispiel aus einem Brief hervorgeht, den mir Tschingis Aitmatow geschrieben hat. Ich habe diesen Brief erhalten, kurz nachdem Sie das Amt des Präsidenten der UdSSR niedergelegt hatten. Er war überschrieben mit den Worten „Eine Sage, die sich auf Gorbatschow bezieht". Ich will Ihnen das darin enthaltene Gleichnis einmal vorlesen:

Im Kreml.

Dieses Treffen ist mir mehr als jedes andere im Gedächtnis haften geblieben. Ich nehme an, dass Gorbatschow mich aus einem ganz konkreten Anlass zu einem Gespräch eingeladen hatte, wahrscheinlich um mit mir die aktuelle Situation in Mittelasien zu diskutieren, insbesondere das Problem der Konflikte zwischen den verschiedenen Nationalitäten. Aber anstatt über dieses eigentliche Thema zu reden, nahm das Gespräch eine vollkommen andere Wendung.

Um das, was damals geschehen ist, wirklich verstehen zu können, muss sich der Leser von heute vor Augen halten, dass in jenen Tagen die Perestroika als ein Prozess so noch nie da gewesener Reformen in vollem Gange war. Gleichzeitig wurden die Stimmen derjenigen, die unzufrieden waren und Kritik an diesem neuen Kurs äußerten, immer lauter – und zwar in den Reihen der Linken und der Rechten, der Demokraten wie der Parteibürokraten. Alle Seiten hatten ihre Argumente und ihre Gründe. Die Wirtschaft des Landes befand sich in einem stetigen Sinkflug.

Das bereitete natürlich auch Gorbatschow Sorgen. Doch obgleich in seinem Gesicht zum damaligen Zeitpunkt schon deutlich die Spuren der inneren Anspannung zu erkennen waren, wirkte er dennoch sehr konzentriert, und wenn er lächelte, konnte man zuweilen immer noch das strahlende Leuchten in seinen Augen erkennen, das für ihn typisch war.

Wir saßen uns am Schreibtisch in einem seiner Büros gegenüber. Bevor wir uns dem eigentlichen Gegenstand unseres Treffens widmeten, erkundigte sich Gorbatschow ganz entsprechend seiner Gewohnheit danach, was meine literarischen Arbeiten machten, an was für Projekten ich aktuell mitwirkte, was ich gerade schriebe und ob er bald wieder einen Roman oder eine Kurzgeschichte zu lesen bekomme. Bald? Ohne es zu bemerken, hatte er mit dieser Frage einen sehr heiklen Punkt berührt. Denn ich hatte in der letzten Zeit überhaupt keinen Sinn mehr für literarische Dinge. Und ich entschloss mich daher, ihm dies auch in aller Offenheit zu sagen.

„Nun, wie soll ich es sagen, Michail Sergejewitsch", antwortete ich. „Schreiben wird immer schwieriger. Es scheint, als hätten wir unsere Freiheit nun ganz und gar erreicht, aber wir haben immer weniger Ergebnisse vorzuweisen. Es ist keine Zeit zu nichts mehr, die Perestroika hat uns vollkommen vereinnahmt. Wir alle wurden wie von ein und demselben Windstoß mitgerissen."

„Eher von sieben Winden", entgegnete Gorbatschow mit einem Lächeln.

„Die Perestroika hat uns jedenfalls ganz schön auf Trab gehalten. Ich wusste vorher gar nicht, dass die Demokratie derart viel Zeit verschlingen kann."

„Ich verstehe das nur zu gut", sagte Gorbatschow mit einem nachdenklichen Blick und lächelte mir wieder freundlich zu.

„Natürlich fehlt es noch an Zeit, und doch haben wir bereits etwas sehr Wichtiges für unser Herz und für unsere Seele gewonnen. In diesen Tagen finden wir kaum die Zeit, einmal für eine Minute nachzudenken. Und doch hat jeder – jeder Künstler, Philosoph, Politiker, ja, jeder Mann und jede Frau auf der Straße – etwas zu sagen."

In der darauf folgenden Unterhaltung brachte ich ein Problem zur Sprache, das mich zwar schon länger bewegt hatte, das aber unter dem ideologischen Deckmantel des Sozialismus stets tabu geblieben war: das Thema der Macht in ihrer schicksalhaften Bedeutung für denjenigen, der sie innehat – einer Schicksalhaftigkeit, die aus dem ewigen inneren Widerspruch und dem mit ihm verknüpften verhängnisvollen Wesen der Macht selbst herrührt. Ich hatte das ungute Gefühl, dass sich diese Schicksalsfrage in der einen oder anderen Weise auch einmal für Gorbatschow stellen würde. Denn er hatte zwar mutig den Weg der Reformen eingeschlagen, aber dieser war unter den Bedingungen des Totalitarismus noch keineswegs allgemein anerkannt, sodass Gorbatschow auch scheitern und zum Märtyrer werden konnte. So sprachen wir also über das Phänomen der Macht und wie sie immer auch Mittel und Wege findet, die zur Herrschaft des Einen über die Vielen führen. Weil ich es aber als taktlos empfunden hätte, diese Gefahr ganz unverblümt anzusprechen, wählte ich einen Umweg und redete über meine eigenen literarischen Pläne. Wie beiläufig erwähnte ich dabei auch eine orientalische Sage, die eine Schlüsselrolle in einem meiner nächsten Projekte spielte, und gleichsam als ob ich laut nachdächte, brachte ich ihm diese zu Gehör.

Ich sagte, eine bestimmte Geschichte – eine alte Erzählung – sei mir nicht mehr aus dem Kopf gegangen. Ich hätte über sie nachgegrübelt, wo immer ich auch grade gewesen sei, ob im Auto oder bei irgendwelchen Veranstaltungen, ob ich alleine war oder unter Leuten. Und diese Geschichte gehe so:

„Einst saßen ein großer Herrscher und ein Prophet, oder auch Wahrsager, bei einem Gespräch zusammen, das sehr vertrauensvoll und offen war. Der Gast sagte zu dem Herrscher: ,Überall verbreitet sich dein Ruhm und du sitzt fest auf deinem Thron. Und doch habe ich von dem recht sonderbaren Gerücht gehört, dass du davon träumst, dein Volk dadurch zu erfreuen, dass du ihm den Weg zur allgemeinen Glückseligkeit weist, indem du ihm vollkommene Freiheit und Gleichheit schenkst.' ,Ja', entgegnete der Herrscher, ,lange schon ist dies mein Plan und tat-

sächlich habe ich auch vor, ihn umzusetzen. Es ist meine feste
Überzeugung und mein fester Entschluss.'

Nach einigen Augenblicken des Schweigens erwiderte der weise
Gast: ,Herr, ein so großes Verlangen nach dem Wohle der Vielen
wird dir ewig zur Ehre gereichen, die Menschen werden dich wie
einen Gott verehren. Von ganzem Herzen unterstütze ich, was
du vorhast. Aber meine Pflicht ist es auch, dir die ganze Wahrheit zu sagen. Wenn du dir angehört hast, was ich zu sagen habe,
musst du eine Entscheidung treffen. Zwei Wege, Herr, liegen vor
dir, zwei Schicksale und zwei Möglichkeiten, und du bist frei,
das zu wählen, was du für notwendig erachtest. Der eine Weg
zu regieren besteht darin, all das, was du tust, im Hinblick auf
die Festigung der Macht und des Thrones zu tun, so wie es deine
Vorfahren immer schon getan haben. Heute stehst du auf dem
Gipfel einer unerschütterlichen Macht, die dir kraft Recht und
Erbe übertragen worden ist. Du bist stark und mächtig. Wenn
du diesen Weg einschlägst, wirst du ihn bis zum Ende deiner
Tage fortsetzen und mit Macht regieren. Das alles wird zu deinem eigenen Wohl wie auch zu dem deines Volkes geschehen
und deine Nachfahren werden in deine Fußstapfen treten.'"

Stumm und aufmerksam hatte Gorbatschow der Erzählung zu-
gehört. Diese war zwar leicht zu durchschauen, aber, so hoffte
ich zumindest, auch nicht zu plump, schließlich handelte sie
von längst vergangenen Zeiten. Daraufhin legte ich ihm auch
den zweiten Weg dar, von dem der Gast gesprochen hatte, und
zwar mit allem, was dieser für die Zukunft bereithielt:

„,Das zweite Schicksal eines Mannes, der sich auf dem Gipfel
der Macht befindet, besteht in dem schweren Weg des Marty-
riums. Denn du musst wissen, Herr, dass diejenigen, denen du
die Freiheit gibst, sie dir mit nichts als Undank vergelten werden.
Denn das ist der Lauf der Dinge. Aber warum ist das so? Warum
sollten das Absurde und die Unvernunft obsiegen? Es müsste
doch gerade umgekehrt sein. Wo bleibt hier die Gerechtigkeit,
der Sinn von allem? Niemand weiß darauf eine Antwort zu geben. Das sind die unergründlichen Geheimnisse von Himmel
und Hölle. So ist es immer schon gewesen und so wird es auch
immer sein. Und dies wird auch dein Los sein. Sobald das Volk
einmal seine Freiheit erlangt hat, wird es ungehorsam und fängt
an, sich für die vergangenen Zeiten an dir zu rächen. Sie werden
dich aus der Menge heraus beschimpfen und dich in den Basaren
verhöhnen, und selbst deine Nächsten werden dich verlachen
und sich über dich lustig machen. Viele deiner getreuen Mitstrei-

ter werden sich ganz offen gegen dich stellen und deine Anweisungen missachten. Und du wirst, o mein Herr, am Ende deiner Tage viel Leid und Demütigung erfahren haben und selbst deine engen Gefährten werden danach gieren, dich aus dem Weg zu räumen und deinen Namen in den Schmutz zu ziehen. Dies also, mein mächtiger Herr, sind die beiden Wege, zwischen denen es zu wählen gilt.' Daraufhin sagte der Herr zu dem Propheten: ‚Warte sieben Tage. Ich werde dich dann wieder rufen lassen. Und nun geh deiner Wege.'" Dies also war die alte Sage, die ich Gorbatschow erzählte. Danach saß er nur schweigend da. Der Ausdruck seines Gesichts veränderte sich. Ich bedauerte bereits, was ich getan hatte, und wollte mich verabschieden, als er mit einem bitteren Lächeln sagte: „Ich weiß durchaus, wovon Sie sprechen. Aber es ist keineswegs nötig, sieben Tage zu warten – nicht einmal sieben Minuten. Ich habe schon gewählt. Was auch immer der Preis dafür sein mag, ich werde meinem Kurs treu bleiben. Demokratie, Freiheit, Befreiung von der schrecklichen Vergangenheit und keine Diktatur – das allein ist der Weg. Und das Volk mag dann urteilen, wie es will. Ich bin bereit, diesen Weg zu gehen, auch wenn viele meiner Zeitgenossen mich nicht verstehen." Und so gingen wir auseinander.

Gorbatschow: Und ich wiederhole auch heute noch einmal, was ich damals zu meinem Freund Aitmatow gesagt habe: Was zählt, sind allein Demokratie und Freiheit. Dafür habe ich leidenschaftlich gekämpft und werde ich immer kämpfen. Ich bereue nichts. Das Land ist nun in einem demokratischen Umbruch begriffen. Das betrachte ich als meine größte Leistung.

Die junge russische Demokratie hat gerade eine schwierige Phase zu bestehen. Die Frage nach einer demokratischen Alternative zu Autoritarismus und zu einer Herrschaft, die auf individueller Macht beruht, ist wieder akut. Und dabei geht es nicht nur um einen politischen Konflikt, sondern durchaus auch um einen Werte- und Weltanschauungskonflikt. Die Vorstellung einer autokratischen Herrschaft steht in einem Gegensatz zu dem Glauben an die Fähigkeit der Völker Russlands, den Weg eigenständiger Entwicklungen fortzusetzen. Das ganze Drama der gegenwärtigen Situation besteht darin, dass genau diejenigen Leute, die noch vor drei oder vier Jahren im Namen von Demokratie und Freiheit das Zentrum der Macht herausgefordert haben, nun zu den überzeugten Verfechtern der Allmacht des Präsidenten gehören und für ein Durchgreifen mit harter Hand plädieren. Nichts ist abstoßender und widerlicher als diese Leute, die sich demokratisch gebärden und eigentlich Anhänger der Autokratie in unserem Lande sind.

Dabei kann niemand ernsthaft behaupten, dass Russland heute ein demokratischer Staat im eigentlichen Sinne ist. Mit den Ereignissen vom 3. und 4. Oktober 1993, als das Parlamentsgebäude in Moskau unter das Feuer von Panzern genommen wurde, verbrannten auch die zarten Pflänzchen der Demokratie, die wir gesetzt hatten. Das war wirklich eine Katastrophe. Mit einem Schlag war der aufkeimende Glaube daran, dass die Russen den Bürgerkrieg ein für alle Mal hinter sich gelassen hätten und ihre Konflikte nun endlich friedlich und ohne Waffengewalt lösen könnten, wieder zerstört.

Aber eines müssen Sie wissen: Selbst nach all dem, was geschehen ist, ist es dem herrschenden Regime nicht gelungen, das Rad der Zeit einfach wieder zurückzudrehen. Gleich nach dem 3. und 4. Oktober sind herausragende Vertreter der demokratischen Intelligenz aufgestanden – frühere Dissidenten, darunter Michail Gefter, Andreij Sinjawski, Wladimir Maximow, Pjotr Jegides und Gleb Pawlowski – und haben dem Beschuss des rechtmäßig gewählten Parlaments durch Panzer ein klares „Nein" entgegengehalten. Solche Aktionen halfen dem Land dabei, den Schock zu überwinden und die Furcht abzuschütteln. Damit waren dann auch die Voraussetzungen geschaffen, am 12. Dezember Parlamentswahlen abhalten zu können. Das Volk sprach sich eindeutig gegen eine gewaltsame und radikale Revolution von oben und gegen jede Form der Schocktherapie in der Wirtschaftspolitik aus. Und es sprach zugleich all jenen Politikern sein Misstrauen aus, die im Oktober 1993 in Moskau bewusst die bewaffnete Auseinandersetzung provoziert hatten. Noch zehn Jahre früher hätten nur wenige geglaubt, dass in Russland einmal freie Wahlen mit mehreren Parteien möglich sein würden. Aber es ist dazu gekommen. Der Traum aller russischen Demokraten ist in Erfüllung gegangen. Was mir dennoch große Sorge bereitet, ist die Tatsache, dass die De-

mokratie seither immer wieder auch Rückschläge einstecken
musste und wohl auch weiterhin einstecken muss.

Ikeda: Viele Menschen in Japan sind ehrlich gesagt ziemlich
überrascht gewesen von dem, was sich nach Ihrem Rückzug
aus der Politik in Russland ereignet hat. Als Sie 1985 Generalsekretär des Zentralkomitees der KPdSU wurden, freuten sich
viele darüber, dass mit ihnen ein junger, charmanter und
freundlicher Mann an der Spitze der UdSSR stand. Alle haben
große Dinge von Ihnen erwartet. Doch niemand hätte gedacht,
dass Ihre Reformen so weitreichend sein würden. Die von Ihnen
eingeleitete Politik der Glasnost führte zur Abschaffung der
Zensur, zur Rede- und Religionsfreiheit sowie zum Recht darauf, das eigene Land zu verlassen. Politische Gefangene wurden freigelassen. Die demokratische Revolution von oben, wie
Sie sie verstanden haben, veränderte das geistige Klima Russlands fundamental.

Aber auf der anderen Seite waren viele japanische Intellektuelle sehr enttäuscht darüber, welcher geistige Prozess danach
in Russland einsetzte. Alle Initiativen im Bereich des ethisch-
sittlichen Lebens gerieten ins Stocken. Fragen der Moral blieben von den Reformen ausgenommen, vor allem von denen im
Bereich der Wirtschaft. Gleichgültigkeit und Enttäuschung über
die Demokratie haben sich breitgemacht und den anfänglichen
Enthusiasmus über die Perestroika und die ersten freien Wahlen
verdrängt. Nach und nach haben die Menschen den Glauben in
die Politik und die Politiker verloren. An die Stelle der allgemeinen Begeisterung, die die Menschen anfangs erfasst hatte, sind
heute Ernüchterung und das Gefühl der Entfremdung getreten.
Ich bin vor kurzem durch Russland gereist und unterwegs sagte
mir ein Kenner des Landes wortwörtlich: „Die Russen – und
vor allem die Moskauer – haben die Nase voll von der aktuellen
Politik und ihrem hochtrabenden Gerede."

Es gab Zeiten, da war das gedruckte Wort noch stark genug, um den harten Untergrund der Vergangenheit zu erschüttern. Heute glaubt niemand mehr an die Kraft des Wortes. Vielleicht bringen politische Höhenflüge zwangsläufig negative
Gegenreaktionen hervor. Das mag der Logik der Revolution ge-

schuldet sein. Aber dass sich die Jugend von der Politik abwendet und die Apathie in der Gesellschaft solche Ausmaße annimmt, verheißt wirklich nichts Gutes. Ich glaube, es war Thomas Mann, der sagte, dass ein Volk, das die Politik verachtet, immer auch eine verachtenswerte Politik bekommen wird. Überall, wo sich ein geistiges Vakuum auftut, ist schnell der Totalitarismus – egal ob von rechts oder links – zur Stelle, um es auszufüllen.

Gorbatschow: Ich fürchte, mit Ihrer Analyse treffen Sie durchaus ins Schwarze. Wir sind dabei, von einem Stadium hoher politischer Aktivität, die zu einem völlig unerwarteten Wandel geführt hat, in ein Stadium der Apathie überzugehen. Was mich dabei vor allem stört, ist die Tatsache, dass es viele Menschen gibt, die diese Gleichgültigkeit in ein Zeichen der Stabilität umzudeuten versuchen. Sie haben vollkommen recht, wenn Sie sagen, dass manche unter uns diese Art der Stabilität gerne dazu benutzen würden, die zunehmende Tendenz des Autoritarismus zu rechtfertigen.

Aber alle Meinungsumfragen zeigen, dass die Menschen nicht zu den alten Verhältnissen zurückwollen. Sie befürworten die demokratischen Reformen. Russland ist durchaus in der Lage, demokratische Institutionen aufzubauen und sie dazu zu nutzen, das Land umzugestalten. Denn mit den Reformen wurde im Land auch gleichzeitig eine Zivilgesellschaft aufgebaut. Plötzlich schossen Stiftungen, Verbände, Vereine und Bewegungen aller Art aus dem Boden – alles Dinge, an die früher gar nicht zu denken war. Ich bin überzeugt davon, dass Russland zu einem demokratischen Land werden wird. Wir mussten für die Freiheit so viele Risiken auf uns nehmen. Aber das war es wert, auch wenn es einen Verlust von Macht bedeutet hat.

Sie, Herr Ikeda, sind der Ansicht, dass wir Politiker unser Leben und unser Handeln unter dem Blickwinkel der Ewigkeit betrachten sollen. Ich schlage eine einfachere Lösung vor: Wir sollten uns und unser Tun mit den Augen unserer Kinder und Enkelkinder betrachten. Wenn ich mich zum Beispiel so einer Prüfung unterziehe, indem ich in die Augen meiner engsten

Freunde und Mitarbeiter blicke, finde ich nichts, wofür ich mich schämen müsste. Die jungen Menschen in Russland sind heute ganz offen und frei in ihren Urteilen. Während ihnen die ganze Weltkultur zur Verfügung steht, herrschte bis zur Perestroika die strengste Form von Zensur. Selbst eine Analyse des Marxismus-Leninismus war verboten, ganz zu schweigen von einer Kritik an ihm. Die vorrevolutionäre idealistische Philosophie war ebenso verboten wie die Exilliteratur, Solschenizyn ebenso wie der gesunde Menschenverstand. Doch im Laufe von ein paar Jahren waren all diese Verbote verschwunden. Glasnost war eine echte demokratische Revolution, eine Revolution der Seele.

Wie wäre mein Leben verlaufen, wenn ich einen anderen, den üblichen Weg gewählt hätte? Ich wäre wohl wesentlich länger in den Genuss von sehr viel mehr Macht und besonderen Privilegien gekommen. Aber weder das eine noch das andere interessierte mich sonderlich. Ich habe das alles während der Breschnew-Ära aus der Nähe kennengelernt. Und zu dem Zeitpunkt, als ich dann an die Macht gekommen bin, war es einfach unmöglich, so weiterzumachen wie bisher. Die Menschen waren es leid, immer nur entbehren zu müssen, und sie hatten vor allem auch die offenkundige Dummheit der staatlichen Behörden satt. Der Versuch, der Vergangenheit neues Leben einzuhauchen, hätte auch nichts anderes als den Verfall gebracht. Die Gesellschaft hatte einfach genug von den abgedroschenen Losungen, der Ideologie und der leidigen Sprache der Macht. Sie sehnte sich nach einer neuen Art der Führung, einer neuen Sprache und, selbstverständlich, nach einer neuen Politik.

Natürlich hat sich nicht alles erfüllt, wovon ich damals geträumt habe. Die kommunistischen Hardliner, die 1991 den versuchten Umsturz organisiert hatten, ließen den Reformprozess in der UdSSR ins Stocken geraten und verhinderten auch, dass sich die KPdSU in eine sozialdemokratische Partei verwandelte. Aber das Wichtigste konnten sie trotzdem nicht verhindern – die Zerschlagung des totalitären Systems, die bereits zu weit fortgeschritten war, um noch aufgehalten werden zu können.

Ikeda: Sie haben gerade eine Frage angeschnitten, die so alt ist wie die Menschheit selbst: Woran lässt sich unser Leben messen? Bestimmen wirklich Geld, Eigentum, Macht oder Ruhm den Wert des Lebens? Nein, ich denke, was Sie eben angedeutet haben, ist richtig: Das Wichtigste ist die Achtung, die wir in den Augen unserer Kinder oder unserer Nächsten genießen. Väter und Mütter, die das Vertrauen ihrer Kinder verlieren und die sich nicht, wie Sie sagen, mit den Augen ihrer Kind betrachten können, werden bestimmt nicht allzu glücklich sein. Kinder entdecken die Unwahrhaftigkeit im Verhalten ihrer Eltern viel schneller als deren engste Freunde. Der amerikanische Wissenschaftler und Pazifist Linus Pauling sagte mir einmal, dass es die Angst davor gewesen sei, die Achtung seiner Frau zu verlieren, die ihn dazu veranlasste, sich in der Hochphase der McCarthy-Ära gegen die antikommunistischen Prozesse auszusprechen und sich für den Frieden zu engagieren.

Was Sie mir bis jetzt erzählt haben, macht deutlich, dass die Motive, die hinter der Perestroika standen, mit einem hohen moralischen Anspruch verbunden waren. Dieser hat Ihnen sicher dabei geholfen, das monströse System, das Sie mit ihrem Amt als Präsident geerbt hatten, abzulehnen. Den Staat und die Partei in Einklang zu bringen mit dem, was Sie als vernünftig und gerecht angesehen haben, war sicherlich eine enorme Herausforderung. Andererseits haben sich Ihre Anstrengungen wirklich gelohnt, denn wahrscheinlich können nicht viele Politiker von sich behaupten, dass sie wie Sie ohne Scham und ohne Furcht durchs Leben gehen können. Ihre Bemühungen um Demokratie und Freiheit in Russland waren nicht zuletzt deshalb so erfolgreich, weil sie von festen Überzeugungen untermauert waren.

Gorbatschow: Ja, meine moralischen Grundüberzeugungen waren ausschlaggebend dafür, dass meine Entscheidung für die Freiheit unwiderruflich wurde. Schon als Kind habe ich die Ungerechtigkeit sehr deutlich gespürt, die den Ereignissen der zweiten Hälfte der dreißiger Jahre zugrunde lagen, obwohl ich deren Ursachen noch nicht verstand. Später dann, in den Jahren des Studiums an der Moskauer Universität und vor allem

in der Zeit, als ich mich politisch und gesellschaftlich engagierte, habe ich begonnen, mich ernsthafter mit Geschichte
zu beschäftigen.

Für mich kamen die politischen Veränderungen nicht wie
aus heiterem Himmel. Jeder, der ein einigermaßen gesundes
Urteilsvermögen und ein Funken Gefühl dafür hatte, was richtig und falsch ist, konnte sehen, wie die politische Klasse das
Volk von oben herab behandelte, wie wenig sie sich um dessen Belange kümmerte oder seine Würde achtete. Da ich in einem bäuerlichen Umfeld groß geworden bin, habe ich selbst
gesehen, dass die Bauern unter dem Regime Stalins wie Leib-
eigene behandelt wurden. Es ist daher auch nicht überraschend, dass die ländliche Bevölkerung früher als die Städter
Zweifel an der Gerechtigkeit der herrschenden Ordnung bekommen haben.

Für meine Kommilitonen an der Moskauer Universität war
ein Begriff wie „Kollektivierung" nur ein abstrakter, theoreti-
scher Terminus. Für mich dagegen war er eng mit der Lebens-
realität meiner Familie verknüpft. Aus persönlicher Erfahrung
wusste ich also, wie viel Unrecht solch ein Begriff mit sich bringen kann. Daher habe ich mir während meines Studiums immer
wieder die Erfahrungen des „wirklichen Lebens" ins Gedächtnis zurückgerufen, und diese standen meist mit den ach so gelehrt klingenden Vorstellungen von der Gesellschaft im Widerspruch.

Ikeda: Die Kollektivierung hat letztlich dazu geführt, dass Millionen von Menschen hungern mussten. Und ein bekannter, russischer Schriftsteller sagte später, dass es so etwas zuvor noch
nie gegeben hat – nicht unter den Zaren, nicht unter den Mon-
golen, ja nicht einmal unter der deutschen Besatzung.

Gorbatschow: Trotzdem versuchen sogar heute immer noch
manche, diese Tragödie zu rechtfertigen. Und während meiner
Studentenzeit wurde ich Zeuge einer regelrechten Kampagne
gegen das, was man „Kosmopolitismus" oder „Kriecherei vor
dem Westen" nannte. Diese Kampagne diente in Wirklichkeit
aber nur als Anlass für eine hemmungslose antisemitische Pro-

paganda, die die Juden als Verräter darstellte – Angriffe, die
nicht nur ungerechtfertigt, sondern auch niederträchtig waren
und daher auch schnell zu Gegenprotesten führten.

Als Mitglied des Komsomol und später als Funktionär in
der Partei habe ich anfangs noch im Rahmen des Systems versucht alles zu tun, was das Leben der Menschen erträglicher
machten könnte. Ich hatte noch einen langen Weg des Lernens
und Nachdenkens zu gehen, bis mir klar wurde, dass grundlegende Reformen unausweichlich waren. Aber das ging nicht
nur mir so. Es gab natürlich die Dissidenten und die verschiedenen Intellektuellen-Gruppen, die in den sechziger Jahren viel
über demokratische Prozesse und Veränderungen nachgedacht
haben, aber die meine ich gar nicht. Ich denke eher an die, die
zur Nomenklatura von Partei und Staat gehörten und denen es
zu verdanken ist, dass die Initiative zu Reformen von der Partei
selbst ausgegangen ist. Aus dieser Initiative resultierten dann ab
und an auch konkrete Reformbeschlüsse, die schließlich zu dem
geführt haben, was man später Perestroika nannte.

Die Gesellschaft brauchte dringend grundlegende Reformen. Aber das herrschende System erstickte alle Erneuerungs-
programme bereits im Keim. Daher sind wir dann im Verlauf
der von uns angeregten Reformen weit über das hinausgegan-
gen, was bisher unternommen worden war: Wir versuchten, einen Weg zu finden, der aus dem Totalitarismus hinaus zu Freiheit und Demokratie führen sollte. Jede geistige und politische
Unterdrückung haben wir kategorisch abgelehnt und ein für
alle Mal mit dem Stalinismus gebrochen. Die gesamte Vergangenheit allerdings mit einem Blick zu betrachten, der einfach alles ablehnte, was gewesen ist, schien mir auch nicht korrekt zu
sein, denn unsere Väter und Großväter haben nicht einfach um-
sonst gelebt. Von der Idee des Kommunismus überzeugt und begeistert, haben sie vieles erreicht, was großartig war.

Ikeda: Vor einigen Jahren wurde im japanischen Fernsehen eine
Dokumentationsreihe mit dem Titel *Sozialismus im 20. Jahrhundert* gezeigt. In einem Beitrag sagte eine alte Frau, die die
absichtlich herbeigeführte Hungersnot in der Ukraine während
der dreißiger Jahre überlebt hatte, mit Tränen in den Augen:

„Die Menschen waren so hungrig, dass sie Kinder raubten und sie aßen." Das Grauen dieser Hungersnot hatte eine apokalyptische Dimension. In seinem Roman *Alles fließt* hat Wassili Grossmann diesen Albtraum in all seinen Einzelheiten beschrieben:

> Seit es russische Regierungen gibt, hat keine jemals einen solchen Befehl erteilt. Kein Zar, keine Mongolen und Tataren und nicht einmal die deutschen Invasoren haben je einen solchen Befehl unterschrieben. Sollten damit die Bauern in der Ukraine, am Don und am Kuban bewusst zum Hungertod verurteilt werden? Und sogar kleine Kinder getötet werden? Ah, ich verstehe. Für die Sowjetmacht war das Einzige, was zählte, der Plan. Den Plan erfüllen! Das von der Regierung ausgegebene Plansoll muss erfüllt werden. Der Staat kommt zuerst. Das Volk zählt nicht.

Unter den Zaren, als die Hungersnöte weit weniger groß waren, wurde alles dafür getan, um den hungernden Menschen zu helfen. Im Gegensatz dazu starben zu Beginn der dreißiger Jahre die Menschen gewissermaßen an den Toren der örtlichen Scheunen, die bis unter das Dach mit sogenannten Staatsreserven gefüllt waren.

Neben dem Holocaust stellt die Zwangskollektivierung unter Stalin also eine der größten Tragödien des 20. Jahrhunderts dar. Es sind wirklich abgründige Fragen, die sich einem hier auftun: Wie können wir Stalins völlig neue, alles umfassende Grausamkeit erklären? Wie konnte Stalin vorsätzlich zehn Millionen Menschen aus dem traditionellen russischen Bauernstand vernichten und unzählige Russen, Ukrainer und andere faktisch vollständig entwurzeln?

Was empfindet so jemand, der beschließt, Millionen von Menschen einfach umzubringen? Welcher Anteil an den Verbrechen, die unter ihm verübt wurden, ist ihm selbst zuzuschreiben und welcher ist der marxistischen Ideologie geschuldet, zu der er sich bekannte? Warum gibt es in einem Land, das so sehr unter ihm gelitten hat, immer noch viele Leute – und sogar ganze Parteien –, die dieses Monster Stalin verehren? Wenn wir über das 20. Jahrhundert unsere Schlüsse ziehen, dürfen wir die schrecklichen Verbrechen nicht vergessen, die die Bolschewiken gegenüber den Völkern der Sowjetunion verübt haben.

Gorbatschow: Nicht diese grausame Form der marxistischen Ideologie, aber doch den Glauben an das sozialistische Ideal hat sich allerdings auch meine Generation noch bewahrt. Wir waren im Grunde der Auffassung, dass alle Schwierigkeiten nur von einer Verkehrung der sozialistischen Gedanken herrührten. Die Perestroika ist ja vor allem aus dem Versuch entstanden, die Realität mit dem Ideal in Einklang zu bringen und uns von dem zu befreien, was wir als eine Deformierung des Sozialismus bezeichnet haben. Folglich sind wir auch keine Dissidenten im eigentlichen Sinne des Wortes gewesen. Wir waren eher Revisionisten des real existierenden Sozialismus und Fürsprecher seiner Erneuerung.

Als ich zum Generalsekretär des Zentralkomitees der KPdSU gewählt wurde, hatte ich allem Anschein nach die Wahl, entweder an dem alten System in seiner überkommenen Form festzuhalten, oder Reformen auf den Weg zu bringen. In Wirklichkeit aber hatte ich gar keine Wahl, weil die ganze Nation bereits ungeduldig auf Reformen gewartet hat. Viele Leute spekulieren heute über die Motive, die hinter der Perestroika standen, und über die Ziele, die meine Mitstreiter und ich verfolgten, als wir 1985 mit der Umstrukturierung des Landes begonnen haben. Manche behaupten, dass der technische Rückstand, den die Sowjetunion gegenüber den USA hatte, mich dazu gezwungen hat, die Perestroika einzuleiten, oder dass dahinter letztlich nur der bloße Pragmatismus und Entschluss des Staates stand, das alte System um jeden Preis zu erhalten. Andere sind der Ansicht, die Perestroika habe nur mit meinem angeborenen Ehrgeiz und dem Wunsch zu tun gehabt, ein Held zu werden. Beide Seiten, also sowohl die radikalen Demokraten als auch die fanatischen Patrioten, versuchen die Perestroika zu diffamieren – die einen aus Mangel an Gewissen, die anderen aus Mangel an Verstand.

Ikeda: Es ist sehr schwierig, jemandem, der es nicht kennt, zu erklären, was tugendhaftes Handeln bedeutet. Er wird es nicht nachvollziehen können, dass einige Politiker in ihrem Handeln tatsächlich von hehren Motiven geleitet sind, dass sie sich weigern, ihre Landsleute zu unterdrücken und vielmehr selbst darunter leiden, wenn in ihrem Land Dissidenten verfolgt und Menschen aufgrund ihrer politischen Einstellungen ins Gefängnis geworfen werden. Es ist mehr als merkwürdig, dass genau diejenigen, die nicht an die moralischen Beweggründe für die Perestroika glauben, auch dieselben sind, die an jeder Straßenecke ein Loblied auf die russische Seele singen und betonen, dass für das russische Volk die geistigen Werte überhaupt das Wichtigste sind. Glauben diese Leute dann auch, dass Chruschtschow, der es wagte, die stalinistische Unterdrückung zu kritisieren, kein Russe war? Sprechen sie Ihnen tatsächlich das Recht ab, ein Russe zu sein, und verteidigen gleichzeitig die Einheit von Politik und Moral?

Die Soka Gakkai und die Lomonossow-Universität in Moskau haben in den frühen siebziger Jahren damit begonnen, untereinander Beziehungen zu knüpfen. Damals haben meine Kollegen und ich beobachten können, wie Ihr Land sich schrittweise vom marxistischen Dogma entfernt hat. Die Jugend konnte von Jahr zu Jahr etwas freier heranwachsen. Die Menschen wurden mutiger, was die Kontakte ins Ausland betraf, und sie haben auch offener über die Probleme des alltäglichen Lebens in der Sowjetunion gesprochen. Durch Schriftsteller wie Rasputin, Zalygin und Astafjew hat sich die russische Literatur von den ideologischen Fesseln befreit und die Freiheit des Gewissens eingefordert. Die Gräuel der Kollektivierung, die Repressionen unter Stalin und die Tatsache, dass Menschen willentlich dem Hungertod ausgesetzt worden waren, wurden öffentlich gemacht. Plötzlich konnten auch wieder Fragen des menschlichen Lebens thematisiert werden. Ich vermute, Solschenizyn dürfte sehr überrascht darüber gewesen sein, dass die Partei nun Autoren wie Rasputin, Astafjew und Below erlaubte, über Dinge zu schreiben, für die er selbst noch ins Exil geschickt worden ist. Und wir haben auch beobachtet, wie die Menschen – und vor allem die Intellektuellen – voller Hoffnung darauf warteten, dass die Diktatur der Ideologie zu ihrem Ende kommen und die Zeit der Gedankenfreiheit anbrechen würde. Und in der Tat, als Sie an die Macht kamen, war dieser Wendepunkt erreicht.

Gorbatschow: Das kurze Gedächtnis scheint eine große Schwäche der Kritiker der Perestroika zu sein. Sie haben offensichtlich vergessen, wie die moralische und psychologische Situation 1985 war. Jeder – die politischen Führer genauso wie die gewöhnlichen Bürger – konnte gleichsam körperlich spüren, dass etwas im Land nicht mehr stimmte. Nach dem Tod Breschnews 1982 fanden binnen weniger Jahre zwei weitere Begräbnisse von Generalsekretären des ZK der KPdSU statt. Der geistige und moralische Verfall der herrschenden Klasse war für jedermann offensichtlich geworden. Da gab es ein relativ hohes Bildungsniveau in der Breite der Gesellschaft sowie die besonderen geistigen und intellektuellen Ansprüche der Intelligenz quer durch alle natur- und geisteswissenschaftlichen Gebiete auf der einen Seite, und die durch eine riesige Propagandamaschine im Umlauf gehaltenen Dogmen der marxistisch-leninistischen Ideologie auf der anderen Seite, die in einem eklatanten Widerspruch zueinander standen.

Ikeda: Die Vergangenheit einfach zu vergessen ist immer ein großer Fehler. Natürlich wird auch derjenige nichts Gutes zu Stande bringen, der wegen irgendwelcher Belanglosigkeiten nachtragend ist. Aber wenn wir die Fakten der Geschichte vergessen, sieht die Zukunft wirklich düster aus. Das zeigt sich übrigens besonders deutlich an der Geschichtsvergessenheit der Japaner. Vor dem Zweiten Weltkrieg sind es die japanischen Invasoren gewesen, die über die Menschen anderer Nationen unendlich viel Leid gebracht haben. Aber noch heute gibt es einige japanische Politiker, die jedes diesbezügliche Schuldeingeständnis des Landes ablehnen. Es ist daher auch kein Wunder, dass sie dafür heftig kritisiert werden.

Gorbatschow: Das sehe ich auch so. Menschen, die sich ihrer Vergangenheit nicht bewusst sind und dementsprechend handeln, haben wenig Aussicht auf eine bessere Zukunft. Ohne Erinnerung gibt es auch keine Verantwortung. Nur wer sich erinnern kann, wird in der Lage sein, die eigene Zeit zu verstehen und richtig zu beurteilen. Kritiker der Perestroika – von denen es in den Reihen der liberalen Intelligenz unendlich viele gibt –

versuchen noch immer, an der Redlichkeit der Motive, die mich zu den Reformen geführt haben, Zweifel zu streuen. Sie haben scheinbar allesamt vergessen, was sie selbst am Vorabend der Plenarsitzung des Zentralkomitees der Partei im März 1985 noch gedacht und wovon sie damals selber geträumt haben! Im ausgehenden 20. Jahrhundert war das Bildungsniveau in der Sowjetunion eines der höchsten auf der Welt und trotzdem wurden Menschen aus politischen Gründen ins Gefängnis gesteckt oder allein deshalb unterdrückt und verfolgt, weil sie ihre freie Meinung zum Ausdruck gebracht haben. Es war zum Beispiel verboten, die Werke russischer Philosophen aus dem sogenannten „Silbernen Zeitalter" zu lesen, also Werke von Nikolai Berdjajew, Sergei Bulgakow, Semjon Frank und anderen. Und auch die Arbeiten von hervorragenden Historikern aus der vorrevolutionären Zeit durfte man nicht nutzen – das betraf Persönlichkeiten wie Kljutschewski, Solowjow oder Karamsin. Nicht zuletzt wegen des hohen Bildungsniveaus konnten die Menschen die erstarrten Dogmen über Klassen und Klassenbewusstsein nicht mehr einfach hinnehmen, und sie waren auch nicht mehr bereit, das Monopol einer einzigen Ideologie zu tolerieren.

Aber noch ein weiterer Faktor, der häufig übersehen wird, war ausschlaggebend für die Perestroika. Ende der siebziger und in der ersten Hälfte der achtziger Jahre war der Einfluss der sozialistischen Staaten Mittel- und Osteuropas auf die geistige und politische Situation in der UdSSR weit größer als der westlichen Länder. Der Prager Frühling 1968, die Reformen von János Kádár in Ungarn und die Ereignisse in Polen haben die sowjetische Intelligenz aufhorchen lassen. Als ich 1985 zum Generalsekretär gewählt wurde, stand ich auch deshalb gar nicht wirklich vor der Frage, ob ich Reformen einleiten sollte oder nicht. Im eigentlichen Sinne war die Perestroika für mich nur die natürliche Konsequenz aus dem, der ich war, aus dem, was ich dachte und fühlte.

Diejenigen, die heute die hinterhältigsten und zynischsten Kampagnen gegen mich führen, sind genau diejenigen, die die Freiheit aus meinen Händen erhalten und dank der offenen Politik der Glasnost Macht über das Denken der Menschen gewonnen haben. Die Perestroika hat einigen Leuten die Macht entzogen und sie des Privilegs beraubt, andere herumkommandieren und schikanieren zu können, ohne jemandem dafür Rechenschaft schuldig zu sein. Ich kann gut verstehen, dass diese Leute mir nicht gerade dankbar sind. Aber auf so niederträchtige Weise von Leuten in den Dreck gezogen zu werden, denen ich in schwierigen Zeiten geholfen oder denen ich ermöglicht habe, wieder auf die Beine zu kommen, das ist nur sehr schwer zu ertragen. Aber auch das ist wohl eines der Rätsel der menschlichen Seele.

Ikeda: Viele Menschen, die Ihretwegen an die Macht gekommen sind und dadurch enorme Reichtümer angehäuft haben, waren leider alles andere als Demokraten. Moralität und Mitgefühl waren für diese Leute Fremdwörter. Sie wollten einfach ungezügelte Macht besitzen und kämpften daher im Grunde auch nicht gegen den Kommunismus und Totalitarismus, sondern schlicht gegen jeden, der sich ihnen in den Weg gestellt hat. Nach 1991 haben sie sich dann von Ihnen abgewandt, vielleicht, weil Sie für sie so etwas wie ein lebendiger Vorwurf waren – und auch immer noch sind. Sie wissen einige Dinge über diese Menschen, die sie am liebsten verborgen halten würden, vielleicht auch vor sich selbst.

Wir können nun einmal keine Gerechtigkeit und kein Mitgefühl von Menschen erwarten, denen solche Begriffe überhaupt nichts sagen. Und trotzdem sollten wir selbst immer bereit sein, Mitgefühl zu zeigen. Mein Lehrer Josei Toda sagte zu diesem Thema:

> Mitgefühl ist ein kostbares Gut, aber wir haben kein Recht, es einzufordern. Wir können anderen dazu raten, Mitgefühl zu zeigen, aber wir können uns nicht beklagen, wenn wir selbst keines erfahren. Der Buddhist soll Mitgefühl zeigen, aber er soll von den anderen kein Mitgefühl verlangen.

Gorbatschow: Ich habe auch nie von den Menschen erwartet, dass sie Mitgefühl mit Mitgefühl vergelten. Aber ich hätte erwartet, dass ich zumindest mit denjenigen, denen ich geholfen habe, ganz normale menschliche Beziehungen pflegen kann. Aber das Gegenteil ist der Fall. Man braucht gar nicht Mit-

gefühl mit Mitgefühl belohnen, aber warum auf Mitgefühl mit
Bosheit und Hass antworten? Das ist es, was ich mich frage.
Aber selbst nachdem ich die Illusionen eines noch jungen und
unerfahrenen Reformers verloren und das wahre Gesicht der
„demokratischen Intelligenzija" kennengelernt hatte, habe ich
meinen Glauben an den Menschen nicht verloren.
Vielleicht begegnet man solchen Reaktionen tatsächlich
auch nur bei Menschen, die in einem totalitären System aufgewachsen sind. Der Stalinismus hat den Charakter von Täter
und Opfer gleichermaßen zerstört und überall Verrat und
Heimtücke gesät. Tatsächlich würde ich heute sagen, dass den
Stalinismus niemand unbeschadet überstanden hat. Und dennoch habe ich mich so gut es ging bemüht, meinen ursprüng-
lichen Überzeugungen treu zu bleiben. Vertrauen und Glauben
in den Menschen sind für mich nach wie vor die beiden Grund-
eigenschaften dessen, was mich als Person ausmacht.
Tolstoi war der Auffassung, dass der Gedanke der Freiheit
sich durch alle Kulturen der Menschheit zieht und ohne ihn
keine Moralität, keine Religion und keine schöpferische Arbeit
denkbar ist. Den anderen als seinesgleichen zu betrachten ist
meiner festen Überzeugung nach überaus wichtig dafür, dass
sich die geistigen und seelischen Kräfte der Menschen in einer
gesunden Weise entfalten können, ganz abgesehen davon, dass
es auch in einem ganz praktischen Sinne konstruktiv ist. Nichts
ist destruktiver als immer nur zu predigen, zu maßregeln und zu
belehren. Aber wer dem anderen als einem gleichberechtigten
Gegenüber begegnet, wird dessen beste Seiten zum Vorschein
bringen, ihn zur Offenheit und Aufrichtigkeit ermuntern und
damit auch seine schöpferischen Kräfte freisetzen.
Jeder hat das Recht dazu, sich selbst zu behaupten und die
eigenen Interessen zu vertreten. Wichtig dabei ist es aber auch,
darauf zu hören, was die andere Seite zu sagen hat. Menschliche Beziehungen entwickeln sich auf der Grundlage von moralischen Prinzipien. Gerade dadurch, dass die einzelne Person
ihre ganz individuellen Eigenschaften und Besonderheiten zum
Ausdruck bringt, erweist sie sich als Teil des Ganzen der Zivilgesellschaft. Für mich besteht kein Zweifel daran, dass die Zu-
nahme der individuellen Freiheit eine notwendige Bedingung

dafür ist, dass sich auch die Freiheit insgesamt ausbreiten und festigen kann.

Ikeda: Allerdings! Solange „Gleichheit" nur ein abstraktes Schlagwort bleibt, kann sie auch schnell und ohne dass man es merkt zu Diskriminierung und Ausbeutung führen. Nur wenn wir sie tatsächlich leben und nicht nur proklamieren, kann sie Teil der Realität werden. Shakyamuni zum Beispiel trat für die Gleichheit ein und lehnte das Kastensystem kategorisch ab. Wurde er von einem Brahmanen gefragt, was er von Geburt her sei, so antwortete er:

Ich bin weder ein Brahmane noch ein Prinz und gehöre auch nicht der Kaste der Vaishyas [der dritten von vier Kasten im Hinduismus, zu der Bauern, Händler und Geschäftsleute gehören] noch sonst einer Kaste an. Ich trage einfache Kleidung und besitze kein Haus. Ich rasiere mir meinen Bart und mein Haupt. Mein Geist ist rein und friedvoll. Und so ziehe ich durch diese Welt.

Shakyamuni lebte nach den Prinzipien der Gleichheit, statt sie nur zu predigen. Die Sangha, die buddhistische Gemeinschaft, soll zu seiner Zeit eine Art republikanische Struktur gehabt haben, in der alle Mitglieder gleich waren. Die Aufnahme in die Gemeinschaft war an keinerlei Bedingungen geknüpft und es wird berichtet, dass viele Schüler des Shakyamuni aus den untersten und am meisten verachteten Schichten kamen.

Gorbatschow: Das ist auch der Grund dafür, dass der Buddhismus zu den Weltreligionen gehört und nicht nur auf eine bestimmte Region oder Ethnie begrenzt ist: Die Philosophie der Gleichheit ist grundlegend. Andererseits aber kann der Liberalismus auch nicht einfach alle anderen Weltanschauungen ersetzen.

Es gibt andere Dinge, die genauso wichtig sind. Das Entscheidende, was ich zum Beispiel auf meinem Weg als Politiker gelernt habe, ist Folgendes: Wir mögen zwar unsere Illusionen verlieren, doch wir dürfen es auf keinen Fall zulassen, dass das Vertrauen in die Vernunft und das Gewissen des Volkes untergraben wird, aus dem wir stammen. Ein Politiker, der nicht an die kreativen Kräfte seines Volkes glaubt, hat meiner Meinung

nach keine Zukunft, denn er selbst verliert dadurch jede Fähigkeit, etwas Großes zu gestalten oder zu erreichen.

Die Reformen, die ich auf den Weg gebracht habe, waren
letztlich durch den Glauben motiviert, dass von den Menschen
der Sowjetunion unglaubliche kreative Energien ausgehen werden, wenn sie erst einmal frei sind. Allen, die sich für die Perestroika eingesetzt haben, war klar, dass so etwas wie der kommunistische Totalitarismus und der Stalinismus auf der Angst
vor dem Volk und dem fehlenden Vertrauen in dessen geistige
Kräfte beruht. Als wir mit der Perestroika begonnen haben,
ging es uns in erster Linie darum, das Volk nicht länger nur als
billige Ware und willige Arbeitskraft anzusehen. Das erste Mot-
to, das wir quasi für den Hausgebrauch herausgegeben haben,
lautete: „Hab keine Angst vor deinem eigenen Volk!" Ich stand
zu diesem Prinzip, auch wenn es gefährlich war, über solche
Dinge öffentlich zu diskutieren. Nun, da die demokratische Revolution in Russland ein Faktum ist, ist mir mein Glaube an das
Volk geradezu zu etwas Heiligem geworden.

Bin ich heute glücklich? Schwer zu sagen. Ich bedaure es
bis zum heutigen Tag, dass ich es nicht geschafft habe, den Reformprozess in der Sowjetunion zu vollenden, dass ich das
Schiff, das ich vom Stapel gelassen habe, nicht in sicheres Fahr-
wasser bringen konnte.

Und dennoch könnte man, von höherer Warte aus betrachtet, die Ansicht vertreten, dass mich das Schicksal an die Spitze
einer der größten Umwälzungen des 20. Jahrhunderts gestellt
hat. In diesem Sinne könnte man dann auch behaupten, dass
ich Glück gehabt habe. Ich habe an die Tore der Geschichte an-
geklopft, und sie haben sich mir und uns allen geöffnet. Immerhin: Die Bedrohung einer Nuklearkatastrophe schwebt nicht
mehr so dicht über unseren Köpfen wie zu Zeiten des Kalten
Krieges.

Ikeda: Sie haben wirklich etwas ins Rollen gebracht, indem Sie
sich an Reformen herangetraut haben, die kein anderer russischer Staatsmann zuvor in Angriff zu nehmen bereit war. Ein
jahrhundertealter Traum Ihres Volkes ist Wirklichkeit geworden. Sie haben den Menschen endlich zu politischer Freiheit,

zu Wahlfreiheit verholfen. Sie haben bei ihnen das Bewusstsein
für die eigene Geschichte wieder zum Leben erweckt, ihnen Zu-
gang zur modernen Zivilisation verschafft und die Sowjetunion
der Welt gegenüber geöffnet. Jetzt liegt es in den Händen der
Menschen, was sie mit ihrer politischen Freiheit und ihren
wiedergewonnenen geistigen und kulturellen Werten anfangen
wollen. Früher oder später werden die Leute den immensen
Verdienst Ihrer Reformen zu würdigen wissen – wenn nicht in
Dankbarkeit, so doch zumindest durch Anerkennung. Denn
Sie allein sind es gewesen, der das Risiko eingegangen ist und
die Verantwortung auf sich genommen hat, das zu tun, wovon
die russische und sowjetische Intelligenz nur träumen konnte.
   Mir scheint, die Russen werden sich selbst und ihre Geschichte nicht angemessen beurteilen können, wenn sie nicht
auch eine objektive und ehrliche Beurteilung der Perestroika
vornehmen. Sollte das vernachlässigt werden, dann bleibt vieles
von dem unverständlich, was sich im 20. Jahrhundert in Russland ereignet hat.
   Der Westen hingegen hat zwar das Ende der Bedrohung
durch Atomwaffen begrüßt, neigt aber immer noch dazu, die
Perestroika als Folge einer Art Niederlage der UdSSR im Kalten
Krieg zu betrachten. Diese Betrachtungsweise, die noch von den
Einstellungen genau dieses Kalten Krieges zeugt, verkennt den
Mut, den das sowjetische Volk aufgebracht hat, und zwar nicht
zuletzt auch in moralischer und geistiger Hinsicht, um sich
selbst von den Resten des stalinistischen Erbes zu befreien.
Denn wer die Perestroika unterschätzt, wird letztlich auch die
Möglichkeit für den Fortschritt selbst und das Potenzial in un-
serer heutigen Zivilisation unterschätzen.

Gorbatschow: Im Sommer 1986, nur wenige Monate nach dem
XXVII. Parteitag der KPdSU, habe ich im Politbüro sehr deutlich die Frage nach der Demokratie angesprochen und gleichzeitig betont, dass es dabei schlicht und einfach um den Glauben an das Volk geht. Ich habe auch zum Ausdruck gebracht,
dass die Perestroika im Wesentlichen eine Demokratisierung
ist, die es nicht zu fürchten gilt, sondern die vielmehr auf allen
Ebenen vorangetrieben werden sollte – ausgehend vom Polit-

büro bis hinein in die kleinsten Kollektive und familiären Kreise. Ich betrachte meine Mission übrigens noch nicht als vollendet. Für den Weg der Reformen und der Freiheit, den ich eingeschlagen habe, werde ich mich mein ganzes Leben lang stark machen. Das geistige und politische Kapital, das ich mir erworben habe, muss ich einfach weiter für die Freiheit meines Landes einsetzen. Noch habe ich die nötige Kraft, um mein Werk fortzusetzen.

Ikeda: Es freut mich, das zu hören. Es erinnert mich an den großen Geschichtsphilosophen und Kulturtheoretiker Arnold J. Toynbee, den ich einmal nach seinem Lebensmotto gefragt habe. Er antwortete damals mit einem einzigen lateinischen Wort: „Laboremus". Also in etwa: „Machen wir uns an die Arbeit!" Im Buddhismus bezeichnen wir eine solche positive Herangehensweise an das Leben als Haltung des „von jetzt an" („Wahre Ursache"). Das eigentliche Glück sowie das Bewusstsein desselben lässt sich nur jeden Augenblick neu auf dem Weg der eigenen Selbstvervollkommnung finden – in der ununterbrochenen Aneinanderreihung der „Wahren Ursachen". Dies ist der Inbegriff des buddhistischen Weges zur Erleuchtung. Wer unentwegt voranschreitet und hoffnungsvoll in die Zukunft blickt, wird nach dieser Auffassung immer auf der Seite der Sieger sein.

Reformen von oben oder Revolution von unten?

Ikeda: Die Perestroika war eine Reform von oben. Ein Demokratisierungsprozess müsste allerdings seinem Wesen nach zugleich auch von unten angestoßen werden und die Stimmungslage breiter Bevölkerungsschichten aufgreifen. Sie steckten also bestimmt ganz schön im Dilemma, als Sie die Reformen von oben her in Gang brachten. Sie mussten auf der einen Seite dem Druck von unten standhalten und die Energie der Massen in die richtigen Bahnen lenken, damit es nicht zu einem bloßen politischen Umsturz käme, der statt der Freiheit womöglich nur

das Chaos gebracht hätte. Und auf der anderen Seite hätte diese
kontrollierte Eindämmung der Energie der Massen auch das
Misstrauen Ihrer Mitstreiter der Perestroika hervorrufen und
zu Konflikten zwischen denjenigen, die für eine Revolution
von oben, und denjenigen, die für eine Revolution von unten
eintraten, führen können. Zudem neigt das politische Bewusstsein in Russland traditionell eher zu autoritären Herrschaftsformen. Und manchmal
sind Reformen in Russland auch zu weit gegangen, um noch
Akzeptanz im Volk finden zu können. In anderen Fällen wurden auch einfach ganz neue Regeln aufgestellt, die von niemandem verstanden wurden. Der russische Philosoph Tschaadajew
hatte vermutlich recht, als er sagte, für Zar Peter den Großen
sei Russland ein Blatt weißes Papier gewesen, auf das er nur
die beiden Worte „Europa" und „der Westen" kritzelte. Und
Tschaadajew fügte hinzu:

> Wir gehören zu Europa und dem Westen. Und man sollte sich
> nicht täuschen, egal, wie groß das Genie dieses Mannes [Peters
> des Großen] und wie außergewöhnlich die Kraft seines Willens
> auch gewesen sein mögen, was er vollbrachte war nur möglich
> inmitten von Nationen, deren Traditionen zu schwach waren,
> um eine eigene Zukunft hervorzubringen, und deren Geschichts-
> bewusstsein so wenig ausgeprägt war, dass ein dreister Gesetz-
> geber es einfach ungestraft auslöschen konnte.

Eine energische Führung, die Wissen propagiert dort, wo Unwissenheit herrscht, und die Orientierung zu geben verspricht
dort, wo Chaos und Anarchie an der Tagesordnung sind, kann
in einem positiven Sinne für Aufklärung, in einem negativen
Sinne aber auch für autoritäre Herrschaft stehen. Der Zar und
Aufklärer Peter der Große verkörperte dieses Dilemma wie
kaum ein anderer. Einige Intellektuelle in Japan behaupten,
dass die Art und Weise, wie Sie die Perestroika durchgesetzt haben, an die Reformen von Peter dem Großen erinnert. Das ist
natürlich ein sehr oberflächlicher Vergleich, da man ja beide
Reformen nicht einfach gleichsetzen kann, nur weil sie von
oben durchgeführt wurden. Sie als Generalsekretär des ZK der
Kommunistischen Partei hatten zwar unbegrenzte Macht, stellten aber Ihre Reformen ganz bewusst unter die Autorität der

geltenden Gesetze. Und genau das macht ja gerade die Geniali-
tät Ihrer Vorgehensweise aus: Alles, was Sie getan haben, geschah im Hinblick darauf, den Demokratisierungsprozess
voranzutreiben, und Sie ließen in Ihren Bemühungen selbst
dann nicht nach, als dieser Prozess die Grundlagen Ihrer eigenen Macht zu untergraben begann.
    Das macht deutlich, wie steinig der Weg der Demokratisie-
rung in Russland gewesen ist. Und auch heute noch ist die Lage
alles andere als stabil und die Menschen leben in ständiger
Angst vor einem fortschreitenden Verfall des Landes, sodass
einige schon davon träumen, lieber zu den „mit starker Hand"
durchgeführten Maßnahmen Peter des Großen zurückzukehren
(im besten Falle), als im allgemeinen Chaos zu versinken. Und
dennoch glaube ich fest daran, dass der mit der Perestroika eingeschlagene Weg trotz aller Schwierigkeiten und Rückschläge
unumkehrbar bleibt.
    Inwiefern hat die Erfahrung mit der Perestroika Ihre Hal-
tung zur demokratischen Führung beeinflusst? Lässt sich Ihrer
Ansicht nach die Perestroika mit den Reformen Peter des Großen vergleichen? Welche Erwartungen und Sehnsüchte des Volkes haben unmittelbar Eingang in die Reformen gefunden?

Gorbatschow: Die Reformen von Peter dem Großen waren weder die Motivation noch das Modell für meine Reformen, zumindest nicht in direkter Weise. Ich muss aber dazusagen, dass
das Bild des Reformers Peter des Großen stets in den Köpfen
der Russen herumgeistert. Und dennoch ist unser Verhältnis
ihm gegenüber gespalten. Wir zollen ihm Anerkennung dafür –
und so haben wir es als Kinder in der Schule gelernt –, dass er
das Fenster in Richtung Europa aufgestoßen und den Geist der
Kultur und Bildung im Lande gefördert hat. Aber wir erinnern
uns auch daran, was unser berühmter Historiker Kljutschewski
einmal über ihn gesagt hat:

> Peter verließ sich auf die Macht, nicht auf die Kraft des Geistes,
> und er gab auch nichts auf die moralischen Beweggründe der
> Menschen, sondern setzte auf ihre Instinkte. Seine Regierungs-
> geschäfte führte er von der Reisekutsche und den Poststationen
> aus, und immer ging es ihm dabei mehr um die geschäftlichen

Interessen als um die Menschen. Allein auf die Macht der eigenen Autorität vertrauend, vergaß er dabei allzu sehr die passive Kraft der Masse.

Das Entscheidende von allem aber ist, wie Kljutschewski betont, dass „Peter bei all seinem Reformeifer außer Acht ließ, dass alle menschlichen Ressourcen auch einmal an ihre Grenzen kommen." Die Perestroika dagegen entstand in einem Kontext der russischen Geschichte, der vollkommen anders war. Natürlich gab es Leute, vor allem in den Kreisen der Intelligenz, die ungeduldig waren und den Eisernen Vorhang einfach niederreißen wollten. In dieser Hinsicht standen also auch wir vor dem Problem, ein Fenster in Richtung Europa, oder genauer, zur Welt aufzustoßen. Am stärksten von allem aber war der Wunsch, sich von dem Erbe Stalins zu befreien, und zwar sowohl in der Politik als auch im Denken. Wir wollten endlich Schluss machen mit der gängigen Praxis, ständig anstelle des Volkes zu entscheiden. Was uns antrieb, war der Wunsch, Recht und Gerechtigkeit wieder in Geltung zu setzen und die Wahrheit über unsere Geschichte herauszufinden. Dieser Geist und diese Hoffnungen waren ganz andere als jene zu Beginn des 18. Jahrhunderts. Alles in allem kann man wohl sagen, dass es uns während des Reformprozesses also immer um den einzelnen Menschen ging, um sein Recht auf persönliches Glück, Eigeninitiative und eigene Meinung.

Ikeda: Ich will keinesfalls leugnen, dass Peter der Große seine Reformen mit barbarischen Methoden und grausamer Gewalt durchgesetzt hat. Sie haben zu Recht darauf hingewiesen, dass Reformen und Aufklärung, sofern sie von oben aufoktroyiert werden, ganz unterschiedliche Seiten haben. Und trotzdem ist Peter der Große, wie eine vor nicht allzu langer Zeit durchgeführte Meinungsumfrage gezeigt hat, die bei den Russen beliebteste historische Persönlichkeit, dicht gefolgt von Marschall Schukow, dem „Befreier" von Berlin, auf dem zweiten Platz. Und wenn ich mich recht erinnere, stand Lenin auf dem zehnten Platz. Diese Popularität des Zaren hat mir noch einmal die Tragweite dessen vor Augen geführt, was Sie tatsächlich geleistet haben und auf welche Schwierigkeiten Sie gestoßen sein müssen, als Sie bei Ihren Reformen auf jede Form der Gewalt verzichtet haben.

In Japan glaubte man zunächst, das sowjetische Volk sei bei weitem noch nicht reif für freie und demokratische Wahlen. Im Gegenteil, viele waren der Ansicht, dass es mit der Freiheit, die ihm nun angeboten wurde, gar nichts anzufangen wüsste, da es ja auch keine Erfahrung mit ihr hatte. Dostojewski sprach einmal von dem natürlichen Bedürfnis vieler Menschen, jemanden zu finden, „vor dem man sich beugen kann" – und das schien uns auch das Dilemma der plötzlichen politischen Wahlfreiheit in Russland zu sein. Eine ähnliche Situation bestand auch in Japan unmittelbar nach dem Krieg – und dauert zum Teil auch heute noch an –, als das parlamentarische System zwar eingeführt worden war, aber dessen Grundsätze noch nicht im Bewusstsein der Bevölkerung verankert waren. Das führte dann dazu, dass die Liberaldemokratische Partei das Land mehr als dreißig Jahre lang regierte.

Gorbatschow: Genau darin liegen die Gründe für die Schwierigkeiten, auf die ich im Laufe der Perestroika gestoßen bin. Wie Sie schon angemerkt haben, bedeutete der Bruch mit der Vergangenheit zugleich auch, dem Kult der Gewalt und all dem abzuschwören, wofür er in der russischen Geschichte gestanden hat. Die Leute hatten die ganze Ideologie des Verzichts und des Opfers ein für alle Mal satt, die übrigens schon in der Zeit Peters des Großen vehement vertreten und verbreitet worden war. Nur Dogmatiker, aggressive Patrioten und unverbesserliche Neostalinisten beharrten darauf, dass Russland ein System der Mobilisierung und des Arbeitszwangs brauche, um die Menschen zum Arbeiten zu bringen. Diese Leute waren und sind die unversöhnlichen Feinde der Perestroika, für die ja gerade die Eigeninitiative, der freie Wille und die freie Wahl an erster Stelle stehen.

Ikeda: Sie haben ganz zu Recht gesagt, dass das Volk die Ideologie der Opferbereitschaft satt hatte. Dennoch sind die Ausdauer und die Geduld des russischen Volkes, im Guten wie im

Schlechten, wahrlich erstaunlich. Es hat nicht nur mehr als ein
Vierteljahrhundert lang die schamlose Missachtung der Menschenrechte durch das stalinistische Regime erduldet, sondern
viele Menschen haben sich darüber hinaus quasi selbst geopfert, sozusagen als übereifrige Märtyrer für die gute Sache.
Dann, als in den neunziger Jahren die Phase der Privatisierung
einsetzte, ist sehr vieles von dem, was wertvoll und kostbar war
und von den Bürgern der Sowjetunion über Generationen mühsam aufgebaut worden ist, in die Hände einer Gruppe zynischer
und raffgieriger Oligarchen gefallen.

Die große Leidensfähigkeit des russischen Volkes hat allerdings sicher auch einen religiösen Aspekt. Vor diesem Hintergrund wird dann auch der Messianismus der russisch-orthodoxen Kirche verständlich. Immer schon, und dies scheint ein
universell gültiges Gesetz zu sein, waren Menschheitsbewegun-
gen, die auf die Zukunft ausgerichtet waren, von einem gewissen missionarischen Sendungsbewusstsein getrieben, das auch
die größten Widrigkeiten zu überwinden half. Aber für alles
gibt es Grenzen. Der Mensch zeichnet sich zwar dadurch aus,
dass er sich für ein hehres Ziel selbst zu opfern bereit ist, und
doch schlummern in ihm auch niedere tierische Instinkte, die
ihn dazu treiben, andere gnadenlos der eigenen Gier zu opfern.
Bereits in den dreißiger Jahren bezeichnete der Philosoph Nikolai Berdjajew den Kult der Opferbereitschaft als die eigentliche
Schwachstelle im Kommunismus:

> Die sowjetische Philosophie ist eine Philosophie des gesellschaft-
> lichen Titanentums. Der Titan ist nicht der Einzelne, sondern
> das gesellschaftliche Kollektiv. Es ist allmächtig. Es braucht
> nicht einmal die Naturgesetze, deren Grundlagen in den Bereich
> der bürgerlichen Wissenschaft und Philosophie gehören.

Sie wollten das Individuum von diesem Titanentum befreien,
im Namen des spezifisch Menschlichen. Dies spielte in der Perestroika eine wesentliche Rolle.

Gorbatschow: Es gibt aber auch heute noch vieles, was mir an
der Entwicklung in Russland nicht gefällt. Ich bin allerdings
froh darüber, dass die Ideologie der Opferbereitschaft keine
Rolle mehr spielt. Ich bin übrigens nicht unbedingt mit allem

einverstanden, was Berdjajew gesagt hat. Der Triumph des Eigeninteresses – der gerade in Russland wahre Blüten getrieben hat – ist nicht der einzige Grund dafür, weshalb die kollektive Begeisterung erloschen ist. Die pure Leidenschaft für eine Sache, die zahllose Menschenleben gekostet hatte, hat sich am Ende selbst diskreditiert. Niemand will nur für eine Chimäre sterben. Dort, wo übergroße Begeisterung herrscht, ist oftmals kein Platz mehr für den Verstand. Der bekannte Schriftsteller Iwan A. Bunin weist in seinem Revolutionstagebuch *Verfluchte Tage* darauf hin, dass sich hinter den patriotischen Gefühlsausbrüchen der Russen häufig nur Gleichgültigkeit verbirgt. Diese Gleichgültigkeit rührt her „von unserer [den Russen angeborenen] Sorglosigkeit, unserer Oberflächlichkeit und unserer Abneigung, selbst in der ernstesten Situation einmal ernst zu sein." Ich bin also eher der Meinung, dass wir vor allem Nachdenklichkeit und Verantwortungsbewusstsein brauchen, nicht Messianismus und Opferbereitschaft.

Ikeda: Will man das spezifisch Menschliche in den Aufbau einer wahrhaft demokratischen Gesellschaft einbinden, so wie es die Perestroika getan hat, muss zuerst die Entfremdung von der Realität überwunden werden. Wir Japaner mit unserem Hang zum kollektiven Leben müssen uns darüber im Klaren sein, dass das, was in Russland geschehen ist, sich durchaus auch in unserem Land ereignen kann. Wir können daraus also durchaus nützliche Lehren ziehen. Es gibt keinen Königsweg, der vom kommunistischen Titanen zum freien und geistig unabhängigen Individuum führt. Mit dem Untergang des Kollektivismus tritt nicht gleichsam automatisch auch schon der neue Mensch in seiner wahren, noch unverfälschten Persönlichkeit in Erscheinung. Es ist offensichtlich, dass sich mit dem Verschwinden der Vielzahl von Verboten und Restriktionen in der ehemaligen Sowjetunion an den Rändern der Gesellschaft Eigenwille und Willkür herausgebildet haben. Und es ist auch deutlich geworden, dass ein Liberalismus, der mit einem geldgierigen Zynismus einhergeht, gefährlich ist.

Gorbatschow: Es wird heute viel über die Wurzeln und Perspektiven des Liberalismus in Russland diskutiert. Erst vor Kurzem hat die Gorbatschow-Stiftung im Rahmen ihres traditionellen Politologen-Seminars eine Tagung zu diesem Thema veranstaltet. Einige der Teilnehmer waren der festen Überzeugung, dass die russische Kultur gänzlich unvereinbar sei mit dem Liberalismus und die Russen überhaupt kein Verlangen nach Freiheit und Eigentum hätten. Andere dagegen haben behauptet, dass die Ideale des Liberalismus sehr wohl mit der Kultur wie auch mit der Geschichte Russlands in Einklang zu bringen seien. Meiner Ansicht nach ist das aber eine völlig sinnlose Debatte. Denn am Vorabend der Perestroika standen die Dinge nun einmal so, dass die Stimmung in der Gesellschaft eindeutig zu Gunsten des Liberalismus und der Befreiung von den herrschenden Fesseln ausfiel. Ich erwähne das nur als Antwort auf Ihre Frage, ob denn die Menschen in Russland damals überhaupt schon in der Lage gewesen seien, aus eigner Initiative zivilgesellschaftliche Prozesse in Gang zu setzen.

Bereits Ende der siebziger und Anfang der achtziger Jahre entstanden spontane, zuweilen auch organisierte Bewegungen gegen das herrschende System von Verboten, das die Freiheit und Eigeninitiative unterdrückte. Wissenschaftler diskutierten über die Liberalisierung des Marktes und die Ware-Geld-Beziehung und forderten die Entwicklung von Kooperationen und flexiblere Formen der Verbindung von privaten und gesellschaftlichen Interessen. Schon seit Mitte der sechziger Jahre gab es ständige Diskussionen über die Rolle und den Stellenwert der Ware-Geld-Beziehung im Sozialismus. All das waren Anzeichen dafür, dass sich eine liberalere Stimmung breitmachte, die dann schließlich auch zu einer Rehabilitierung des Marktes und der Privatinitiative geführt hat.

Unterdessen führte die Intelligenz unverdrossen ihren Kampf um die Freiheit des Wortes und des künstlerischen Schaffens fort. Sie dürfen nicht vergessen, dass in dem politischen Bericht, der dem 27. Parteitag der KPdSU vorgelegt wurde, die Lösung der drängenden Probleme an die Entwicklung der Privatinitiative und die Stärkung der ökonomischen Anreize geknüpft wurde. Will man also bei der historischen Wahrheit bleiben, so muss man zugeben, dass der Wunsch nach Veränderung zuerst innerhalb der Gesellschaft selbst heranreifte und in diesem Sinne also von unten kam.

Ikeda: Ihren persönlichen Erfahrungen entnehme ich, dass sich die Idee der Freiheit schon mit der zu Ende gehenden stalinistischen Epoche wieder in den Köpfen der Menschen festgesetzt hatte. Und mit der dann von Chruschtschow eingeleiteten Tauwetter-Periode brach das stalinistische System endgültig zusammen. Kossygin versuchte danach, der Wirtschaft im Lande mit Reformen auf die Beine zu helfen, indem er Marktmechanismen einführte. Ich habe Ministerpräsident Kossygin übrigens zweimal getroffen und ihn als sehr sympathischen Gesprächspartner in Erinnerung, der sich sehr wohltuend von anderen Parteiführern unterschieden hat. Doch seine Reformen waren nicht durchgreifend genug und scheiterten. Es sollte daher noch einmal zwanzig Jahre dauern, bis dann schließlich die längst überfälligen grundlegenden Veränderungen kamen.

Gorbatschow: Wir müssen allerdings auch die Umstände betrachten, die es zu berücksichtigen galt, wenn man in einem kommunistischen Land wie der Sowjetunion Reformen durchführen wollte. Denn es waren überhaupt nur solche Reformen möglich, die sich mit der offiziellen Ideologie vereinbaren ließen. Niemand, und nicht einmal der Generalsekretär des ZK der KPdSU hatte das Recht, die Grundsätze des Marxismus-Leninismus infrage zu stellen. Wer das gewagt hätte, hätte sich unweigerlich dem Vorwurf ausgesetzt, die Interessen der Partei und der arbeitenden Klasse zu verraten. Und da half es auch nicht, sich auf eine andere Autorität der russischen Geschichte zu berufen, nicht einmal auf Peter den Großen. Lenin, und nur Lenin, war über jeden Verdacht erhaben. Meine Generation hat tatsächlich noch geglaubt – und wahrscheinlich nicht ohne guten Grund –, dass es, wenn Lenin länger gelebt und er die von ihm begonnene Neue Ökonomische Politik hätte fortführen können, nie zu Zwangskollektivierung, stalinistischem Terror und all den damit verbundenen Repressionen gekommen wäre. In unseren Augen war all das, was sich nach 1929 in der Sow-

jetunion ereignet hatte, eine Abweichung von dem Weg zum Sozialismus, wie Lenin ihn in seinen späten Werken, seinem sogenannten politischen Vermächtnis, vorgezeichnet hatte.

Als ich Generalsekretär wurde, konnten wir uns auf Lenins eigene Ideen berufen, um uns gegen Dogmatismus, Still-
stand und kommunistischen Romantizismus zu stellen und
stattdessen Demokratie einzufordern. Das war der einzige
Weg, um einen Durchbruch in die richtige Richtung zu erzielen. So gingen natürlich auch die Wissenschaftler vor und mit
ihnen dann die neue Parteiführung, als sie die Reformen ein-
leitete. Wir pochten immer wieder darauf, dass Lenin als mar-
xistischer Theoretiker und Politiker stets der Wirklichkeit den
Vorrang gegeben hatte und nicht vorgefertigten Schemata.
„Wir müssen mit dem beginnen", zitierten wir ihn, „was
zweifelsfrei feststeht." Selbst als wir anfingen, über die bestehenden Vorstellungen vom Sozialismus hinauszugehen, konnten wir uns noch auf ihn berufen, da er uns doch aufforderte,
die ganze Sichtweise auf den Sozialismus zu verändern. Mit
anderen Worten: Die Perestroika stand ganz im Zeichen des
späten Lenin.

Ikeda: Ich halte schrittweise vorgenommene Reformen und
kleine Durchbrüche im starren Gerüst eines bereits bestehenden
Systems für wirkungsvoller als eine Revolution, in der der
Bruch mit der Vergangenheit völlig unerwartet und mit einem
Knall erfolgt. Menschen, die das Risiko eingehen, innerhalb
der herrschenden Ideologie Reformen einzuklagen, verdienen
genauso viel Respekt wie die Barrikaden stürmenden Helden
und die Aufrührer, die achtlos über jedes Hindernis hinweg-
trampeln. Sie und Ihre Mitstreiter haben in der Sowjetunion
dieselbe entscheidende Rolle gespielt wie zum Beispiel die Soli-
darność-Bewegung in Polen.

Zwar stimme ich dem zu, dass Lenin recht pragmatisch gewesen ist und seine Neue Ökonomische Politik in mancherlei
Hinsicht zu einer Korrektur des Marxismus geführt hat. Aber
ich zweifle daran, dass er, sofern er länger gelebt und seine
Neue Ökonomische Politik zu einem Abschluss gebracht hätte,
auch zu einer sozialdemokratischen Position gefunden hätte,

wie Sie sie vertreten haben. Denn letztlich ist doch auch er der Gefangene einer Ideologie geblieben, die alles andere als tolerant war. Das wird nicht zuletzt daran deutlich – was auch allgemein eingeräumt wird –, dass er während der Neuen Ökonomischen Politik zwar Zugeständnisse im wirtschaftlichen Bereich machte, den Klerus aber weiterhin unterdrückt hat. In dem viel besprochenen Roman *Die Kinder des Arbat* von Anatoli Rybakow stellt sich die Hauptfigur die Frage:

> Was ist Moral? Lenin sagte: „Moral ist das, was im Interesse des Proletariats ist." Aber das Proletariat besteht doch aus Menschen, also meint proletarische Moral eine menschliche Moral. Kinder im Schnee auszusetzen ist unmenschlich und folglich unmoralisch. Ebenso ist es unmoralisch, die eigene Haut zu retten und dafür das Leben eines anderen zu opfern.

Wer in der UdSSR versuchte, die ideologischen Mauern zu durchbrechen und den Menschen als höchsten Wert zu betrachten, hatte wohl kaum eine andere Möglichkeit, als sich auf Lenin zu berufen. Der Buddhismus lehrt übrigens, dass man alles, was es in einer Philosophie oder Weltanschauung an Gutem und Wertvollem gibt, herausfiltern und nutzen soll.

Gorbatschow: Sie haben meinen Standpunkt Lenin gegenüber ganz richtig beschrieben. Drei Dinge will ich trotzdem noch einmal festhalten: Ich stehe nach wie vor treu zur sozialistischen Idee; Lenin ist ein wesentlicher Bestandteil der russischen Geschichte, den es ernst zu nehmen gilt; und außerdem war Lenin für die gesamte Menschheitsgeschichte von herausragender Bedeutung. Was ich an Lenin besonders interessant fand, war sein Bemühen, den Kommunismus mit dem geistigen Fortschritt zu verbinden, und die Nachdrücklichkeit, mit der er darauf drängte, alles menschliche Wissen in diesen Kommunismus einfließen zu lassen. Schon in meiner Jugend, als ich Mitglied der kommunistischen Jugendorganisation Komsomol war, habe ich diese Ideen Lenins propagiert. Und ich werde ihnen auch bis zum Ende meiner Tage treu bleiben. Dennoch stimme ich Ihnen zu, dass seine Auffassung von Moral missverständlich, wenn nicht gar falsch war. Genau das war dann auch der Grund dafür, weshalb wir unsere ideologische Revolution da-

mit begonnen haben, die Moral nicht mehr länger von einem
Klassenstandpunkt aus zu betrachten. In politischer Hinsicht war die Perestroika tatsächlich eine
Revolution von oben, wie Sie gesagt haben. Aber zum damaligen Zeitpunkt und unter den damaligen Umständen wäre eine
andere Art von Reform gar nicht möglich gewesen. Und selbst
wenn sie möglich gewesen wäre, hätte ein solches Reformprojekt von unten unweigerlich zu einem Bürgerkrieg geführt. Bei
der wachsenden Unzufriedenheit wäre es vielleicht auch zu einem solchen gekommen, wenn wir mit unserem Versuch, demokratische Reformen einzuleiten, gescheitert wären. Die Option für schrittweise, demokratische Reformen von unten
bestand in Wirklichkeit also gar nicht. Wir hatten lediglich die
Wahl zwischen diesen beiden Möglichkeiten: einer Revolution
von oben, die Schritt für Schritt Veränderungen einleiten sollte,
oder einer Revolution von unten, die, wie es immer der Fall ist,
zu Blutvergießen und Zerstörung führen würde.

Wir müssen uns auch daran erinnern, dass es ja in der Sowjetunion gar keine mächtige und schon gar keine legale Oppositionsbewegung gegeben hat, wie man sie etwa im Westen kannte. Dafür gab es vielerlei Gründe. Das totalitäre System der
Sowjetunion war viel strenger und gnadenloser als zum Beispiel
die sozialistischen Systeme in Ländern wie Ungarn oder vor allem Polen. Als 1968 sowjetische Truppen in die Tschechoslowakei einmarschierten, wurden gleich darauf die Dissidenten
in der UdSSR schonungslos verfolgt. Die Dissidentenbewegung
in der Sowjetunion – vor allem die Menschenrechtsaktivisten
um Andrej Sacharow – war in moralischer Hinsicht von ungeheurer Bedeutung. Aber sie war schwach und hatte keine politische Basis.

Trotz der wachsenden gesellschaftlichen Unzufriedenheit
kam es zu keiner breiten Protestbewegung, die offen politische
Veränderungen forderte, auch nicht innerhalb der Intelligenz.
Auch das hat die Sache für uns nicht gerade einfacher gemacht:
diese Gewohnheit eines Großteils der Bevölkerung, die Dinge,
wie sie sind, einfach hinzunehmen, diese traditionelle Leidensfähigkeit der Russen mit ihrer Hoffnung darauf, dass sich schon
alles selbst zum Guten wenden würde. All diese Wesenszüge

waren fest in der russischen Tradition verankert, wurden unter dem gnadenlosen Regime Stalins noch verstärkt und konnten auch danach nicht wirklich überwunden werden. In den Ländern Ost- und Mitteleuropas – und auch hier wieder vor allem in Polen – konnte sich die oppositionelle Intelligenz auf die breite Unterstützung der nach wie vor unabhängigen katholischen Kirche verlassen und so die herrschende kommunistische Partei zu einer Erneuerung des Sozialismus drängen. Dort war die Opposition das eigentliche Subjekt, von dem die demokratischen Veränderungen ausgegangen sind. Bei uns war das alles ganz anders. Nachdem die Stimmung und die klare Tendenz in der Gesellschaft nicht mehr zu übersehen und die Rufe nach Veränderungen nicht mehr zu überhören waren, bildeten die Reformer innerhalb des ZK der KPdSU selbst die Opposition, indem sie Rede- und Pressefreiheit gewährten. Fast alle Akteure auf der politischen Bühne – sowohl Reformer und radikale Demokraten als auch Sozialkommunisten, die sich gegen die Perestroika stellten – haben zur Nomenklatura der Partei gehört.

Das zeigt erstens, dass in der Sowjetunion Reformen nur von der Spitze her und auf Initiative der Parteiführung eingeleitet werden konnten. Zweitens mach es deutlich, dass in der frühen Phase Reformen ausschließlich mit dem Ziel vorgenommen werden konnten, das herrschende System zu perfektionieren; sie konnten also nur im vorgegebenen Rahmen des Systems selbst durchgeführt werden. Und das alles bedeutet drittens, dass allein eine evolutionäre Umwälzung, die die Fundamente des Totalitarismus von innen her zu untergraben versuchte, Aussicht auf Erfolg hatte.

Ikeda: Unter Ihrer Führung begann die Kommunistische Partei von sich aus mit demokratischen Reformen. So überrascht es nicht, dass es auch nie zu einem Prozess kam, der ihr Wirken pauschal verurteilte. Auch wenn es sicherlich nur recht und billig gewesen wäre, Lenin, Trotzki und Stalin den Prozess zu machen, die das Land mit Blut überschwemmt hatten. Aber es wäre unmoralisch gewesen, Ihnen den Prozess zu machen, dem Führer einer Partei, die den guten Willen aufgebracht hatte, den Menschen ihre Freiheit zurückzugeben. Wer sollte darüber auch richten? Ihr Widerstand gegen eine falsche Verurteilung der Kommunistischen Partei war gerechtfertigt. Zwar sind alle Formen der Unterdrückung und alle Verbrechen gegen die Menschlichkeit zu verurteilen, aber es ist unmöglich, die Geschichte eines ganzen Landes zu verurteilen. Dennoch bleiben uns die Motive hinter Ihren Reformen immer noch ein Rätsel.

Gorbatschow: Wie ich bereits sagte, ist uns die Entscheidung für einen solchen Wandel auch nicht leicht gefallen, denn als Kinder unserer Zeit sind wir alle unter dem Einfluss ideologischer Dogmen und Denkmuster groß geworden. Sich davon zu befreien, war nur auf sehr gewundenen Pfaden möglich, die teils sehr unterschiedlich und disparat verlaufen sind. Die einen verfolgten ihren Weg schnell und konsequent, andere blieben auf halber Strecke stehen und wieder andere preschten ein paar Schritte vor, fürchteten sich dann aber plötzlich vor der Verantwortung oder – wie es zumeist der Fall war – den möglichen Konsequenzen und machten wieder kehrt.

Und auch als wir schon mit den Reformen begonnen hatten, konnten wir natürlich nicht alle folgenden Schritte und alle möglichen Konsequenzen der demokratischen Veränderungen voraussehen. Sie erinnern sich vielleicht, dass der Westen sich nicht einmal die Möglichkeit eines demokratischen Wandels in Russland vorstellen konnte. Lange Zeit haben uns viele im Westen, zum Beispiel die Kreml-Astrologen der USA, überhaupt nicht ernst genommen. Der Wandel vom Kommunismus zur Demokratie war ein beispielloser Vorgang. Das bedeutet aber auch, dass viele Fehler unvermeidlich gewesen sind. Trotzdem möchte ich mich meiner moralischen Verantwortung für all das Negative, was die Perestroika mit sich gebracht hat, nicht entziehen. Aber welche Prognose und welcher Strategieplan ist schon vollkommen? Es gibt nichts, was gänzlich frei von menschlichen Vorurteilen und den Illusionen der eigenen Zeit ist.

Glasnost am Scheideweg

Ikeda: Die Perestroika ist ein weiterer Beleg für die tiefe Weisheit der biblischen Aussage: „Im Anfang war das Wort." Ihr Experiment mit Transparenz und Offenheit wurde in Japan allerdings nur unzureichend verstanden, weil es lediglich unter einem philosophischen und zeitgeschichtlichen Gesichtspunkt betrachtet wurde. Das russische Experiment schien nahezulegen, dass es allein schon genügt, den Menschen die Freiheit zu geben, ihre Gedanken und Gefühle auszudrücken, um eine ganze Nation zu verändern. Solange die Gedanken unausgesprochen bleiben, tragen sie nur die Möglichkeit in sich, die Welt zu verändern, sobald sie aber artikuliert werden, drängen sie zur Tat. Die offen und laut ausgesprochene Wahrheit ist ausschlaggebend dafür, dass es sowohl zu einem Wandel im öffentlichen Bewusstsein als auch zu Veränderungen im politischen System kommen kann. Die Politik der Glasnost brachte das sowjetische System dadurch zum Einsturz, dass sie die Wahrheit über das System jedem zugänglich machte. Innerhalb von nur zwei Jahren veränderte Ihre Entscheidung, die Zensur abzuschaffen und den Bann über Solschenizyn und andere Schriftsteller und Intellektuelle aufzuheben, das geistige Klima in der Sowjetunion vollkommen. Das hat dann letztlich auch die Zweifler im Westen überzeugt.

Gorbatschow: Ich habe ja bereits über die Motive und Gründe gesprochen, die uns dazu gedrängt haben, die Perestroika mit Glasnost zu beginnen, also Schluss zu machen mit dem Verbot, die Wahrheit zu sagen. Die hartgesottenen sowjetischen Ideologen sahen ihre Hauptgegner in zwei Gruppen: in den Antikommunisten und in den Philosophen und Historikern, die danach strebten, Sozialismus und Humanismus miteinander zu verbinden und damit also dem Ideal eines sich frei entfaltenden Individuums den Vorrang zu geben. Während der siebziger Jahre kam es zu einigen – wie ich es bezeichnen würde – ideologischen Schauprozessen, die sich gegen kreative Marxisten richteten, die den Versuch unternommen haben, die Staatsideo-

logie an die Bedürfnisse der Zeit anzupassen. Es wurde jeder
verurteilt, der an den Marxismus und Sozialismus glaubte,
aber zugleich versucht hatte, die sozialistische Idee wiederzubeleben. Die staatliche Propagandamaschine wollte die Menschen
also davon überzeugen, dass die in früheren Zeiten und daher
unter völlig anderen geschichtlichen Bedingungen gefassten
Entschlüsse ein für alle Mal gültig seien. Jeder Versuch, auch
nur den geringsten Zweifel an irgendeinem Grundsatz oder gar
am ideologischen System als solchen anzumelden, wurde gnadenlos bestraft. Wissenschaftler standen von einem Tag auf
den anderen ohne Arbeit da oder mussten, sofern sie Parteimitglieder waren, ihr Parteibuch zurückgeben. Und jeder, der
solche Entwicklungen öffentlich anprangerte, wurde vom KGB
überwacht.

Doch bereits zu Beginn der achtziger Jahre funktionierte
das System ideologischer Verbote nicht mehr wirklich. Die
Transparenz der Glasnost bahnte sich hier schon an. Und man
muss wissen, dass der Anstoß dafür tatsächlich aus der Abteilung für politische Bildung des Zentralkomitees selbst kam. In
den geschlossenen Parteisitzungen wurde man mehr oder weniger korrekt über die tatsächliche Situation der sowjetischen
Wirtschaft, über die Gründe für die Krisen in den sozialistischen Bruderländern usw. informiert. Und die breite Öffentlichkeit war sowieso in der Lage, sich über ausländische Radiosender ihre Informationen zu besorgen. So hatten also zu Beginn
der Perestroika Verbote und Zensur nicht nur ihre gewünschte
ideologische Wirkung verloren, sondern sie hatten vor allem zu
einer allgemeinen Unzufriedenheit geführt, hauptsächlich unter
den Intellektuellen.

Anfangs auf dem Weg zur Perestroika galt uns die Informationsfreiheit als erstes und oberstes Ziel. Die Führungsspitze des
Reformflügels innerhalb der Kommunistischen Partei musste
die Initiative ergreifen und die Gesellschaft von Zensur und
Maulkorberlassen befreien.

Ikeda: Die anfängliche Begeisterung für Glasnost war allerdings
bald wieder verflogen. In den ersten Jahren der Perestroika erschütterte das, was an Wahrheiten über die Zwangskollektivie

rung und die Unterdrückung zutage kam, noch die ganze Nation. Mit der Zeit allerdings ließ das Interesse an der Vergangenheit und den Verbrechen der Bolschewiken nach, genauso wie die moralische Empörung über Gewalt und begangenes Unrecht. Das alles hat ein bisschen den Eindruck gemacht, als ob die Menschen moralisch abgestumpft wären. Sie gaben sich mit dem Wissen über das, was geschehen war, zufrieden. Ethik und Moral waren anfangs noch die ausschlaggebenden Komponenten für den Zusammenbruch des kommunistischen Systems, nun schien deren Kraft an ihre Grenzen gestoßen zu sein. Für Menschen, die in kapitalistischen Gesellschaftssystemen leben, ist das durchaus nachvollziehbar. Der tägliche Existenz- und Überlebenskampf wird plötzlich wichtiger als alles andere. Die Wahrheit ist nur so lange eine verlockende Frucht, wie sie verboten ist. Ist sie einmal so selbstverständlich geworden wie die Luft, die wir atmen, wird sie schnell vergessen. Und trotzdem bin ich beunruhigt darüber, welches Ausmaß an Gleichgültigkeit und Zynismus dieses Vergessen bereits erreicht hat. Aber natürlich gibt es für solche Mechanismen in der Geschichte Beispiele genug, ebenso wie für die Tatsache, dass sich die Menschen, egal, ob mit konservativer oder liberaler Einstellung, immer wieder von Scharlatanen und falschen Propheten verführen lassen.

Was wir heute mehr denn je brauchen, ist ein Gespür für die Sprache, und zwar für eine Sprache der Aufrichtigkeit und Wahrhaftigkeit. Unter den Politikern der jüngeren Zeit pflegte vor allem Václav Havel, der ehemalige Präsident der Tschechischen Republik, der übrigens auch ein herausragender Schriftsteller und Dramaturg gewesen ist, einen sehr sensiblen Umgang mit Sprache. Er hat zum Beispiel darauf aufmerksam gemacht, dass es neben den wahrhaften und lauteren Worten eben leider auch Worte gibt, die heuchlerisch und verlogen sind. Solche Worte betrügen die Menschen, stacheln sie auf und treiben sie in den Fanatismus. Ihnen stellte Havel die Worte Christi gegenüber und knüpfte daran die Frage:

> Waren sie der Beginn der Erlösung und der mächtigste Impuls für die Entwicklung der Kultur in der Menschheitsgeschichte? Oder standen sie am Anfang der Kreuzzüge und Ketzerverfol-

gungen, der Ausrottung der Kulturen der Eingeborenen durch
die Kolonisatoren auf fast allen Kontinenten und der Auswei-
tung des eigenen Macht- und Einflussbereichs?

Havel fordert uns gleichsam dazu auf, uns all die Widersprüche und Ambivalenzen der Geschichte der weißen Rasse bewusst zu machen, die sich in den Worten unserer Sprache wi-
derspiegeln. Ich denke, dass die Rückbesinnung auf die
Wahrheit des Wortes eine wichtige Voraussetzung dafür ist,
dass wir uns nicht in der Flut an Informationen verlieren, sondern stets auch in der Lage sind zu erkennen, was das Entscheidende in unserem Leben ist. Die Art und Weise, wie wir
mit dem Wort und der Sprache umgehen, wird sicherlich für
die Zukunft von Glasnost in Ihrem Lande ausschlaggebend
sein.

Gorbatschow: Es gibt viele Menschen, die heute der Auffassung
sind, dass die Nachgiebigkeit gegenüber abweichenden Meinungen und die Politik der Glasnost der Grund für den Zerfall
der Sowjetunion gewesen sind. Sie sind der Ansicht, dass die
Menschen einfach noch nicht reif für die Freiheit des Wortes gewesen seien, was ich aber bestreite. Denn diejenigen, die das behaupten, sehnen sich entweder nach den alten Verhältnissen zurück oder sie unterstützen das gegenwärtige politische System –
sind also jedenfalls Glasnost gegenüber nicht gerade positiv eingestellt. Wir müssen uns aber auch daran erinnern, dass die
Menschen in der Sowjetunion zu Beginn der Perestroika zu
den am besten ausgebildeten in der Welt gehörten. Es wäre
schlicht und einfach unmöglich gewesen, dieses Niveau aufrechtzuerhalten, hätte man die Menschen weiterhin von allen
Informationen abgeschottet.

Ich stimme Ihnen und Präsident Václav Havel durchaus zu,
wenn Sie sagen, dass die Freiheit des Wortes immer auch eine
Gefahr in sich berge, da doch diese Freiheit nicht nur für das
Gute, sondern auch für das Böse in Anspruch genommen werden kann. Die freie Rede kann für das Vernünftige plädieren,
sie kann aber auch zur Gewalt aufrufen. Aber bedeutet das,
dass das russische Volk kein Recht auf die Wahrheit besitzt?
Heißt das, dass es nie erwachsen und also lernen wird, all die

Informationen und das ganze Wissen zum eigenen Nutzen zu gebrauchen?

Ikeda: Ich teile von ganzem Herzen Ihren unerschütterlichen Glauben daran, dass Glasnost zum Nutzen für die russische Gesellschaft sein wird. Stephen F. Cohen, ein Russlandexperte an der Princeton University hatte das Entscheidende der Perestroika auf den Punkt gebracht, als er sagte, Gorbatschow habe die Reformen im Glauben an die Macht des Wortes in Angriff genommen. Ich glaube tatsächlich auch, dass Glasnost das Herzstück der Perestroika ausmacht. Aber das allein genügt noch nicht, denn sie muss in die richtigen Bahnen gelenkt werden. Dazu aber bedarf es der Fähigkeit, die wahren von den falschen, trügerischen Worten zu unterscheiden.

Gorbatschow: Je nach nationaler Besonderheit und politischer Tradition gibt es unter den Russen unterschiedliche Auffassungen darüber, was Freiheit ist. Für einen beträchtlichen Teil der Gesellschaft ist Freiheit einfach die Tatsache, dass etwas erlaubt und nicht verboten ist. Zum Beispiel hat es Zeiten gegeben, in denen es gefährlich war, betrunken auf die Straße zu gehen. Wenn man von der Miliz erwischt wurde, ist man in der Ausnüchterungszelle gelandet und die Arbeitsstelle hat einen Bericht darüber erhalten. Heute sieht man überall auf den Straßen Menschen, die betrunken sind. Junge Leute halten sich kaum noch an irgendwelche Regeln und setzen Ausschweifung und Aufhebung aller Grenzen mit Demokratie gleich. Und dabei werden sie auch noch von gewissen Zeitungen und Jugendmagazinen unterstützt. Dass Demokratie dadurch mit Unkultur gleichgesetzt wird, stört mich daran am meisten.

Die Mehrzahl der Russen versteht Freiheit gar nicht als Wahlfreiheit oder als eine Art Verantwortung für das eigene Leben oder das Wohlergehen der anderen. Ich will dafür niemandem die Schuld zuweisen. Unsere Abneigung dagegen, Verantwortung zu übernehmen, ist das Resultat unserer unzureichenden Erfahrung mit Demokratie und der mangelhaft entwickelten Strukturen unserer Zivilgesellschaft. Der russische Autoritarismus hat in erster Linie eine Ideologie des Materialis-

mus und eine Kultur der Unselbständigkeit hervorgebracht. Ich
muss noch einmal auf Iwan A. Bunin zurückkommen, der den
Grund für die gescheiterte Februarrevolution von 1917 vor allem in der langen Tradition der Leibeigenschaft sah. In seinem
bereits genannten Reisetagebuch *Verfluchte Tage* schreibt er:

> Man sagt, der gewöhnliche Russe habe nur eine vage Vorstel-
> lung von der neuen politischen Ordnung gehabt. Aber wie hätte
> es auch anders sein können, da er doch in seinem ganzen Leben
> nicht über seinen Hof hinausgekommen ist. Nichts anderes als
> dieser, die Regierung eingeschlossen, interessierte ihn doch. Wie
> könnte es da also eine Volksherrschaft geben, wenn das Volk
> von seiner eigenen Staatsführung gar keine Ahnung hat und
> auch das eigene Land nicht kennt, weil es nie etwas anderes als
> nur die eigene Ackerscholle gesehen hat.

Es versteht sich von selbst, dass die Zeit des herrschenden
Staatssozialismus wenig dazu beigetragen hat, die russische Bevölkerung an der politischen Gestaltung ihres Landes zu beteiligen. Deshalb verstehen viele Menschen die Freiheit auch heute
noch als Freibrief für einen ausschweifenden Lebenswandel, genau wie nach der Revolution 1917. Leider hat bisher noch niemand damit begonnen, eine umfassende philosophische Studie
über diesen Übergang von totaler Unterdrückung zu totaler
Freiheit durchzuführen. Das ist wirklich schade, weil wir meiner Ansicht nach aus einem solchen Übergang zur Demokratie
einiges lernen könnten, was von allgemeiner Bedeutung wäre.
Ich war, um ehrlich zu sein, ziemlich überrascht, als ich in einer
Zeitung davon gelesen habe, dass Alexander Solschenizyn in einer Rede in Nowosibirsk die Glasnost bezichtigt hat, zu einem
Ausbruch des Nationalismus und zu mehr Waffengewalt und
Verbrechen geführt zu haben. Vielleicht hat die Zeitung seine
Meinung auch falsch wiedergegeben, denn gerade er als einer
unserer großen russischen Denker müsste eigentlich verstanden
haben, dass Glasnost genau die Antwort auf seine Forderungen
war, endlich ohne die Lüge zu leben.

Ohne die Lüge zu leben bedeutet aber nichts anderes, als
die ganze Wahrheit über unsere Geschichte im 20. Jahrhundert
zu erzählen, also alles offenzulegen, was sich während dieser
ganzen Zeit ereignet hat: während der Revolution, in den Jah-

ren der Zwangskollektivierung und in der Zeit der stalinistischen Unterdrückung. Ohne die Lüge zu leben bedeutet damit
auch, über den Zustand unserer Wirtschaft und die damit verbundenen Probleme zu sprechen, und es bedeutet, die geschlossenen Bibliotheken wieder zu öffnen und den Menschen zu erlauben, das zu lesen, was ihnen früher verboten war, also auch
die politischen Denker, die emigriert sind, oder die Philosophen
und Schriftsteller, die die Revolution abgelehnt haben.

Mir fällt es schwer zu glauben, dass Solschenizyn kein Verständnis für die Glasnost gehabt haben soll, die ja vor allem
auch Redefreiheit für ihn selbst bedeutet hat. Freie Meinungs-
äußerung und eine Politik der Transparenz haben die Veröffent-
lichung von *Der Archipel Gulag* in Russland ja überhaupt erst
möglich gemacht, und zwar in einer Millionenauflage. Und erst
mit der Pressefreiheit haben verschiedene Literaturzeitschriften
begonnen, seine Romanserie *Das rote Rad* abzudrucken. Mir
leuchtet nicht ein, was das mit einer wachsenden Kriminalität
zu tun haben soll. Die Politik der Glasnost hat etwas mit dem
Glauben an unser Volk zu tun. Wer sich ihr entgegenstellt, hat
kein Vertrauen in dessen geistige Kräfte.

Ikeda: Ich kann mir auch nicht vorstellen, was Solschenizyn mit
seiner Kritik gemeint haben könnte. Er müsste eigentlich begriffen haben, dass ein Prozess wie Glasnost sowohl positive als
auch negative Konsequenzen mit sich bringt. Erst diese Entwicklung führte zu dem Recht, offen die eigene Meinung zu äu-
ßern. Natürlich wird es immer Menschen geben, die Positives in
Negatives verkehren. Und natürlich weiß Solschenizyn auch,
dass sich die Kriminalität in einer Demokratie leichter ausbreiten kann als in einem totalitären System und dass die modernen
Demokratien daher einen hohen Preis für das Recht auf die individuelle Freiheit bezahlen. Sicherlich weiß er außerdem um
die grundlegenden Widersprüchlichkeiten einer solchen Freiheit, die gerade erst aus dem Übergang von Totalitarismus zu
Demokratie entstanden ist und daher noch mit vielen unerwarteten Problemen zu kämpfen hat.

Vielleicht ist aber auch eine gewisse Eifersucht mit im
Spiel, die zuweilen zwischen berühmten Persönlichkeiten – vor

allem innerhalb der europäischen Kultur – vorkommen mag.
Zum Beispiel ist ja auch bekannt, dass Einstein und der berühmte französische Philosoph Bergson nicht sehr gut miteinander ausgekommen sind. Wie Sie vielleicht wissen, hat Bergson
unter dem Einfluss von Einsteins Relativitätstheorie eine eigene
Theorie der Zeit entwickelt. Die Entdeckungen Einsteins auf
dem Gebiet der Physik hatten ihn zu einer Vertiefung der eigenen philosophischen Gedanken geführt. Er schickte ihm daher
oft Briefe voller Dankbarkeit und Anerkennung, die Einstein allerdings nur recht kühl beantwortet hat. Dabei hätte es für die
Wissenschaft des 20. Jahrhunderts wirklich wertvoll sein können, wenn sich diese beiden Männer etwas besser verstanden
hätten. Große Persönlichkeiten bevorzugen häufig den nicht-
öffentlichen Raum. Aber ich denke, in der Beziehung zwischen
Ihnen und Solschenizyn liegt ein Missverständnis vor, das Sie
sicherlich leicht aus der Welt schaffen können. Ich fände es jedenfalls sehr schade, wenn es zwischen zwei Männern, die
beide so einen enormen Beitrag zur Befreiung Russlands geleistet haben, zu einem Zerwürfnis käme.

Gorbatschow: Das sehe ich auch so und ich glaube, dass es weder für Herrn Solschenizyn noch für mich selbst angemessen
wäre, diese Meinungsverschiedenheit öffentlich auszutragen.
Viel besser wäre es, wenn wir uns zusammensetzen und unsere
Standpunkte in aller Offenheit deutlich machen würden. Wir
hätten uns bestimmt viel zu sagen. Schließlich hatten wir gemeinsame Ziele, die jeder mit seinen eigenen Mitteln und entsprechend der eigenen Möglichkeiten verfolgt hat.
     Das eigentliche Dilemma besteht darin, dass wir zu wäh-
len haben zwischen der Redefreiheit auf der einen Seite, die
dann aber auch Lüge und Demagogie hervorbringen kann,
und der Zensur auf der anderen Seite, die jede Kreativität
und geistige Entwicklung unterdrückt. Dieses Problem besteht
zwar nicht nur in Russland, ist hier aber möglicherweise aufgrund der spezifischen geschichtlichen Tradition besonders
ausgeprägt. Trotzdem glaube ich, dass sich ungeachtet der vielen Rückschläge am Ende das durchsetzen wird, was die eigentliche Stärke der Zivilisation ausmacht, nämlich der ge-

sunde Menschenverstand und der Glaube an die moralische
Kraft des menschlichen Geistes. Warum sollte gerade denjenigen unter uns, die der Unterdrückung von Wahrheit und Gerechtigkeit ein Ende gesetzt haben, dieser Glaube an das eigene Volk fehlen?

Ikeda: Es verdient großen Respekt, wie Sie den Glauben an das
eigene Volk bewahrt haben, obwohl Sie am Ende sehr viel Undank von ihm erfahren mussten. Jetzt verstehe ich auch die
Aussage von Alexander Zipko, der gesagt hat, dass Ihre Weltsicht in einem diametralen Gegensatz zu der Lenins steht.
Denn die Großmut gehörte ja ganz augenscheinlich nicht zu seinen herausragenden Charaktereigenschaften. Der japanische
Schriftsteller Ryonusuke Akutagawa, der ein Zeitgenosse Lenins war, hat einmal über ihn gesagt: „Du hast das Volk mehr
als alles andere geliebt und du hast es mehr als alles andere verachtet."

Gorbatschow: Sie haben Lenin mit den Worten Berdjajews als
typisch russisches Phänomen bezeichnet. Und tatsächlich ist in
ihm vieles zusammengekommen: die Tradition des Nihilismus,
die anarchische Seite eines Netschajews und die traditionelle
russische Verehrung der deutschen Wissenschaft und Disziplin.
Mir sind der dogmatische Lenin und der Lenin, der sich als Anhänger des Jakobinismus und des revolutionären Terrors aus-
gibt, sehr fremd. Nicht nur meine eigene Erfahrung, sondern
auch mein ganzer Blick auf die Welt ist ein vollkommen anderer. Aber wie schon gesagt, wir Politiker im heutigen Russland
sind alle mit Lenin groß geworden und in diesem Sinne gewissermaßen auch Leninisten. Das trifft zumindest bezogen auf
den traditionellen russischen Maximalismus, das Streben nach
absoluter Wahrheit und die Unnachgiebigkeit gegenüber dem
Gegner zu – alles Eigenschaften, die für Lenin typisch gewesen
sind. Was mich vom traditionellen Bolschewismus und von Lenin trennt, ist mein Verständnis von Demokratie und meine
Auffassung über das Verhältnis von Moral und Politik. Beides
gehört zu den charakteristischen Grundprinzipien des Neuen
Denkens, das ich mit auf den Weg gebracht habe. Ich lehne

eine Politik, die bereit ist, das Leben und das Glück von Menschen für eine abstrakte Idee zu opfern, kategorisch ab, egal, ob es im Namen des Kommunismus oder im Namen der Marktwirtschaft geschieht.

Aber um noch einmal auf die Redefreiheit und die Zensur zurückzukommen: Es ging ja bei der Perestroika nicht nur darum, das eine durchzusetzen und das andere aufzuheben, sondern es ging viel grundsätzlicher darum, in der Sowjetunion und danach in Russland eine demokratische Entwicklung in Gang zu bringen. Denn nach meiner Überzeugung besteht das Wesen einer Demokratie nicht in den für sie typischen politischen Verfahrensweisen oder dem allgemeinen Wahlrecht – so wichtig beides auch sein mag. Es besteht im Glauben an die Fähigkeit des Volkes, seine eigenen Interessen zu erkennen und durchzusetzen und damit letztlich auch das eigene Schicksal in die Hand zu nehmen. Glasnost war also schon ganz von Anfang an mit so grundsätzlichen Fragen wie der nach der geistig-moralischen Verfassung des Volkes verbunden.

Ikeda: Der Einzelne und nur der Einzelne sollte das eigene Schicksal bestimmen dürfen. Der Einzelne hat das Recht, sich selbst zu opfern oder tödliche Gefahren auf sich zu nehmen, um die Interessen seiner engsten Angehörigen und Freunde, seines Clans oder seines Volkes zu verteidigen. Aber niemand hat das Recht, von ihm zu verlangen, sein Leben für eine abstrakte Idee oder rein politische Interessen zu geben. Die Wahrheit ist nur dann von Wert, wenn der Einzelne auf seinem eigenen Weg zu ihr findet. Die Glasnost hat diesen schwierigen Weg zur Wahrheit offengelegt, aber sie hat auch gezeigt, dass in der Fähigkeit, Kraft und Weisheit, das Richtige vom Falschen zu unterscheiden, ein wesentlicher Indikator für den Reifegrad einer Demokratie liegt. Persönliche Reife setzt Selbsterkenntnis voraus. Die ist allerdings nicht von heute auf morgen zu erreichen, sondern wird immer wieder Rückschläge und Enttäuschungen zu verkraften haben. Viele der Probleme, die im Zuge des neu eingeschlagenen politischen Weges Russlands aufgetaucht sind, haben mit der Glasnost zu tun. Aber sie war trotzdem der unvermeidliche Weg, um der Wahrheit, die 70

Jahre lang unterdrückt worden ist, endlich wieder die Ehre zu
geben. Auch im feudalen Japan war es verboten, die Wahrheit offen auszusprechen. Das Volk hatte zu gehorchen und brauchte
über die tatsächlichen Zustände im Land nichts zu wissen. Sich
aus dieser Situation zu befreien, war für das japanische Volk genauso schwierig wie für das russische Volk. Die Glasnost stellt
in Russland ebenso wie in jedem anderen Land eine notwendige
Bedingung dafür dar, dass das Volk sein Schicksal in die eigene
Hand nehmen kann.

Gorbatschow: Die wachsende Flut an Informationen führt nicht
automatisch zu größerer geistiger Aktivität oder zu der Fähigkeit, selbständig zu denken. Die modernen Massenmedien sind
leider in zunehmendem Maße dazu in der Lage, das menschliche Bewusstsein zu manipulieren. Sie verbreiten Ideen und Gedanken, die den wahren Interessen der Menschen entgegenste-
hen. Die Versuchung zu solchen Manipulationen ist vor allem
in Russland besonders groß, wo die Menschen noch daran ge-
wöhnt sind, alles zu glauben, was im Fernsehen berichtet wird.
Solange selbständiges und unabhängiges Denken nicht ausreichend entwickelt sind, wie es bei uns der Fall ist, liegt die
Macht in den Händen derer, die die Medien kontrollieren.
Selbst das Prinzip der freien Wahlen wird an dieser Situation
nichts ändern.
   Um die Lüge von der Wahrheit unterscheiden zu können,
braucht man Erfahrung. Auf meinen Reisen durch das ganze
Land habe ich immer wieder festgestellt, dass die anfängliche
Euphorie zum Glück wieder einer gewissen Ernüchterung gewi-
chen ist. In den ländlichen Gebieten interessiert man sich mehr
für die lokalen als für die staatlichen Fernsehsender. Die Menschen scheinen eher dem zu vertrauen, was in ihrem eigenen Er-
fahrungsbereich liegt und sich unmittelbar überprüfen lässt. Ich
glaube daher, dass unser Volk klug genug ist, seine traditionelle
Leichtgläubigkeit und seinen Idealismus hinter sich zu lassen.
   Als das Schicksal der Sowjetunion besiegelt war, konnte
kaum jemand voraussehen, was für Konsequenzen der Zerfall
der UdSSR und die Souveränität der Russischen Föderation

nach sich ziehen würden. Die Menschen haben nicht begriffen, dass damit ihre eigene Macht auf den Prüfstand gestellt wurde und dass das Belowescher Abkommen letztlich eine nationale Katastrophe war. Ich habe damals an die Parlamente der früheren Sowjetrepubliken appelliert, nicht zu zerstören, was in Jahrhunderten gewachsen ist. Aber sie wollten nicht auf mich hören und nach ein paar Jahren waren die sogenannten Helden von Belowesch moralisch isoliert.

Als wir den Prozess der Perestroika anstießen, dachten wir auch an diejenigen, die nach uns Verantwortung in der Führung des Staates übernehmen sollten. Wir haben die Freiheit der Rede nie mit absoluter Flexibilität und Beliebigkeit gleichgesetzt. Glasnost, so wie wir sie verstanden haben, war das Gegenteil davon und hatte ganz andere Ziele vor Augen. Wir wollten den Menschen das Recht auf die historische Wahrheit zurückgeben in der Hoffnung, in ihnen ein Bewusstsein dafür zu wecken, Verantwortung für die eigene Geschichte zu übernehmen und sich in die Tradition ihrer Vorfahren zu stellen.

Ikeda: Der Gründer unserer Religion, Nichiren Daishonin, hat sein ganzes Leben lang die Freiheit des Wortes verteidigt. Er wurde oft verfolgt und unterdrückt, war einigen Gefahren ausgesetzt und musste viel Leid auf sich nehmen. Trotzdem hat er sich nie dem Druck der Herrschenden gebeugt, seine Überzeugungen nicht aufgegeben und seine Religion immer durch die Macht des Wortes verteidigt. Für seine Anhänger ist sein Leben ein Beispiel dafür, was für eine Kraft das menschliche Wort entfalten kann, wenn es durch einen starken Glauben und eine feste Überzeugung getragen wird. Selbst angesichts tödlicher Gefahr hält Nichiren Daishonin an seinem Glaubensgrundsatz fest:

> Ob man durch Gutes verlockt oder durch Böses bedroht wird, wenn man sich vom Lotos-Sutra abwendet, bestimmt man sich für die Hölle. Hier lege ich ein großes Gelübde ab. Selbst wenn man mir die Herrschaft über Japan anböte – wenn ich das Lotos-Sutra aufgäbe, die Lehren des Meditations-Sutra annähme und mich auf die Wiedergeburt im Reinen Land freute, selbst wenn man mir erzählte, mein Vater und meine Mutter würden

enthauptet, wenn ich nicht das Nembutsu rezitierte – welchen Hindernissen ich auch begegnen mag: Solange nicht ein Mensch von Weisheit belegen kann, dass meine Lehren falsch sind, werde ich nicht zurückweichen!

So hat Nichiren Daishonin damit begonnen, seine Lehre im Volk zu verbreiten, und er versuchte, in jedem Menschen ein Bewusstsein dafür zu schaffen, Verantwortung zu übernehmen und sich als Teil der Geschichte zu begreifen. Während des Zweiten Weltkriegs wurde die Soka Gakkai vonseiten der japanischen Regierung, die den Shintoismus als Staatsreligion propagierte, grausam verfolgt. Aber weder unser erster Präsident Makiguchi noch unser zweiter Präsident Toda ließen sich dadurch von ihrem Weg abbringen. Sie sind damit zum lebenden Beweis dafür geworden, dass die Rede- und die Religionsfreiheit, wie Sie schon gesagt haben, auf dem Vertrauen in den Menschen beruhen.

Gorbatschow: Obwohl uns bewusst gewesen ist, dass die Freiheit des Wortes auch missbraucht werden kann, stand ganz außer Frage, dass endlich ausgesprochen werden musste, worauf die Menschen schon seit Jahrzehnten gewartet haben. Es musste endlich jemand aufstehen und zugeben, dass ein Verbrechen immer ein Verbrechen bleibt, auch wenn es im Namen einer größeren Sache begangen wird. Und dass auch das edelste Ziel das Leiden eines Unschuldigen nicht rechtfertigen kann. Ein Fortschritt, der auf Kosten unseres Rechts auf Glück erkauft wird, ist völlig wertlos.

Ursprünge des Neuen Denkens

Ikeda: Herr Gorbatschow, am 25. Dezember 1991 haben Sie in Ihrer Abschiedsansprache im Fernsehen noch einmal an die Errungenschaften der Perestroika erinnert und Sie haben dabei auch nicht verschwiegen, wie betrübt Sie über den Zerfall der UdSSR gewesen sind. Als wichtigste Ergebnisse der Perestroika haben Sie das Ende des Kalten Krieges und die auf internationaler Ebene erzielten Erfolge in der Entspannungspolitik genannt.

Sie waren zu der Auffassung gelangt, dass angesichts der Gefahr eines Atomkrieges letztlich auch jeder Sieg des internationalen Kommunismus sinnlos wäre. Von Anfang an haben Sie das von Ihnen so genannte Neue Denken mit den Werten eines weltweiten Humanismus verknüpft. Als diese Verknüpfung geschaffen war, begann ein Teil der alten Welt unterzugehen. Eine viel zitierte Bemerkung Einsteins lautet: „Die entfesselte Atomenergie hat alles verändert, nur nicht das Denken des Menschen selbst." Mit dem Neuen Denken kann man seinem Pessimismus, zumindest was diesen Punkt angeht, jetzt ein starkes Argument entgegensetzen.

Gorbatschow: Als Idee hat das Neue Denken bereits eine lange Tradition, zu der zum Beispiel auch Einstein, Russell und Sacharow gehören. Unser Verdienst besteht vermutlich darin, diese Idee aufgegriffen und sie unter den Bedingungen der Realpolitik umgesetzt zu haben, was sicherlich nicht einfach war. Wir wollten einfach, dass sich der gesunde Menschenverstand wieder in der Welt durchsetzt.

Die Ideen für eine Politik des Neuen Denkens wurden zwischen Dezember 1984 und April 1985 zum ersten Mal etwas genauer skizziert und dann zwischen 1986 und 1989 im Zuge einer Annäherungspolitik in den internationalen Beziehungen weiterentwickelt. Gleichzeitig haben wir zu dieser Zeit aber auch betont, dass wir nach wie vor an Lenins Idee der friedlichen Koexistenz von Staaten mit unterschiedlicher Gesellschaftsordnung festhalten wollten. Außerdem haben wir bereits in der Anfangsphase der Perestroika darauf bestanden, dass friedliche Koexistenz in den unterschiedlichen Phasen der Beziehung zwischen Sozialismus und Kapitalismus Unterschiedliches meinen kann.

Lenin hat die friedliche Koexistenz vor allem als taktische Maßnahme einer Waffenruhe verstanden, die dem neuen System die nötige Zeit verschaffen sollte, auf die Beine zu kommen. Er war der Auffassung, dass sich der Kapitalismus von selbst erledigen und gewissermaßen von innen her explodieren würde. Hinter Lenins Formel der friedlichen Koexistenz standen die Vorstellung von der Einheit der Welt und die Überzeugung, dass sich das kommunistische System, früher oder später, in allen Völkern durchsetzen würde, weil der marxistische Weg der gesellschaftlichen Entwicklung der einzig mögliche sei. Als wir selbst dann versucht haben, auf internationaler Ebene neue Wege einer Annäherungspolitik zu gehen, sind wir von einem vollkommen anderen Weltbild ausgegangen: Wir mussten erkennen, dass der Prozess menschlicher Zivilisation durchaus eine Vielfalt unterschiedlicher politischer Systeme beinhalten kann.

Ikeda: Mit dem Aufkommen der Atomwaffen war klar geworden, dass der Wettlauf der unterschiedlichen Gesellschaftssysteme zur Vernichtung der ganzen Menschheit führen konnte. Um das zu vermeiden, müssen wir uns auch heute noch über die nationalstaatlichen Interessen hinaus eine globale Perspektive zu eigen machen, die die Interessen aller Menschen in den Blick nimmt. Deshalb war ich sehr froh darüber, dass Sie sozusagen von der politischen Bühne herab für einen Wertekanon eingetreten sind, der für alle Menschen gültig sein sollte. Leider ist die Bedrohung durch eine atomare Katastrophe noch nicht verschwunden und die Lage ist durch die Zerstörung der Umwelt noch komplizierter geworden. Alles wird davon abhängen, ob wir in der Lage sind, den Werten den Vorrang einzuräumen, die die Menschheit verbinden – und dem Leben selbst. Die von Albert Schweitzer propagierte Ehrfurcht vor dem Leben und die Konsequenzen, die daraus für die Moral zu ziehen sind, sind heute nötiger als je zuvor. Denn verglichen mit den gewaltigen Kräften, die heute die Erde zu zerstören drohen, scheinen die Kräfte, die auf den Schutz und die Vervollkommnung des Lebens gerichtet sind, wirklich gering und unbedeutend zu sein. Nach Albert Schweitzer aber darf uns dies in unserer Ehrfurcht vor dem Leben nicht entmutigen, denn entscheidend ist vielmehr, dass der Mensch, sobald er sich dazu entschlossen hat, ein moralisches Wesen zu sein, damit auch schon den Willen zum Leben zum Ausdruck bringt. In unserer Zeit stellt die Gefahr der Selbstzerstörung eine große Herausforderung für die Moralität dar. Das Neue Denken ist Ihre Antwort – die russische Antwort – auf diese Herausforderung.

Gorbatschow: Bereits zu einem früheren Zeitpunkt war klar geworden, dass der ungebremste Rüstungswettlauf und die Konfrontation zwischen den Supermächten im Atomkrieg enden würden. Die Welt stand schon einmal an einem gefährlichen Abgrund. Jede weitere politische Eskalation hätte einen Krieg auslösen können, in dem das sozialistische, das kapitalistische und jedes andere politische Gesellschaftssystem in Rauch aufgegangen wäre. Unsere Politik der Annäherung ist also bereits von der nüchternen Erkenntnis ausgegangen, dass angesichts der atomaren Vernichtung alle gleich sind, auch wenn es das Neue Denken im Sinne einer neuen Weltsicht so noch nicht gab. Für uns hat es nur einen Ausweg gegeben: Wir mussten uns auf das verlassen, was wir gesehen haben, und wir mussten die Dinge beim Namen nennen. Wir mussten dem Leben wieder den Vorrang vor der Theorie einräumen und endlich damit aufhören, uns selbst zu betrügen.

Ikeda: Dasselbe gilt für die Religion. Die existiert ja schließlich auch nicht außerhalb von Raum und Zeit. Um zu überleben, müssen Religionen in enger Berührung mit dem alltäglichen Leben der Menschen bleiben und sich daher auch immer wieder reformieren und weiterentwickeln. Das immer neu zu bewerkstelligen ist eine gewaltige Herausforderung. Denn wie sollen sich Religionen am Puls der Zeit bewegen, ohne das Ewige und Heilige an das Beliebige und Unverbindliche zu verraten? Die, die sich eher intellektuell als aus tiefer Glaubenserfahrung heraus mit der Religion beschäftigen, haben häufig den Kontakt zum einfachen Volk verloren. Statt sich seiner anzunehmen und sich mit ihm zu solidarisieren, blicken sie von oben auf seine Unwissenheit herab. Gabriel Marcel hat einmal bemerkt, dass der französische Ökonom und Soziologe Pierre-Joseph Proudhon vollkommen ins Schwarze getroffen habe, als er die Intellektuellen als frivol bezeichnete, weil sie sich anders als die Arbeiter und Bauern nicht mit den Widrigkeiten des Alltags, sondern nur mit Worten herumschlagen müssten. Ich denke, es braucht sehr viel Mut, wenn man tatsächlich mit einer Ideologie brechen und sich der Realität stellen will.

Gorbatschow: Für uns begann das Neue Denken damit, zu erkennen, was offensichtlich und unbestreitbar war. Dazu gehörte dann auch, sich einzugestehen, dass Sozialismus und Kapitalismus nur zwei unterschiedliche Wege in der Entwicklung der menschlichen Zivilisation darstellen. Aber anzuerkennen, dass es in der Welt grundsätzlich unterschiedliche Lebens- und Gesellschaftsentwürfe und auch eine Vielfalt unterschiedlicher Werte geben kann, war nur der erste Schritt. Der zweite Schritt bestand darin, zu begreifen, dass zwischen allem, was es in der Welt gibt, ein innerer Zusammenhang und eine wechselseitige Abhängigkeit besteht.

Ikeda: In Ihren Worten klingt die buddhistische Auffassung vom „bedingten Entstehen" als Ursprung allen Lebens an. Allem Anschein nach existiert ja alles an sich und für sich, d. h. als etwas Einzelnes und Besonderes. Aber in Wirklichkeit kann das Einzelne und Besondere in seiner ganzen Fülle nur dadurch zum Ausdruck kommen, dass alles mit allem in einem Zusammenhang steht. Dieser Standpunkt, der ja ein sehr dynamischer ist, kommt Ihrem Gedanken vom inneren Zusammenhang und von der wechselseitigen Abhängigkeit alles Seienden sehr nahe. Das Prinzip der Koexistenz wird daher auch der Schlüssel für das 21. Jahrhundert sein.

Gorbatschow: Der Gedanke, dass alles in der Welt in einem inneren Zusammenhang und in wechselseitiger Abhängigkeit zueinander steht, ist natürlich nicht unsere Entdeckung. Er findet sich in jedem höher entwickelten philosophischen System, auch im dialektischen Materialismus. Aber er wurde noch nie zuvor dazu verwendet, die ganz konkrete und reale Wechselwirkung zwischen zwei unterschiedlichen Gesellschaftssystemen, beispielsweise dem Sozialismus und dem Kapitalismus, zu untersuchen, und zwar ganz frei von ideologischen Perspektiven und Voreingenommenheit. In der Vergangenheit ging es immer nur um die Unterschiede, die Gegensätze und den jeweils exklusiven Charakter beider Gesellschaftssysteme. Wir dagegen haben uns auf unserem Weg zum Neuen Denken darauf beschränkt, nach dem kleinsten gemeinsamen Nenner

für eine tatsächliche Form der Kooperation zu suchen und uns
zu fragen, was das für den weiteren geschichtlichen Verlauf
bedeuten könnte. Die Erkenntnis, dass der Entwicklung der
menschlichen Zivilisation unterschiedliche Ausgangssituatio-
nen zugrunde liegen können, bedeutete einen Aufbruch in
eine neue Zeit, die nicht nur neue Perspektiven für die Innen-
politik, sondern darüber hinaus ungeahnte Möglichkeiten für
weit größere Fortschritte eröffnet hat.

Die Rehabilitierung allgemein gültiger Werte der Menschheit und grundlegender moralischer Normen hat in der Sowjetunion unweigerlich zu einer Rehabilitierung der Kirche als einem Ort der spirituellen Weiterentwicklung des Menschen und
der Selbstbeschränkung des ihm angeborenen Egoismus geführt. Und die Rehabilitierung des Kapitalismus als alternative
Wirtschaftsform hat eine Rehabilitierung des Marktes, der Ware-Geld-Beziehung, des Unternehmertums und des ökonomischen Wirtschaftens nach sich gezogen. Beides bedeutete einen
gravierenden Einschnitt in die kommunistische Ideologie, die,
gleich der katholischen Kirche im Mittelalter, schon den bloßen
Gedanken an ein freies Unternehmertum und eine Kultur des
Marktes sowohl moralisch als auch von ihrer Grundeinstellung
her verurteilt hat. Unserer Auffassung nach musste das dann
auch zu einer Neubewertung der internationalen Beziehungen
und der internationalen Politik führen. Wir haben also nicht
nur nach neuen Formen der wechselseitigen Beziehung und der
Koexistenz gesucht, sondern wollten diese auch mit positiven
Erfahrungen hinsichtlich der Durchsetzung grundlegender
Werte verknüpfen. Dies war natürlich eine Verifizierung der Bedingungen, wie sie im Leben tatsächlich existieren.

Dieser Grundgedanke hat uns überhaupt erst die wahre Bedeutung erkennen lassen, die die Werte der Menschheit für die
internationalen Beziehungen haben. Einheit von Wort und Tat,
gegenseitiger Respekt, partnerschaftlicher Geist und Vertrauen
wurden zu den grundlegenden Bedingungen einer neuen Diplomatie. Die Welt, in der alles mit allem verflochten und alle voneinander abhängig sind, ist heute so klein geworden, dass kein
Land mehr allein seine Interessen schützen und seine Sicherheit
gewährleisten kann. Der Gedanke der kollektiven Verant-

wortung – vor allem aufseiten der Sowjetunion und der USA –
für das Schicksal der Welt und der menschlichen Zivilisation
hat daher für die Außenpolitik eine immer größere Rolle gespielt.

Das Neue Denken hat uns dazu gebracht, nach neuen Wegen zu suchen, um die Trennungen und Gräben in der Welt –
nicht nur zwischen den Klassen und Ideologien, sondern auch
zwischen den Rassen, Religionen und unterschiedlichen Wirt-
schaftssystemen – zu überwinden. Der Gedanke, der hinter all
dem stand, war simpel und ist für jeden leicht einsehbar: Je
mehr wir streiten und uns gegenseitig bekämpfen, desto zahlrei-
cher werden die Risse in den Mauern und vielleicht sogar im
Fundament des Weltgebäudes sein.

Ikeda: Das Neue Denken bedeutete also mit anderen Worten,
sich wieder auf den gesunden Menschenverstand zu besinnen.
Aber man fragt sich, warum sich das russische Volk für eine so
lange Zeit damit zufriedengeben konnte, in einer Art innerer
Zerrissenheit zu leben. Denn auf der einen Seite hat es sich
dem vorgegebenen ideologischen System gefügt und auf der anderen Seite hat es durchaus ein tiefes Gespür dafür besessen,
was der gesunde Menschenverstand ihm geboten hat.

Gorbatschow: Das ist richtig. Die Russen haben stets ihren ele-
mentaren Selbsterhaltungstrieb bewahrt, so wie es das alte
Sprichwort sagt: Säge nicht an dem Ast, auf dem du sitzt. Und
die Rückbesinnung auf den gesunden Menschenverstand, die
sich ja letztlich durchgesetzt hat, hatte weitreichende Folgen.
Das Neue Denken hat uns die Möglichkeit eröffnet, die gesamte Struktur unserer internationalen Beziehungen auf neue
Grundlagen zu stellen. Als Erstes haben wir auf eine Versöh-
nung mit den Sozialdemokraten hingearbeitet. Außerdem hat
der Gegensatz zwischen dem sozialistischen und dem kapitalistischen Weg zu Fortschritt und Entwicklung an Bedeutung verloren. Aber viel unzeitgemäßer als die festgefahrene Konfrontation zwischen Sozialismus und Kapitalismus war wirklich der
Gegensatz zwischen dem „revolutionären" und dem „reforme-
rischen" Weg innerhalb der internationalen Arbeiterbewegung

geworden. Deshalb haben wir uns veranlasst gesehen, die tief
verwurzelte Auffassung auf den Prüfstand zu stellen, dass die
Sozialdemokraten als Renegaten und wir selbst als die alleinigen legitimen Nachfolger der Arbeiterbewegung zu betrachten
seien. Die Geschichte hat gezeigt, dass jede Seite ihre Stärken
und ihre Schwächen hat, und die einen wie die anderen sowohl
Fehler gemacht als auch Erfolge errungen haben. So nahmen
Theorie und Praxis des Neuen Denkens nach und nach konkrete Gestalt an.

Ikeda: Ihre Entscheidung, sich mit den Sozialdemokraten aus-
zusöhnen, hatte eine enorme Bedeutung, die die jüngere Generation vielleicht gar nicht mehr nachvollziehen kann. Die sozialdemokratische Partei zu zerschlagen war ja Stalins Idee, aber
auch schon Lenins Parteigenossen hatten ihren Anteil daran.
Denn die Bolschewiki haben sich als die wahren Erben des
Marxismus gesehen, als die einzigen Vorkämpfer der proletarischen Revolution. Jeder, der sich ihnen in den Weg gestellt hat,
wurde als Feind betrachtet und jedes schwache oder potenziell
schädliche Element gnadenlos aus dem Weg geräumt. Diese
ganze Strategie war darauf ausgelegt, den Menschen als ein bloßes Mittel für den politischen Zweck anzusehen.

Gorbatschow: Tatsächlich sind die verheerenden Folgen von Stalins Kampf gegen die Sozialdemokraten bei uns schon lange bekannt gewesen, sogar schon während der Tauwetterperiode unter Chruschtschow. Anfang der sechziger Jahre hat Michail
Romm dem sowjetischen Zuschauer in seinem Film *Der ge-
wöhnliche Faschismus* vor Augen geführt, wie die Komintern
die Sozialdemokraten zum eigentlichen Feind erklärt und damit
die Spaltung der deutschen Arbeiterbewegung hervorgerufen
hat. Das wiederum ermöglichte es Hitler überhaupt erst, an die
Macht zu kommen. Was Stalins eigenes Verhältnis zu den Sozialdemokraten anging, ließ er sich darin von der sadistischen Devise leiten: „Gehe entschlossen gegen die eigenen Leute vor,
dann werden sie dich auch im Ausland fürchten." Als wir an
die Macht gekommen sind, ist es daher unser Ziel gewesen, die
Beziehungen zu den Sozialdemokraten zu normalisieren, die seit

Jahrzehnten bestehende Feindschaft zu überwinden und dadurch vor allem auch der Gerechtigkeit Genüge zu tun.

Ikeda: Mahatma Gandhi ist einer der prominentesten Kritiker der Methoden der Sowjetunion. Er kritisierte die Bolschewiki dafür, zu glauben, der Zweck heilige die Mittel, und er verurteilte jede Form des Sozialismus, die sich auf Revolution und Gewalt stützt. Stattdessen war er der Auffassung, dass der Sozialismus so rein wie ein Kristall sein müsse und dass daher die zu seiner praktischen Umsetzung angewendeten Methoden ebenso kristallklar sein sollten: denn unsaubere Methoden beschmutzen das Ziel und verderben die Sache. Wie stehen Sie zu seiner Philosophie der Gewaltlosigkeit?

Gorbatschow: Die Perestroika lehnte den Gedanken ab, dass der Zweck alle Mittel heiligt. Das liegt vor allem daran, dass er in einem Widerspruch zu dem steht, was die Perestroika in ihrem Kern auszeichnet, nämlich ihrem moralischen Impetus. In diesem Sinne kann man durchaus sagen, dass wir in unserem Reinigungsprozess von der bolschewistischen Unmoral tatsächlich einen Weg eingeschlagen haben, der von Mahatma Gandhi vorgezeichnet worden ist.

Aber der wichtigste Aspekt des Neuen Denkens, und zwar sowohl in der Theorie als auch in der Praxis, war das neue Sicherheitskonzept des Landes. Mit ihm sollte in erster Linie die Bedrohung einer atomaren Selbstzerstörung abgewendet werden, ohne dabei unsere eigene Sicherheit aufs Spiel zu setzen. Der bisher geltenden Militärdoktrin, die auf einer Politik der Stärke basierte, haben wir das Konzept des Interessenausgleichs und desselben Sicherheitsbedürfnisses auf allen Seiten gegenübergestellt. Wir mussten anerkennen, dass diejenigen Staaten, die noch dabei waren, sich neu herauszubilden, künftig eine wachsende Bedeutung in der Weltpolitik spielen würden und daher auch in der Vielfalt und Unterschiedlichkeit ihrer Interessen berücksichtigt werden mussten. Auch das war ein wichtiger Aspekt innerhalb des Neuen Denkens.

In dem Maß, in dem wir die grundlegenden Veränderungen in der Welt analysiert haben, haben wir auch viele Klischees

über Bord geworfen, die bis dahin unsere Handlungsspielräume
eingeschränkt hatten. Sehr hilfreich waren mir dabei meine
vielfältigen Kontakte zu den Menschen aus anderen Ländern:
zu Staats- und Regierungschefs ebenso wie zu einfachen Bürgern, zu herausragenden Persönlichkeiten aus Wissenschaft
und Kultur, zu Führern politischer Parteien und sozialer Organisationen, zu Vertretern der Religionen und der Parlamente. Es
schien beinahe so, als ob diese Vielzahl an persönlichen Begegnungen die Sowjetunion der sie umgebenden Welt wieder etwas
nähergebracht hätte. Und für uns hat sich die Gelegenheit geboten, die Welt besser kennen und verstehen zu lernen, uns an der
Diskussion über ihre Probleme und an der Suche nach Lösungen zu beteiligen. Wir konnten Gedanken und Ideen aus den
unterschiedlichen Kulturen und verschiedenen geistigen Traditionen aufgreifen und Nutzen daraus ziehen. All das hat der
sowjetischen Außenpolitik einen kräftigen Schub verliehen und
uns in die Lage versetzt, eine ganze Reihe groß angelegter Initiativen zu starten, wie z. B. die schrittweise Vernichtung der
Atomwaffen bis zum Jahr 2000, das Konzept eines „gemeinsamen europäischen Hauses" sowie die Wiederbelebung und
Neugestaltung unserer Beziehungen in der asiatisch-pazifischen
Region. Unsere aufrichtige und ehrliche Einladung an alle, gemeinsam über die bestehenden Probleme nachzudenken und
auch gemeinsam nach Lösungen zu suchen, ist weltweit auf
ein großes Echo gestoßen. Und Perestroika und Glasnost haben
all diesen außenpolitischen Initiativen die notwendige Überzeu-
gungskraft verliehen.

Ikeda: Sie sagten, die Sowjetunion und die Welt schienen einander wieder etwas nähergekommen zu sein. Das deckt sich mit
meinen eigenen Erfahrungen, denn auch ich habe ihr Land damals neu entdeckt. Mir als Buddhist ist der Mensch wichtiger
als das System und ich bin der Auffassung, dass ein Dialog mit
allen Menschen möglich ist, egal wie die politischen Strukturen
der Gesellschaft sind, in der sie leben. Wenn ich davon nicht
überzeugt wäre, würde ich auch nicht ständig den direkten
Kontakt zu Menschen aus anderen Ländern suchen und mich
für die Entwicklung einer Art „Volksdiplomatie" einsetzen.

Das ist auf der politischen Ebene natürlich weit schwieriger, wo man die unterschiedlichen Positionen und Auffassungen zwischen den Staaten oder Gesellschaftssystemen nicht einfach hinter sich lassen kann, um in einen direkten und persönlichen Dialog einzutreten. Vor allem bei Politikern sind diese Möglichkeiten des persönlichen Gesprächs von vornherein sehr eingeschränkt.

Sie sind da eine Ausnahme. Nach unserem ersten Treffen hat mich ein japanischer Journalist nach dem Eindruck gefragt, den Sie bei mir hinterlassen haben. Ich habe ihm geantwortet: „Er ist offen für den Dialog. Mit diesem Mann wird man immer eine gemeinsame Sprache finden." Ich habe übrigens schon seit Langem den Traum, dass sich die Repräsentanten der Staaten endlich einmal zu direkten Gesprächen zusammensetzen und in aller Aufrichtigkeit miteinander diskutieren, sodass die sich bekämpfenden politischen Systeme aus ihrer Erstarrung und Isolation heraustreten können. Sie waren der Erste, der einen großen Schritt in Richtung der Umsetzung dieser Idee getan hat.

Gorbatschow: Herr Ikeda, wenn ich mich recht erinnere, haben Sie durch Ihren Einsatz gezeigt, dass selbst zu Zeiten des Eisernen Vorhangs nicht nur ein Dialog über Frieden, sondern auch eine wachsende Verständigung unter den Völkern möglich war. Als wir uns 1993 in Tokio getroffen haben, war ich sehr beeindruckt davon, zu erfahren, dass sich Ihre Organisation schon in den sechziger Jahren, also auf dem Höhepunkt des Kalten Krieges, für die Aufnahme diplomatischer Beziehungen zwischen Japan und China eingesetzt hat. Sie wurden dafür heftig kritisiert, haben sich aber am Ende durchgesetzt. Denn der Kalte Krieg war letztlich etwas, das den Interessen der Menschheit ohne Zweifel entgegenstand.

Und bereits in den ersten Jahren der Perestroika konnten auch wir einige äußerst positive Ergebnisse vorweisen: Es kam zum Beispiel zu einer deutlichen Verbesserung in den sowjetisch-amerikanischen Beziehungen. Was die internationalen Beziehungen betrifft, so stellte dann der Abzug der sowjetischen Truppen aus Afghanistan einen Meilenstein dar, weil dadurch

der Glaube an eine Veränderung der sowjetischen Politik ge-
stärkt wurde. Davon gingen in der Folge wichtige Impulse für
die Lösung anderer regionaler Konflikte aus. Natürlich waren
die Ursachen für die Brüche innerhalb der menschlichen Zivilisation tiefer und gravierender, als wir es anfangs bei der Aus-
arbeitung des Neuen Denkens gedacht hatten. Man konnte ja
auch nicht einfach davon ausgehen, dass sich nach der Überwindung der ideologischen Konflikte ganz plötzlich und wie
von selbst ein allumfassender und endgültiger Friede einstellen
würde. Die Bedrohung einer atomaren Katastrophe ist zwar zu-
rückgegangen, dafür ist aber eine Reihe ganz neuer Bedrohun-
gen aufgetaucht, mit denen wir nicht gerechnet hatten.

Während des Kalten Krieges waren viele geopolitische, nationale und ethnische Konflikte gewissermaßen einfach einge-
froren. Nicht alle dieser Konflikte hatten unmittelbar etwas
mit dem Kalten Krieg zu tun, sondern hatten ihre Wurzeln in
der Vergangenheit, einige reichten bis ins 19. oder frühe 20.
Jahrhundert zurück. Die trügerische Stabilität, die in der Zeit
des Kalten Krieges herrschte, ließ den beruhigenden Eindruck
entstehen, dass die Epoche nach dem Ost-West-Konflikt die
Zeit einer neuen, friedlichen Weltordnung sein würde. Als
dann aber der Kalte Krieg, der alles wie unter Narkose gehalten
hatte, zu seinem Ende kam, sind diese Konflikte wieder in all
ihrer Heftigkeit ausgebrochen. Manche davon endeten in bewaffneten Auseinandersetzungen, andere brachten sogar ganze
Staaten zu Fall. Die Verhältnisse wurden unübersichtlicher und
instabiler, einige der blutigen Konflikte breiteten sich immer
weiter aus und die internationalen Institutionen hatten all dem
nichts entgegenzusetzen, sodass sich die allgemeine Stimmungslage in der Welt zunehmend verdüsterte: Zunehmend herrsch-
ten Pessimismus, düstere Vorahnungen, Verfall der Sitten und
zunehmende Gleichgültigkeit gegenüber dem täglichen gewaltsamen Tod von Hunderten und Tausenden Menschen. All diese
Ereignisse bildeten den Nährboden für Korruption, Terrorismus, Drogenhandel, Schmuggel sowie die alltägliche Verlet-
zung der Gesetze und Regeln eines zivilisierten Miteinander.

Ikeda: Sie haben vollkommen recht. Mit dem Triumph der freiheitlichen und liberalen Wirtschafts- und Gesellschaftsordnung über die Werte des Kommunismus sind zahlreiche neue und gravierende Probleme zutage getreten. Und gleichzeitig herrscht auch heute noch die gleiche Arroganz und oberflächliche Einstellung den auftretenden Schwierigkeiten gegenüber wie vor Ende des Kalten Krieges. Es wird auch weiterhin mit unterschiedlichem Maß gemessen und nach dem Grundsatz gehandelt: Die Starken können sich Dinge herausnehmen, die sich die Schwachen nie erlauben dürften. Das Ergebnis ist, dass heute, in der Zeit des zunehmenden Liberalismus, das Chaos und die Verwirrung in Fragen von Ethik und Moral, die Unsicherheit in vielen Lebensbereichen und die Angst vor der Zukunft größer sind als in den Jahren des Kalten Krieges. Die geistige Situation unserer Zeit erinnert mich an die Albträume des Strafgefangenen Raskolnikow in Dostojewskis Roman *Schuld und Sühne.* In diesen Albträumen wird die ganze Welt von einer Seuche heimgesucht, die aus dem Inneren Asiens kommend in Richtung Europa zieht. Mikroskopisch kleine Wesen, eine Abart aus der Gattung der Trichinen, mit Verstand und Willen begabt, infizieren den menschlichen Körper und treiben die Kranken in den Wahnsinn. Ironischerweise halten sich die so Infizierten nun für besonders klug und glauben, endlich im Vollbesitz der Wahrheit zu sein, was zu einer allgemeinen Rechthaberei und letztlich zu einem blutigen Kampf aller gegen alle führt. Dostojewski schreibt:

> Die gewöhnlichen Handwerke wurden nicht mehr ausgeübt; denn jeder trug seine Ideen, seine Reformvorschläge vor, aber es kam zu keiner Einigung; der Ackerbau wurde nicht mehr betrieben. Hier und da sammelten sich die Menschen zu einzelnen Haufen; sie einigten sich über dies und das, schwuren, einander nicht zu verlassen; aber gleich darauf begannen sie etwas ganz anderes zu tun als das, was sie soeben selbst angeregt hatten, beschuldigten sich gegenseitig, prügelten und mordeten sich. Feuersbrünste wüteten, es brach Hungersnot aus. Alle Menschen, alle Habe ging zugrunde.

Ich habe fast den Eindruck, als sei damit genau die Situation beschrieben, in der wir uns heute befinden. Wie also können wir uns von diesem allgemeinen Chaos, das vor allem auch in moralischer Hinsicht besteht, befreien? Sie scheinen sich angesichts all dessen trotzdem Ihren Optimismus bewahrt zu haben. Mich interessiert die Quelle hinter Ihrem Optimismus.

Gorbatschow: Bitte fassen Sie das vorhin Gesagte nicht als Plädoyer für eine Rückkehr in den Kalten Krieg auf, mit all seinen Zwängen zu innerer und äußerer Disziplin. Im Gegenteil, meine Bemerkungen sind ein weiterer Beweis für den enormen Schaden, den der Kalte Krieg angerichtet hat. Die gleichzeitige Niederlage aller faschistischen Regime 1945 wäre eine einzigartige Chance für einen neuen Weg gewesen. Doch der Kalte Krieg dirigierte unsere Schritte in eine bösartige Richtung.

Doch was nun? Ich sehe ehrlich gesagt keine andere Möglichkeit, als die ethischen und moralischen Grundlagen dessen zu vertiefen und weiterzuentwickeln, was wir als das Neue Denken bezeichnen. Der erste und entscheidende Schritt dazu ist, dass die Völker und Staaten in der Welt bereit sind, Verantwortung füreinander zu übernehmen. Niemandem darf es erlaubt sein, seine Probleme auf Kosten anderer zu lösen. Auch die heutige Generation hat kein Recht darauf, auf Kosten ihrer Kinder und Enkel in Glück und Wohlstand zu leben.

Ikeda: Wir waren uns zuvor zwar erst zweimal begegnet, aber als ich in den Tagen nach der Niederschlagung des Putsches die Bilder Ihrer Rückkehr von der Krim, wo Sie unter Hausarrest gestanden hatten, im Fernsehen gesehen habe, war ich von tiefem Mitgefühl erfüllt. Zu sehen war nämlich ein äußerst erschöpft wirkender Präsident, aus dessen Gesicht das Lächeln fast völlig verschwunden war.

Gorbatschow: Je öfter ich an jene schrecklichen Tage im August 1991 zurückdenke, desto mehr gelange ich zu der Überzeugung, dass diese Ereignisse rund um den versuchten Putsch, hinter dem ein sogenanntes „Staatliches Komitee für den Ausnahmezustand" stand, zu den wirklich tragischen Augenblicken in der russischen Geschichte des vergangenen Jahrhunderts gehörten. Und dabei spreche ich nicht von mir und meinem persönlichen Schicksal, obwohl diese Tage für mich als Mensch und Politiker die schwierigsten meines Lebens gewesen sind.

Ikeda: Die Ereignisse damals erinnern mich immer wieder an die Tragödien aus der griechischen Antike oder an die Dramen Shakespeares. Ich sage das deshalb, weil bis heute noch Gerüchte über Sie und die Perestroika kursieren, die völlig aus der Luft gegriffen und schlicht und einfach auch unsinnig sind. Manche Leute behaupten zum Beispiel, dass es die Art und Weise gewesen ist, wie Sie zwischen den Rechten und Linken hin und her geschwankt sind, um sich damit Ihre eigene Sicherheit zu garantieren, an der Sie letztlich gescheitert seien. Wieder andere verdächtigen Sie sogar, hinter den Kulissen mit den Putschisten gemeinsame Sache gemacht zu haben. Doch wie haben Sie selbst die Tage von damals erlebt? Und wie geht es Ihnen heute damit?

Gorbatschow: Das eigentlich Tragische für mich war, dass ich das Ultimatum der Putschisten zwar entschieden zurückgewiesen habe, mich aber nicht mehr länger an der Macht halten und die von mir begonnenen Reformen zu Ende bringen konnte. Doch auch wenn ich bereits im Voraus gewusst hätte, was sich alles nach der Niederschlagung des Putsches ereignen würde – der Zerfall der Sowjetunion, die Gründung der Gemeinschaft Unabhängiger Staaten (GUS), der Verrat und Wortbruch vieler meiner Gefährten –, hätte ich mich trotzdem nicht auf einen Deal mit den Putschisten eingelassen. Ich habe mich damals als Politiker, aber vor allem auch als Mensch, der sich in einer existenziellen Grenzsituation befand, auf die für mich grundlegenden Werte gestützt und mich an ihnen orientiert: Pflichtgefühl, Rechtsbewusstsein, Verfassungstreue und – für mich besonders wichtig – demokratische Gesinnung. Die Demokratie zu verraten und den Weg der Gewalt zu gehen, hätte nicht nur bedeutet, mich selbst zu verraten, sondern auch politischen Selbstmord zu begehen.

In so einer extremen Situation auf Herausforderungen zu reagieren, war nur durch den spontanen Impuls meines eigenen Willens möglich. Zeit, um Angst zu haben, hatte ich gar nicht.

Wenn man unversehens in eine vollkommen neue Situation gerät, dann ist die Wucht der Eindrücke so stark, dass Angst gar nicht richtig aufkommen kann. Meiner Familie sagte ich nur, dass die Lage sehr ernst sei und wir mit dem Schlimmsten rechnen müssten. Raissa Maximowna, Irina und Anatoli ließ ich wissen, dass ich nicht von meinen Ämtern zurücktreten, keiner Erpressung nachgeben und mich auch keiner Drohung und keinem Druck beugen würde.

Ikeda: Ich glaube, ehrlich gesagt, nicht, dass viele westliche Politiker bereit wären, zugunsten der Demokratie auf ihre Macht zu verzichten. Es ist ja geradezu ein ungeschriebenes Gesetz, dass man seine Macht nicht zurückgibt. Daher hatte Ihre Entscheidung auch einen zutiefst existenziellen Charakter. Denn das, was Sie getan haben, stand ja in einem diametralen Gegensatz zu dem, was nach dem russischen Verständnis von Politik das Wesen des Menschen und auch das Wesen der Politik ausmachte. Niemand hatte je zuvor in Russland aufgrund demokratischer Ideale auf seine Macht verzichtet. Und man darf sich ja zu Recht fragen, ob die neuen politischen Führungsgestalten in Russland diese Ideale ebenso hochhalten, wie Sie es getan haben. Schließlich können genau diese Ideale in der Routine des demokratischen Alltagsgeschäfts wieder verloren gehen. Demokratie wird, sobald sie sich einmal als politisches System etabliert hat, zu etwas Relativem, weil sie sich nun vor allem um den Ausgleich von Interessen und um Kompromisse zu bemühen hat.

Gorbatschow: Ich denke auch, dass man zwischen einer moralischen und einer politischen Seite der Demokratie unterscheiden muss. Fälschlicherweise halten heute viele Russen die rein technische Verfahrensweise der Demokratie, also zum Beispiel die Wahlen und Referenden, für deren eigentliches Wesen. Und natürlich sind direkte, freie und faire Wahlen und das Prinzip der Gewaltenteilung sehr wichtige Elemente der Demokratie. Noch wichtiger aber ist der Gedanke, dass alle Menschen in ihrem Ursprung und ihrem Wesen gleich sind. Diese Gleichheit bildet das eigentliche Fundament der Demokratie. Für jede einzelne Person ist es daher wichtig zu lernen, sich mit den anderen zu identifizieren und zu begreifen, dass das Leben jedes Menschen einzigartig ist und dass alle im Grunde genommen dieselben Interessen verfolgen. Für mich ist jeder, der diese Gleichheit in seinem Innersten erkennt und empfindet, ein wahrer Demokrat.

Aber Sie haben mich auch danach gefragt, wie ich den Verrat derjenigen erlebt habe, denen ich jahrelang vertraut hatte. Offen gestanden hat mich in den Tagen des Putschversuchs nichts so sehr verletzt wie der Verrat derer, die an meiner Seite gestanden und mir vieles zu verdanken hatten, wie z. B. General Plechanow, der Chef meiner Wachmannschaft, oder Marschall Jasow, der Verteidigungsminister. Am schwersten getroffen allerdings hat mich der Verrat von Lukjanow, einem Freund seit der gemeinsamen Schulzeit.

Ikeda: Das muss wirklich ein harter Schlag für Sie gewesen sein. Ich selbst habe leider auch schon oft erlebt – wenn auch nicht vor dem Hintergrund der Weltgeschichte, wie in Ihrem Fall, sondern in ganz gewöhnlichen Situationen –, was es bedeutet, verraten zu werden. Für Verrat gibt es keine Rechtfertigung, weil dadurch das Edelste zerstört wird, was die menschliche Seele hervorbringt, nämlich Vertrauen.

Gorbatschow: Nach all den Prüfungen der vergangenen Jahre blicke ich heute mit etwas größerem Abstand auf diese Tage im August 1991 zurück. Es waren schreckliche Tage, ohne Zweifel, aber viel schlimmer noch waren die niederträchtigen Lügen, die sowohl von den Neo-Stalinisten als auch von unseren „Vorzeigedemokraten" über diese Ereignisse verbreitet wurden.

Denn bei aller Tragik der Ereignisse war die Situation doch ganz klar: Auf der einen Seite standen die Verfechter der demokratischen Reformen, auf der anderen die reaktionären Kräfte, die sich jedem politischen Wandel entgegenstellten. Die einen, die sich vor allem die Unzufriedenheit im Volk zunutze machten, lehnten die Perestroika und die demokratischen Reformen ab und schreckten dabei selbst vor Verbrechen nicht zurück. Die anderen standen auf, um in diesem entscheidenden Moment der russischen Geschichte die Demokratie und die Verfassung zu verteidigen. Aber die tragische Ironie dabei ist, dass viele von denen, die damals die Demokratie und das Weiße Haus in Moskau gegen die Putschisten verteidigten, in Wirklichkeit ebenfalls das eigentliche Anliegen und Ziel der Demokratie verraten haben. Und dabei geht es gar nicht in erster Linie um Jelzin. Als Gawriil Popow später einräumte, dass es Jelzin nicht so sehr darum gegangen sei, mich zu „retten", sondern seine eigenen Pläne umzusetzen und mich aus dem Weg zu räumen, war das für mich keineswegs eine überraschende Neuigkeit. Die Tragik jener Zeit bestand ja gerade darin, dass genau die Leute, die das Weiße Haus 1991 noch verteidigten, es dann im Jahre 1993 mit Panzern beschießen ließen. Viele von denen, die ich für überzeugte Demokraten gehalten habe, haben also in Wirklichkeit die Werte der Demokratie verraten. Das sind übrigens genau dieselben Leute, die heute wieder für ein autoritäres Regime in Russland eintreten und diejenigen beschimpfen, die damals an ihrer Seite standen.

Ikeda: Vor einigen Jahren vollzog sich in Japan ein ähnlicher politischer Wandel, wenn auch in einem etwas kleineren Maßstab. Parteien, die sich über 40 Jahre lang immer wie Feuer und Wasser bekämpft hatten, nämlich die LDP und die SDP, gingen plötzlich aus reinen Machtinteressen ein Bündnis miteinander ein. Ich will mir kein Urteil darüber erlauben, ob nun die alte politische Konstellation besser gewesen ist als die neue, jedenfalls hat die plötzliche Koalition der ehemals verfeindeten Parteien dazu geführt, dass die Bevölkerung nun für alles Politische nur noch Verachtung übrig hat. Politiker gelten als äußerst gewieft, wenn es darum geht, mit Worten zu manipulieren und sie in den Dienst der eigenen Interessen zu stellen. Ganz nach Belieben setzen sie sich über ihre eigenen Prinzipien hinweg und brechen ohne jeden Skrupel ihre Versprechen. Die Folge davon ist, dass heute das einfache Volk nicht nur allem, was mit Politik zu tun hat, mit Zynismus und Misstrauen begegnet, sondern schließlich auch von der Demokratie selbst enttäuscht ist, was am Ende dann in der Regel wieder zu autoritären und diktatorischen Staatsformen führen wird.

Und all das geschieht, wenn das geistige Leben eine immer
geringere Rolle spielt und schließlich verkümmert. Ein befreun-
deter russischer Intellektueller hat neulich die Tatsache, dass es
heute in Moskau so gut wie keine populären Schriftsteller mehr
gibt, damit erklärt, dass sich jeder nur noch mit dem Gewöhnlichen und Alltäglichen begnügt und keinerlei geistige Ansprüche mehr erhebt. Paradoxerweise war das zu der Zeit, als die
Partei noch alles kontrollierte, anders; damals bestand ein überaus großes Interesse an allem, was mit Geist und Kultur zu tun
hatte. Das heißt natürlich nicht, dass ich mich jetzt für eine
Rückkehr zum damaligen System ausspreche, ich will vielmehr
darauf aufmerksam machen, dass wir heute eine geistige Krise
durchleben, über die wir uns Gedanken machen sollten. Schon
Ortega y Gasset äußerte Befürchtungen gegenüber einer Gesellschaft, die nicht von Geist, sondern von der standardisierten
Meinung der Masse und den Umfrageergebnissen der elektronischen Medien, vor allem des Fernsehens, regiert wird. Läuft
Russland Gefahr, eines der nächsten Opfer der allmächtigen
Massenmedien zu werden?

Gorbatschow: Diese Frage ist in der Tat höchst aktuell und trifft
genau den Kern dessen, was sich heute in Russland abspielt. Außerdem treibt sie mich nicht nur als Berufspolitiker, sondern
auch als Bürger dieses Landes um. Die Politisierung des sozialen
Lebens führt zu einer zunehmenden Zersetzung der geistigen
Grundlagen der Gesellschaft. Zwei Fragen stellen sich in diesem
Zusammenhang: Ist der Preis, den wir Russen für diese erste Erfahrung mit der Demokratie zahlen, zu hoch? Gibt es keinen anderen, weniger schmerzvollen Weg hin zur Demokratisierung des
Landes? Zu Beginn der Perestroika waren wir der Ansicht, dass
freie Wahlen weise und ehrenhafte Männer an die Macht bräch-
ten, die sich um das Wohl der Allgemeinheit kümmern würden.
Aber nichts von all dem ist eingetreten. Was die Qualität in
der Führung der Gesellschaft anbelangt, so ist diese heute
schlechter, als sie früher war. Es gibt weniger Verantwortungsbewusstsein und es mangelt auch an Professionalität. Nie war
die Staatsbürokratie moralisch so verkommen, wie es heute
der Fall ist. Wer die Ereignisse vom August 1991 wirklich ver-

stehen will, muss in die Tiefen der russischen Geschichte hinabsteigen. Erst dann wird man begreifen, was den Unterschied
zwischen wahrem und falschem Patriotismus, zwischen echter
und nur vorgetäuschter Demokratie ausmacht und worin die
eigentliche Tragik dieser Geschichte mit all ihren verpassten
Chancen und unwiederbringlichen Verlusten liegt. Die Putschisten vom „Staatlichen Komitee für den Ausnahmezustand"
waren verantwortlich dafür, dass es nicht zur Unterzeichnung
des neuen Unionsvertrags kam, obwohl das die einzige wirkliche Möglichkeit gewesen wäre, das endgültige Auseinander-
fallen der Sowjetunion zu verhindern. Und dennoch gab es für
diese Leute nichts Wichtigeres, als das russische Volk davon zu
überzeugen, was für große Patrioten sie doch sind. Innerhalb
von wenigen Tagen nach dem August 1991 hatten alle Republiken ihre Unabhängigkeit erklärt. Denn was sich damals abgespielt hatte, ließ viele Völker auf Distanz zu Moskau gehen
und löste eine Welle an nationalistischen Emotionen aus. Die
Unterzeichnung des Unionsvertrags hätte dagegen zu einem vernünftigen politischen Ausgleich zwischen den Interessen der
Republiken und denen der Hauptstadt führen können.

Meine wichtigste politische und, wenn Sie so wollen, moralische Aufgabe als Präsident der UdSSR bestand darin, die
Union zu erhalten, zu erneuern und zu reformieren, und darauf
konzentrierte ich auch meine ganze Kraft. Große Unterstützung
in diesem Bemühen fand ich dabei im Willen des Volkes, das bei
einem Referendum mit überwältigender Mehrheit für einen Erhalt der Union gestimmt hatte. Der von Neo-Stalinisten ini-
tiierte Putsch im August 1991 trieb die Gesellschaft auf direk-
tem Wege in die Arme von Demagogen, die zu einer „letzten,
entscheidenden Schlacht" aufriefen. Der Vertrag, der dann die
Gemeinschaft Unabhängiger Staaten (GUS) besiegelte, war
eine direkte Konsequenz aus dem Wirken des „Staatlichen Ko-
mitees für den Ausnahmezustand". Und darauf folgten dann
auch schon die sogenannte Schock-Therapie und die neue, gewaltsame russische Revolution von oben. Russland flog auseinander. Und nicht nur Russland.

Ikeda: Ich erinnere mich noch gut an Ihren Fernsehauftritt in den Straßen von Vilnius, wo Sie versuchten, die Menschen von einem Zusammenleben in Freundschaft zu überzeugen. Einige werden sagen, Sie hatten recht damit, andere haben dazu eine andere Meinung. Wie dem auch sei: Beim Zuschauen hatte ich das Gefühl, Zeuge zu sein, wie der echte Geist der „Softpower" gerade geboren wird. Rücksichtsloses Macht- und Gewinnstreben mögen für eine gewisse Zeit die Oberhand gewinnen. Langfristig jedoch wir die Zeit alles Überflüssige und Eitle hinwegspülen und am Ende wird sich bestätigen, dass sich diejenigen, von denen Sie sprachen, sich ihr eigenes Grab geschaufelt haben.

Gorbatschow: Darin liegt ja genau die Tragik der menschlichen Existenz, dass sich früher oder später die ausgleichende Gerechtigkeit doch meist irgendwie durchsetzt. Das zeigt sich zum Beispiel daran, dass die Mörder von Zar Nikolaus II. und seiner Familie am Ende doch noch verurteilt wurden, was in moralischer und ethischer Hinsicht für die gesamte russische Nation von immenser Bedeutung war. Aber wann kam es zu dieser Verurteilung!? Ganze 70 Jahre später! Die Geschichte folgt ihren eigenen Gesetzen. Die Moral hat ihre eigene Zeit. Und nicht immer treffen beide zusammen.

3. Kapitel
Humanität, Glaube und Religion

Die Grundwerte einer menschlichen Gesellschaft

Gorbatschow: Herr Ikeda, Sie sind Philosoph und ein führender Repräsentant Ihrer Religion und daher möchte ich mit Ihnen in diesem Teil unseres Dialogs über unsere Visionen einer neuen Zivilisation sprechen, über die Bedeutung und Stellung der Religion in ihr und über das Wertesystem, das einer solchen zugrunde liegen müsste.

Für die jungen Menschen in Russland stellt die heutige Zeit eine harte Bewährungsprobe dar, denn die Epoche, in der sie leben, ist von gravierenden Umbrüchen gekennzeichnet. Die überkommenen Werte, vor allem die aus der Zeit des Kommunismus, haben ihre Gültigkeit verloren und weit und breit sind noch keine neuen Werte in Sicht, die sich etablieren könnten. In der Vergangenheit war es für die jungen Leute noch einfach zu entscheiden, welchen Weg sie einschlagen und welchen sie eher meiden sollten. Jeder Student, der einen ordentlichen Hochschulabschluss vorweisen konnte, hatte gute Chancen, eine gute Stelle zu bekommen oder Karriere zu machen. Die sowjetische Gesellschaft hatte ja noch vieles von einer feudalen Gesellschaft. Die beruflichen Aufstiegsmöglichkeiten waren in allen Bereichen klar geregelt und auch mehr oder minder völlig transparent – vom einfachen Feldarbeiter zum Vorsteher einer Kolchose, vom Hilfsarbeiter zum Vorarbeiter, vom Laborassistenten zum Professor oder Mitglied einer Akademie und schließlich vom Sekretär eines Kreiskomitees zum Generalsekretär des Zentralkomitees der KPdSU. Alles war genau vorgegeben. Natürlich spielten auch persönliche Beziehungen eine wichtige Rolle, aber entscheidend waren Talent, Fleiß und natürlich Linientreue.

Heutzutage ist es für die jungen Leute sehr viel schwieriger, irgendwelchen Vorbildern nachzueifern. Nur noch wenige ent-

scheiden sich für die Wissenschaft, vor allem für die Naturwissenschaften oder die Mathematik, und zwar unter anderem
auch deswegen, weil sie sehen, wie viele Wissenschaftler kaum
noch ihre Existenz bestreiten können. Auf der anderen Seite legen die sogenannten Neuen Russen heute spektakuläre Karrie-
ren hin. Wer eine pfiffige Idee hat, kann innerhalb eines Jahres
zum Millionär werden. Die Leute setzen vor allem auf das
Abenteuer und den Erfolg. Harte Arbeit, Wissen und moralische Werte stehen nicht mehr hoch im Kurs. Während einige
wenige Menschen Hunderttausende von Dollars in den Casinos
von Paris oder London verspielen, müssen Tausende –
Millionen – fähiger Arbeiter tagtäglich um ihr Überleben kämpfen. Diese krassen Gegensätze haben einen äußert negativen
Einfluss auf die jungen Menschen.

Und doch ist die Situation nicht aussichtslos, da gerade die
junge Generation die Demokratie und die Freiheit, die sie erlangt hat, durchaus zu schätzen weiß und keineswegs mehr zurück in die totalitären Verhältnisse will. Andererseits lässt eine
Gesellschaft, in der alles erlaubt zu sein scheint, manche Menschen auch auf Abwege geraten. Der Drogensucht und die Ju-
gendkriminalität haben zum Beispiel deutlich zugenommen.
Aber trotzdem nutzen viele Jugendliche die Freiheit vor allem
dafür, sich in intellektueller und spiritueller Hinsicht weiterzuentwickeln, sich selbst zu verwirklichen. Sie haben gelernt,
für ihre eigene Würde zu kämpfen. Die Jugend ist heute sehr
aufrichtig in dem, was sie erreichen will, wo ihre Sympathien
und Antipathien liegen. Es machte mir in den zurückliegenden
Jahren immer die größte Freude, wenn ich mit jungen Studenten aus Sankt Petersburg, Moskau, Nowgorod, aus den Städten
Sibiriens und entlang der Wolga zusammengetroffen bin. Solche
Begegnungen waren für mich stets sehr bereichernd, denn ich
hatte das Gefühl, hier den wahrhaften Schülern Gorbatschows
begegnet zu sein, den Verfechtern von Demokratie und gesundem Menschenverstand.

Aber es bleibt natürlich riskant, irgendwelche Prognosen
zu wagen. Schließlich brach schon kurze Zeit nach den politischen Umbrüchen der Bürgerkrieg über Jugoslawien herein
und quer durch das riesige postkommunistische Territorium

flammten Kriege auf. In Deutschland und ganz Westeuropa kam es immer wieder zu rassistischen und nationalistischen Ausbrüchen. Und wir in Russland haben die Tragödie des Tschetschenienkrieges durchlebt.

Ikeda: Die Erfahrungen, die Sie beim Übergang vom sozialistischen System zur Demokratie gesammelt haben, sind von großer Bedeutung für das Verständnis der zentralen Werte der heutigen westlichen Zivilisation. Natürlich werden die Werte der Freiheit als großer Fortschritt empfunden, wenn man sie mit den Werten vergleicht, die im sowjetischen Totalitarismus propagiert wurden: Unterwürfigkeit, Uniformität, Kollektivgeist und die Bereitschaft, für ein künftiges Paradies auf Erden Opfer zu bringen. Aber wie am Beispiel Russlands deutlich wurde, kann die individuelle Freiheit auch zu Widersprüchen und Konsequenzen führen, die so nicht intendiert waren. Sie kann auf der einen Seite für den Einzelnen die Bedingungen dafür schaffen, seines eigenen Glückes Schmied zu werden, sie kann aber auf der anderen Seite auch, und für viele ist das so gewesen, zu einer allgemeinen Mut- und Orientierungslosigkeit führen, die die Selbstzerstörung des Individuums und die Auflösung der bindenden Kräfte von Familie, Gesellschaft und Staat zur Folge hat. Die Freiheit ist ihrem Wesen nach auf das Ich bezogen, was so lange kein Unglück bedeuten muss, wie es nicht zu Zynismus und Gier führt. Aber leider haben die ehemals sozialistischen Länder Europas begonnen, sich gerade zu einem Zeitpunkt wieder an der Tradition und Kultur des „Westens" zu orientieren, als dieser eine tiefe moralische Krise durchlebte und der allgemeine Hedonismus sowie die Macht- und Habgier alle anderen Werte verdrängten.

Gorbatschow: Sie sprechen hier ein Problem an, das mich auch sehr beschäftigt. Heute ist sehr oft, und übrigens auch ganz zu Recht, vom Scheitern des Kommunismus die Rede, insofern er sich als ein messianisches Projekt begreift. Aber auf der anderen Seite kann auch die gegenwärtige westliche Zivilisation nicht unbedingt etwas vorweisen, was in geistig-moralischer Hinsicht als Orientierung dienen könnte. Die westliche Zivilisation von

heute ist krank, sie leidet an einem übersteigerten Individualismus, an, wie Sie schon gesagt haben, Habgier, an der Sucht
nach Geld und Kommerz. Die gegenwärtigen Bemühungen in
Russland, möglichst schnell zu Europäern zu werden und An-
schluss an die moderne Zivilisation zu finden, haben bislang
nur zu einer Explosion in der Ökonomie geführt mit dem Ziel,
möglichst schnell reich zu werden. Der Kampf gegen die angeblich primitive Kollektivwirtschaft hat nichts anderes als einen
primitiven und vulgären Individualismus hervorgebracht. Die
Frage ist doch, ob wir bereits im Besitz dessen sind, was es
braucht, um unsere Erwartungen an das neue Jahrhundert zu
erfüllen? Besitzen wir genug moralische Stärke und körperliche
Kraft – und genug Weisheit –, um den neuen Herausforderungen zu begegnen?

Die Idee hinter der Perestroika bestand im Abschied von
der Vorstellung unterschiedlicher Klassen und im Aufstieg einer
neuen Moralität. Das Leben selbst und die Erfahrungen in der
Sowjetunion lehren uns eine einfache Wahrheit: Moralität ist
unteilbar. Es gibt nicht eine bürgerliche neben einer proletarischen Moral. Die Praxis selbst war es, die uns zu dieser Erkenntnis geführt hat. Wenn es nicht nur eine Moralität gibt,
gibt es auch kein Wertesystem, das einzig und für alle gleich
gültig ist, und wenn es kein solches Wertesystem gibt, dann
gibt es auch keine Chance für einen Dialog zwischen dem kapitalistischen und dem kommunistischen Gesellschaftssystem.

Ikeda: Reformen beginnen stets mit einer spirituellen Neuord-
nung im Innern der Menschen. Die Bedeutung der Perestroika
liegt darin, dass sie die moralischen Werte auf den Prüfstand gestellt und nach Kriterien gefragt hat, die eine allgemeine Gültigkeit beanspruchen können. Wer das menschliche Leben als den
höchsten Wert betrachtet, darf die Moral nicht länger in eine
bürgerliche und eine proletarische Moral aufteilen. Auch wenn
einzelne Reformen der Perestroika gescheitert sein mögen,
bleibt sie doch in ihrer geschichtlichen und universellen Bedeutung unumstritten. Schließlich ist durch sie nicht nur die moralische Stärke der Menschen in der UdSSR zutage getreten, sondern sie hat auch deren Fähigkeit aufgezeigt, sich nach den

langen Jahren des Stalinismus moralisch zu läutern. Denn letztlich haben diese Menschen das Erbe der totalitären Ideologie zu großen Teilen aus eigener Kraft hinter sich gelassen. Ohne Religion aber wird es jeder Moral an lebendiger Kraft mangeln. Solange es kein religiöses Verständnis dafür gibt, was für eine einzigartige Stellung der Mensch im Universum einnimmt, solange wird auch die Moral einem Baum gleichen, dem der nötige Boden fehlt, um darin Wurzeln zu schlagen. Und ich verstehe hier Religion in ihrem weitesten Sinne, unabhängig von jedem individuellen Glaubensbekenntnis. Denn wenn ich „Religion" sage, dann meine ich damit die fundamentalen und universellen Werte, die es uns erlauben, das Gute vom Schlechten zu unterscheiden.

Diese Unterscheidung ist deshalb von höchster Bedeutung, weil das Verlangen nach physischer Nahrung dem Menschen nun einmal nicht genug ist. Es verlangt ihn auch nach geistiger Nahrung, die ihn spirituell stärkt. Bewusst oder unbewusst spüren wir immer auch die Notwendigkeit, das Leben in seiner wahren Bedeutung zu begreifen. Ein solches Begreifen aber ist unmöglich, wenn wir nicht um das Höchste im Leben wissen. Der Wert der Religion liegt darin, dass sie uns die Existenz von etwas in Erinnerung bringt, das über allem menschlichen Leben und seiner Nichtigkeit liegt. Sie erinnert uns daran, dass Tod und Unsterblichkeit eine Einheit bilden. Die Stimme des Gewissens mahnt uns an die Existenz des Ewigen und lehrt uns, dass es etwas Wichtigeres und Wertvolleres gibt als die eigenen egoistischen Interessen, die vergänglich sind.

Wie kann man eine Gesellschaft als human bezeichnen, wenn die Menschen in ihr ausschließlich für die Befriedigung ihrer alltäglichen Bedürfnisse leben? Können diese Menschen sich selbst als glücklich betrachten, wenn sie im Leben nichts anderes kennengelernt haben als den alltäglichen Verdrängungswettbewerb? Am Ende wird die geistige Verarmung auch die Quellen unserer Kreativität austrocknen, was unweigerlich Folgen für die ökonomische Entwicklung der ganzen Gesellschaft haben wird.

Als Grundlage eines allgemeinen Wertesystems kann und darf Religion nicht nur auf den engen Rahmen einer metaphysischen Welt eingegrenzt werden. Die Seele oder der Zustand des Geistes spiegelt sich in allem, was jemand tut oder hervorbringt, in allem, womit er in Berührung kommt. Das Leben kann weder allein in materieller Hinsicht noch allein in ideeller Hinsicht betrachtet werden. Materialität und Idealität gehören untrennbar zusammen und bilden eine organische Einheit. Und daher spielt auch der Glaube sowohl für die materielle Entwicklung als auch für die geistig-spirituelle Entwicklung eine entscheidende Rolle.

Von unseren Zeitgenossen wird Religion – weil sie einen zu engen Begriff von ihr haben, und zwar im Osten wie im Westen – nur noch auf Riten und Zeremonien reduziert. Dennoch kann jemand, der nicht in die Kirche oder in den Tempel geht und an keine göttliche Macht mehr glaubt, zutiefst religiös sein. Religion lässt sich als eine kosmologische Perspektive definieren, die das Universum, den Menschen und die moralischen Prinzipien seines Handelns in ein Wechselverhältnis zueinander bringt. Ein Mensch, der weiß, wo er steht und wohin er unterwegs ist in diesen unendlichen Räumen des Universums, hat bereits eine Religion. Um zu entdecken, was unser eigentliches Wesen ausmacht, dürfen wir uns nicht nur in der Gegenwart umschauen, sondern wir müssen auch in die Vergangenheit und in die Zukunft blicken. Daher ist der Glaube immer auch bezogen auf die Einsicht in das, was den Menschen nach seinem Tod erwartet.

Wenn man das rein Materielle über das Geistige stellt, so ist das in gewisser Hinsicht auch eine Art von Religion. Es wird für keine Überzeugung letztgültige Beweise geben, sodass wir also zugeben müssen, dass wir nichts mit absoluter Gewissheit wissen, sondern immer nur glauben, es zu wissen.

Der Mensch kann nicht ohne Glauben leben. Er ist so unverzichtbar wie die Luft, an die wir auch immer erst dann denken, wenn uns das Atmen schwerfällt. Es ist, wie Fjodor Dostojewski sagt: „Selbst wenn eine Gesellschaft viel Geld besitzt, wird sie zusammenbrechen, wenn es ihr an noblen Idealen mangelt." Seine Worte klingen wie der Schmerz von Lungen, denen man die Luft entzogen hat. Angesichts des Verlustes von Idealen, die im lebensspendenden Boden des Glaubens wurzeln, fragen sich viele Menschen, warum sie seelisch leiden.

Meiner Ansicht nach ist es sinnlos zu fragen, ob wir den Glauben brauchen. Tolstoi schreibt in *Was ist Religion und worin besteht ihr Wesen?*, dass die Religion der ungläubigen Menschen darin bestehe, sich der jeweils herrschenden Macht zu unterwerfen und damit nur das zu tun, was die Mehrheit auch tut. Bei uns in Japan halten es heute viele für vernünftig, keiner bestimmten Glaubensrichtung mehr anzuhängen. Stattdessen lassen sie sich lieber von den falschen Propheten des Konsums verführen, die irgendwelche dubiosen Lehren verbreiten und diese als Wahrheit verkaufen. Diese traurige Entwicklung hängt damit zusammen, dass das japanische Volk, das ja nie eine schwierige Zeit des Ringens um die richtige Ideologie durchleben musste, immer autoritätsgläubig gewesen ist und damit letztlich auch jedes Verlangen nach Wahrheit verloren hat. Es ist ja auch einfacher, sich auf den ausgetretenen Pfaden der Mehrheit zu bewegen, als selbst den mühsamen Weg der Wahrheitssuche und der geistig-seelischen Vollendung zu gehen. Mittlerweile sind viele durch den Luxus des Materialismus so weit betäubt, dass sie ihre Defizite im geistig-spirituellen Bereich gar nicht mehr wahrnehmen.

Der Mensch kann nicht ohne etwas leben, auf das sich sein Glaube bezieht. All diejenigen, die nicht an etwas Unendliches glauben, wenden sich dem Endlichen zu. Und die, die keine Ehrfurcht vor der unsichtbaren und verborgenen Macht des Lebens empfinden, werden die Gefangenen der unsichtbaren Mächte dieser Welt bleiben. Wer heute eine Machtposition innehat, betrachtet sich als allmächtig und begnügt sich mit den engen Grenzen seiner eigenen Vernunft.

Als Tsunesaburo Makiguchi und Josei Toda, die ersten Präsidenten der Soka Gakkai, sich geweigert haben, den Shintoismus als offizielle Staatsreligion anzuerkennen, kamen sie dafür ins Gefängnis. Herr Toda wurde nach zwei Jahren wieder entlassen, aber Herr Makiguchi starb in der Haftanstalt. Damals wurde der Widerstand gegen die Regierung noch mit dem Tode bestraft. Aber der feste Glaube der beiden, die zu den Laienanhängern der buddhistischen Lehre des Nichiren Daishonin gehörten, war für sie eine nie versiegende Quelle religiöser Standhaftigkeit. Viele Mönche und Priester aus der

Schule des Daishonin dagegen sind letztlich zur Staatsreligion
übergelaufen.

Eine instrumentalisierte Religion, ein rigides politisches
System und die Massenmedien – die während des Zweiten
Weltkriegs ihre eigenen Überzeugungen über Bord warfen und
die staatsverherrlichende Religion unterstützten – waren die Ursachen für die aggressive Expansionspolitik Japans im asiatischen Raum. Und diese drei Elemente prägen noch bis heute
das Bewusstsein der japanischen Elite. Im Grunde genommen
ist die in Japan weitverbreitete Gleichgültigkeit in religiösen
Dingen nicht als Atheismus zu bezeichnen, sondern dahinter
verbirgt sich vielmehr der Glaube an die eigene Nation, der immer noch viele Japaner daran hindert, aufrichtig gegenüber
dem Rest der Welt zu sein.

Als Japan im späten 19. Jahrhundert unter dem Druck der
westlichen Kolonialmächte gezwungen wurde, seine Grenzen
zu öffnen, entfesselte auch der Nationalismus seine Kräfte,
quasi als Reaktion auf den westlichen Imperialismus. Im Zuge
dieser Entwicklung wurde dann die traditionelle Religion des
Shintoismus in eine Staatsreligion transformiert, die das Volk
wie ein nationaler Kitt zusammenhalten sollte. Die Religion
wandelte sich zu einer neuen Gestalt des Nationalismus, der natürlich als solcher nichts anderes ist als eine Art von Glauben.
Arnold J. Toynbee, der berühmte britische Historier, sagte
mir dazu einmal: Das geistige Vakuum, das das Christentum
im 17. Jahrhundert durch seinen schwindenden Einfluss in Europa hinterlassen habe, sei seiner Meinung nach von drei Religionen aufgefüllt worden – der Wissenschaft, dem Nationalismus und dem Kommunismus. Alle drei zielen darauf ab,
Begierden und materielle Bedürfnisse zu befriedigen. Dies steht
im Gegensatz zu den alten religiösen Idealen, sich selbst zu beherrschen und die eigene Gier zu zügeln.

Christentum und Kommunismus

Gorbatschow: In der Gorbatschow-Stiftung sind wir unter anderem daran interessiert zu fragen, welche Werte der Zivilisation sich bewährt haben und welche für eine Welt an der Schwelle des 21. Jahrhunderts mittlerweile überholt sind. Dabei geht es nicht zuletzt auch um das Verhältnis von Kommunismus und Christentum. Kann man zum Beispiel behaupten, dass beide im Kern von demselben Gleichheitsprinzip ausgehen? Leo Tolstoi, dem man wahrlich nicht nachsagen kann, ein Sozialist gewesen zu sein, war der Auffassung, dass dem Christentum wie auch allen anderen Religionen der Gedanke einer allgemeinen Gleichheit zugrunde liege. In seinem Text *Was ich glaube* heißt es: „Das Christentum proklamierte die Gleichheit nicht als ein Ergebnis der Beziehung zwischen den Menschen und dem Unendlichen, sondern als die Grundlage für die Lehre von der Brüderlichkeit der Menschen, die ja alle Kinder Gottes sind." Als sich dann das Christentum immer mehr ausbreitete, fand auch dieser Gedanke der Gleichheit aller Menschen eine zunehmende Verbreitung. Und nun frage ich: Gibt es im Kommunismus etwas, das wichtiger ist als dieses Gleichheitsideal? Immerhin sind einige Denker der Meinung, dass das Urchristentum eine Form des Kommunismus gewesen ist. Bietet die Idee der kommunistischen Gleichheit auch für das 21. Jahrhundert noch eine Perspektive? Oder wird die Religion am Ende den Sozialismus und den Kommunismus vollständig verdrängen?

In diesem Zusammenhang stellt sich auch die Frage, ob sich nicht gewisse Parallelen hinsichtlich der Rolle aufzeigen lassen, die Marx und Jesus in der Geschichte gespielt haben. Können wir Christus nicht als Vorläufer von Marx betrachten? Schließlich hatte doch auch dieser davor gewarnt, auf der Erde Schätze anzuhäufen. Und auf der anderen Seite sind auch von Christus die Worte überliefert: „Denkt nicht, ich sei gekommen, um Frieden auf die Erde zu bringen. Ich bin nicht gekommen, um Frieden zu bringen, sondern das Schwert. Denn ich bin gekommen, um den Sohn mit seinem Vater zu entzweien" (Mt 10,34–35).

Ikeda: Es gibt tatsächlich viele Gemeinsamkeiten zwischen dem Christentum und dem Kommunismus – allgemeine Gleichheit, das Verbot von Privateigentum, den Messianismus usw. Eben auch deshalb wurde der Kommunismus als eine Art Religion bezeichnet, die an die Stelle des Christentums getreten ist. Die Berührungspunkte zwischen beiden sind vielleicht in Russland größer als in anderen europäischen Ländern. Dort war es vor allem Nikolai Berdjajew, der seine Aufmerksamkeit auf diesen Umstand gerichtet hat. Er hat einmal gesagt, dass es auch dem Kommunismus darum gehe, die menschliche Seele von dem zu befreien, was sie gefangen hält, um sie zu der einen, erlösenden Wahrheit zu führen. Und wenn man die christliche Seite betrachtet, so hat es ja auch hier zahlreiche Kirchenmänner gegeben, die das Privateigentum mit einer Radikalität ablehnten, die selbst Sozialisten wie Marx und Proudhon überraschte.

Gorbatschow: Sie glauben also, dass der Gedanke der Gleichheit in der einen oder anderen Form immer schon zur Religion gehört hat. Dann frage ich mich aber, warum er nicht zur Geltung gebracht wurde und warum die Gläubigen, und zwar in allen Religionen, ihn im alltäglichen Leben nicht umgesetzt haben. Und warum sie das auch heute nicht tun.

Ikeda: Sie haben es tatsächlich nicht getan, was auch genau der Grund dafür ist, warum die Sozialisten die messianische Rolle der Kirche übernehmen konnten, indem sie sich den Armen und Ausgestoßenen zugewandt haben. Der Kommunismus wahrt zwar seiner Idee nach diese Gleichheit, wenn es um die Verteilung von Gütern und Rechten innerhalb des gesellschaftlichen Lebens geht, aber noch wichtiger scheint mir zu sein, den Menschen als solchen unter den Bedingungen einer allgemeinen Gleichheit in den Blick zu nehmen. Dostojewski hat zu diesem Thema einen interessanten Gedanken geäußert. Der Held in seinem Roman *Die Dämonen*, ein revolutionärer Verschwörer, sagt: „Sie sind alle Sklaven und gleich in ihrem Sklaventum ... In einer Herde muss Gleichheit herrschen ... Alle Berge einzuebnen, scheint mir eine gute Idee zu sein." Aber die Gleichheit, die die menschliche Gesellschaft als eine Herde dummer

Schafe betrachtet, führt unweigerlich zu einem Egalitarismus und schließlich zu Sklaverei und Totalitarismus.

Die Idee der Gleichheit dagegen, die zu einer humanen Gesellschaft führen soll, muss anders begründet werden, auch wenn es natürlich unterschiedliche Wege zu einer solchen gibt. Die einen behaupten, dass wir alle gleich sind, weil wir alle unter der Macht der Sünde stehen. Andere wiederum betrachten den Menschen in seiner Einmaligkeit und Einzigartigkeit und leiten die Gleichheit aus dieser Tatsache her.

Gorbatschow: Genau diese Frage nach dem eigentlichen Wesen und den Wurzeln derjenigen Werte, die allen Menschen gemeinsam sind, hat die Atheisten und Marxisten in Russland auch dazu veranlasst, die Bergpredigt Jesu wieder zu lesen. Es war die Suche nach dem Kern aller menschlichen Weisheit. Und können wir daher die jüdisch-christlichen Werte nicht einfach als die grundlegenden Werte für die ganze Menschheit heranziehen? Ich frage das, um zu vermeiden, dass ich selbst irgendwelchen neuen Götzen nachlaufe, und ich frage das auch deshalb, weil es mich interessieren würde, ob der Osten gerade heute nicht Wesentliches zu diesem Schatz universeller menschlicher Werte beitrage könnte. Vielleicht gibt es tatsächlich nur eine wahre Religion – eine Weisheit, auf die sich alle Menschen beziehen und die sich nur in verschiedenen Worten zum Ausdruck bringt. Herr Ikeda, nehmen wir einmal an, Sie und ich würden dazu aufgefordert, eine neue Bergpredigt zu schreiben. Was würden Sie als Vertreter des Buddhismus und anderer Religionen des Ostens dem noch hinzufügen, was Christus gesagt hat?

Ikeda: Da stellen Sie mich aber vor eine gewaltige Aufgabe. Ich glaube, ich würde der Bergpredigt nichts hinzufügen. Oder lassen Sie mich Ihre Frage so beantworten: Derjenige, der sein Leben im Geiste der Bergpredigt lebt, ist nicht nur ein wahrer Christ, sondern auch ein wahrer Buddhist. Der Buddhismus teilt die Menschen nicht nach ihrer Religionszugehörigkeit ein. Ihm kommt es nicht so sehr auf das religiöse Bekenntnis, sondern auf das persönliche Verhalten an, also auf das, was man im Buddhismus als die Einheit von Taten, Worten und Gedanken bezeichnet. Oder anders gesagt: Das eigentliche Ziel des Buddhismus besteht darin, alles Denken und Tun auf das Schöne, das Gute und die Glückseligkeit hin auszurichten. Das aber bedeutet, dass jemand, der auf dem Papier ein Buddhist ist, dennoch weit davon entfernt sein kann, auch in seinem Verhalten ein Buddhist zu sein, und umgekehrt. Nichiren Daishonin schrieb über weise Männer, die vor seiner Zeit lebten, dass deren Weisheit in ihrem Innersten bereits die Weisheit des Buddhismus enthalten habe, ohne dass sie die Lehren Buddhas gekannt hätten und ohne dass sie sich dessen bewusst gewesen wären. Der Buddhismus ist also sehr tolerant, was die äußeren Unterschiede angeht, weil es ihm vor allem auf die innere Geisteshaltung und das Tun des Menschen ankommt.

Aber tatsächlich gibt es viele Gemeinsamkeiten zwischen der Bergpredigt Jesu und der buddhistischen Lehre. So können wir zum Beispiel im Matthäusevangelium lesen: „Selig seid ihr, wenn ihr um meinetwillen beschimpft und verfolgt und auf alle mögliche Weise verleumdet werdet." (Mt 5,11) Und auch bei Nichiren Daishonin finden wir Aussagen darüber, dass die Verfolgungen, denen man sich als Gläubiger nicht entziehen kann, letztlich zu einer spirituellen Weiterentwicklung führen: „Schwierigkeiten werden entstehen, und man sollte sie als ‚friedvolle' Ausübungen betrachten." Und wenn es in der Bergpredigt heißt: „Liebt eure Feinde und betet für die, die euch verfolgen, damit ihr Söhne eures Vaters im Himmel werdet; denn er lässt seine Sonne aufgehen über Bösen und Guten, und er lässt regnen über Gerechte und Ungerechte" (Mt 5, 44f.), so findet dies seine Entsprechung im Lotos-Sutra, wo geschrieben steht: „Das Gesetz, das der Buddha darlegt, ist wie eine große Wolke, die durch den Regen, der nur einen Geschmack hat, die Menschenblumen befeuchtet, so dass jede ihre Frucht tragen kann." Mit anderen Worten, die buddhistische Lehre richtet sich an alle Menschen, ohne jede Ausnahme.

Es gibt noch weitere Parallelen. Jesus sagt: „Hütet euch vor falschen Propheten, die in Schafskleidern zu euch kommen. Inwendig aber sind sie reißende Wölfe!" In einem Brief an einen seiner Schüler äußert Nichiren Daishonin eine ähnliche Warnung vor falschen Priestern, die er als Tiere im Priestergewand bezeichnet. Buddha Shakyamuni brachte die tiefe Menschlichkeit seiner Lehre nicht nur durch Worte, sondern auch in seinen Taten zum Ausdruck. Es wird berichtet, dass er selbst sich einmal eines kranken Mannes annahm. Er machte ihm ein Bett aus Stroh, damit dieser sich niederlegen konnte, wusch seinen Körper und gab ihm frische Kleider. Dann sagte er zu seinen Schülern: „Kümmert euch um diesen kranken Mann. Denn wer sich eines Leidenden annimmt, der nimmt sich des Buddha an." Damit nahm sich also Buddha selbst des Buddha an, indem er mit einer leidenden Kreatur litt. In diesem Sinne ist auch der „Buddha", dessen es sich anzunehmen gilt, das menschliche Leben selbst. Alle, die für mehr Menschlichkeit eintreten und nach Vollkommenheit streben, indem sie dem Leben dienen und es bewahren, sind Buddhas, die höchste Form des Menschseins. Jeder trägt in sich die Möglichkeit, ein Buddha zu werden, und diese Möglichkeit realisiert sich dadurch, dass wir uns in unserem Handeln als menschlich erweisen. Das Wort „Buddha" bedeutet also mit anderen Worten keineswegs einen über den Menschen hinausgehenden Zustand der Heiligkeit, der zeitlos und unveränderlich ist.

Nach Max Weber sind die Religionen des Westens dadurch gekennzeichnet, dass sie den Menschen als ein Werkzeug Gottes bestimmen, das er zu seinem Ruhm erschaffen hat. Im Unterschied dazu herrscht in den östlichen Religionen die Vorstellung, dass der Mensch einem Gefäß gleicht, das das Göttliche in sich bewahrt. Auch wenn Weber beide Auffassungen in ihrer Gegensätzlichkeit herauszustellen versucht, so gilt es doch festzuhalten, dass es unmöglich ist, hier eine klare Trennlinie zu ziehen, da die westlichen und östlichen Religionen durchaus auch Elemente enthalten, die ihnen gemeinsam sind.

Shakyamuni war ein Mensch – und er ermahnte seine Anhänger stets, ihn nicht zu idealisieren. Dass er sich als Gleichen unter Gleichen betrachtete, zeigt sich darin, dass er seine Anhänger wie gute Freunde behandelt hat. Nach seinem Tod jedoch begannen einige seiner Anhänger damit, nicht nur den Menschen Shakyamuni, sondern auch die Vorstellung des

Buddha in Sphären zu erheben, die für das einfache Volk gar
nicht mehr zugänglich waren. Diese Tendenz zur Überhöhung
resultierte möglicherweise aus dem großen Respekt und der tiefen Zuneigung, die die Schüler für ihren Lehrer empfanden,
oder auch aus ihrer Trauer darüber, nun für immer von ihm ge-
trennt zu sein. Sicher ist jedenfalls, dass einige Mönche begierig
darauf waren, Shakyamuni zu einem Gott zu erheben, um damit zugleich auch ihre eigene Bedeutung als dessen treuesten
Begleiter aufzuwerten.

Als Gegenreaktion dazu kam es dann nach einer gewissen
Zeit zu einer Rückbesinnung auf die ursprüngliche Lehre des
Shakyamuni und damit auch auf die Vorstellung, dass alle Menschen die Möglichkeit in sich tragen, ein Buddha zu werden,
woraus sich dann der Mahayana-Buddhismus entwickelte. Im
weiteren Verlauf der Geschichte setzte sich allerdings die erste
Tendenz der Vergöttlichung und Verabsolutierung des Buddha
immer stärker durch. Es war dann im 13. Jahrhundert Nichiren
Daishonin, der, nachdem er den Mahayana-Buddhismus stu-
diert hatte, erneut dazu aufrief, sich wieder auf die ursprüngliche Lehre zu besinnen. Seine eigene Haltung gegenüber dem
Mahayana-Buddhismus bringt er mit folgender Aussage auf
den Punkt:

> Man glaubt, dass Buddha Shakyamuni die drei Tugenden des
> Herrschers, des Lehrers und der Eltern zum Wohle aller leben-
> digen Wesen besitzt, aber das ist nicht so. Im Gegenteil, es sind
> die gewöhnlichen Sterblichen, die ihm diese drei Tugenden zu-
> schreiben.

Diese Aussage, die für ihre Zeit äußerst kühn gewesen ist, war
der Auftakt für einen grundsätzlichen Wandel in der Vorstellung, dass nicht der Mensch der Religion unterzuordnen sei,
sondern vielmehr die Religion dem Menschen. Und das ist
auch die Lehre, auf die sich die Bewegung der Soka Gakkai in
ihrem Engagement für den Humanismus bezieht. Ich bezweifle,
dass es in anderen Religionen zu ähnlich radikalen Rückbesin-
nungen auf die Lehre ihres Gründers gekommen ist.

Intoleranz und Fanatismus

Gorbatschow: Im 20. Jahrhundert hatte die Religion mit zahlreichen Herausforderungen zu kämpfen. Aber der militante Atheismus hat sich mittlerweile erschöpft und führt nur noch vereinzelte Rückzugsgefechte. Trotzdem frage ich mich, wie es überhaupt zu Religionskonflikten oder Religionskriegen kommen kann. Man sollte doch meinen, dass alle Religionen dieselben fundamentalen Werte teilen, und auch historisch betrachtet stehen sie ja gewissermaßen in Verwandtschaftsbeziehungen zueinander. Warum also ziehen heute immer noch – wie in den letzten Jahrhunderten – Menschen für ihren Gott, den sie für einzig halten, in den Krieg? Warum bringen sich Menschen in Serbien gegenseitig um, nur weil die einen orthodoxe Christen sind und die anderen sich einst zum Islam bekehren ließen? Was trennt die Katholiken in Nordirland von den Protestanten, die dort leben? Wo bleibt die Toleranz, die doch alle Religionen predigen?

Ich bin zwar in einem atheistischen Land aufgewachsen, aber die Menschen waren dort in der Lage, Kompromisse zu finden und miteinander zurechtzukommen. Wie kommt es, dass einfache Leute in ihrem Alltag durchaus tolerant miteinander umgehen, während die Religionsführer immer in Streit geraten? Gibt es denn keinen Ausweg und keine Lösungen für diese zum Teil geradezu barbarischen Konflikte?

Ikeda: Ja, das Problem der religiösen Intoleranz ist so alt wie die Religionen selbst. Allerdings sind die furchtbaren Religionskriege ein Phänomen, das eher bei den monotheistischen Religionen wie Christentum, Islam und Judentum auftaucht und zum Beispiel im Buddhismus seltener ist. Das heißt aber nicht, dass dieses Thema die Buddhisten einfach kalt lässt. Ich begrüße es im Gegenteil sehr, dass es in jüngster Zeit einen verstärkten Trend hin zu einem ökumenischen Dialog und zu einer verstärkten Zusammenarbeit zwischen den Religionen gibt.

Denn ich lehne grundsätzlich jede Form von Krieg ab, weil es keinerlei Rechtfertigung dafür gibt, vor allem nicht für einen religiös motivierten Krieg. Der Rückgriff auf Gewalt kommt ei-

ner Bankrotterklärung jeder Religion gleich. Trotzdem muss ich
auch sagen: Es macht mir Sorgen, dass sehr viele Konflikte in
den Medien gleich als Religionskrieg deklariert werden. Sind
es denn wirklich immer die Religionen, die in Konflikt miteinander geraten sind?

Auf dem Balkan und im Nahen Osten etwa treffen verschiedene Religionen, Sprachen und Nationalitäten aufeinander und viele Leute sind der Meinung, dass die Völker dort
schon seit undenklichen Zeiten im Konflikt miteinander liegen. Blickt man aber in die Geschichte zurück, wird man feststellen, dass dort nicht häufiger Kriege stattgefunden haben
als in anderen Regionen der Erde. Im gesamten Osmanischen
Reich haben Menschen verschiedener Religionszugehörigkeit
durchaus in einer überwiegend friedlichen Koexistenz miteinander gelebt, was sich nicht zuletzt auch daran zeigt, dass
viele der aus Europa vertriebenen Juden sich dort niedergelas-
sen haben. Dieses System der Koexistenz zwischen den Religionen begann erst in der Moderne allmählich zu bröckeln.
Denn nach dem Zusammenbruch des Osmanischen Reiches
war es dann der Nationalismus und nicht mehr die Religion,
der als bindende Kraft zwischen den Menschen fungiert hat.
Es wurden willkürlich Grenzen gezogen und Staaten aus dem
Boden gestampft, in denen nur noch eine Sprache gesprochen
werden durfte und nur noch eine Religion geduldet wurde.
Das ist eine gefährliche Entwicklung in einer Region, die seit
Jahrhunderten von verschiedenen ethnischen Gruppen mit unterschiedlichen religiösen Bekenntnissen bevölkert wird. Es
waren also in erster Linie die Prinzipien des Nationalstaates,
die den eigentlichen Nährboden für die heutigen Konflikte gebildet haben. Und jetzt geht es entweder um ökonomische Interessen oder es handelt sich um Konflikte, die von irgendwelchen machthungrigen Despoten angezettelt wurden. Die
Religion selbst kommt dabei oft nur insofern ins Spiel, als sie
die gewalttätigen Auseinandersetzungen rechtfertigen, die
Menschen manipulieren und die Stimmung anheizen soll.
Und wenn das alles zusammenkommt – was recht häufig der
Fall ist –, dann bekommen die Konflikte in der Tat eine religiöse Note.

Ich will die Religionen dabei nicht von aller Schuld rein-
waschen, denn ihre Aufgabe müsste tatsächlich sein, Konflikte
zu überwinden und zu befrieden. Und leider muss man ja sagen,
dass viele Untersuchungen über die Hintergründe von Gewaltexzessen an den verschiedensten Orten unserer Welt gezeigt haben, dass sie an dieser Aufgabe gescheitert sind. Aber noch viel
schlimmer als dieses Scheitern ist die Tatsache, dass die Religion
manchmal auch noch Öl in das Feuer der Konflikte gegossen hat.
Natürlich hat es auch wirkliche Religionskriege gegeben,
aber deren Zahl war doch geringer als die der nationalen Kriege. Nach den Verwüstungen des Dreißigjährigen Krieges gab
sich Europa eine neue politische Ordnung. Der Westfälische
Frieden wurde mit dem Ziel geschlossen, künftige Religionskriege zu vermeiden. Die einzelnen Staaten wurden zur Abrüs-
tung gezwungen, konnten aber zum Teil ihr Territorium
beträchtlich ausweiten. Um jedes konfessionelle Konfliktpoten-
zial auf ein Minimum zu reduzieren, waren künftig die Staats-
lenker befugt, die Religion in ihrem Land vorzugeben, über sie
zu bestimmen und sie damit letztlich auch für ihre eigenen Ziele
einzuspannen.
Es ist nur natürlich, dass die Menschen gerne stolz sein
möchten auf ihre Heimat, ihr Vaterland und ihre Religion.
Aber auch wenn dieser Wunsch unter allen Umständen zu respektieren ist, wurde er doch zu häufig von den Politikern und
Staatslenkern dazu missbraucht, den Hass unter den Bürgern
ihres Landes zu schüren.
Wir dürfen es nicht zulassen, dass die Religion in den
Dienst reiner Machtinteressen gestellt wird. In allen Spielarten
der Macht schlummert immer der teuflische Trieb, andere zu
kontrollieren und zu manipulieren. Die Religion hingegen hat
den Anspruch und die Aufgabe, diese Tendenz der Macht in
die Schranken zu weisen und die Würde des einzelnen Menschen zu beschützen. Sie muss der Macht entgegentreten, die
auf grausame Weise versucht, Menschen zu gesichtslosen Num-
mern zu degradieren. Sie muss die Menschenwürde und die Einzigartigkeit des menschlichen Lebens verteidigen.
Wenn Sie also fragen, warum die mächtigen Religionen
nicht dazu in der Lage sind, die Barbarei der Religionskriege

zu beenden, so würde ich darauf antworten, dass es paradoxerweise gerade ihre Macht ist, die sie daran hindert. Denn bezogen auf die Macht lassen sich durchaus Ähnlichkeiten zwischen der Rolle, die Gott im Christentum einnimmt, und der Rolle, die die Ideologie in der kommunistischen Gesellschaft spielt, erkennen. Beide haben dasselbe Ziel, nämlich die Herrschaft einer Weltanschauung zu etablieren, die alles umfassend und für alle verbindlich sein soll. Ihr Ehrgeiz besteht darin, diese Herrschaft nicht nur auf die Politik und die Ökonomie auszuweiten, sondern auch auf so metaphysische Bereiche wie die der Ideen, des Glaubens und des Gewissens. Wenn aber zwei Glaubensüberzeugungen um die Vorherrschaft im Reich des Geistes streiten und jede den Anspruch auf die einzig wahre Weltanschauung erhebt, dann muss es unweigerlich zu einem Kampf zwischen beiden kommen. Und das ist auch der Grund, warum Lenin gegenüber der Kirche weder Toleranz noch Nachgiebigkeit gezeigt hat. Oder, wie es Berdjajew formuliert:

Lenin war ein leidenschaftlicher und überzeugter Atheist und ein Hasser der orthodoxen Kirche. Er hat die Marx'sche Auffassung von Religion in starkem Maße vergröbert, so wie dann die Nachfolger Lenins dessen Auffassung von Religion in starkem Maße vergröberten. Die Frage der Religion wird von Lenin ausschließlich in den Kontext des revolutionären Kampfes gestellt und seine Abrechnung mit ihr ist den Notwendigkeiten dieses Kampfes geschuldet.

Was die Toleranz des Religiösen betrifft, würde ich gern den österreichischen Philosophen Hans Kelsen (1881–1973) anführen. Auch wenn seine Worte pessimistisch anmuten, offenbaren sie das tiefe Paradox der Gerechtigkeit:

So etwas wie eine absolute Gerechtigkeit gibt es nicht, läßt sich begrifflich nicht bestimmen. Dieses Ideal ist eine Illusion. Es gibt nur Interessen, Interessenkonflikte und ihre Lösung durch Kampf oder Kompromiß. An Stelle des Gerechtigkeitsideals tritt in der rationalen Sphäre zwangsläufig der Friedensgedanke. Aber das Bedürfnis, die Sehnsucht nach einer Gerechtigkeit, die mehr als ein Kompromiß, die mehr als der bloße Frieden ist, und vor allem der Glaube an einen solchen höheren, ja höchsten, absoluten Wert ist stärker, als daß ihn irgendeine rationale Erwägung erschüttern könnte. Er ist – die Geschichte ist ein einziger Beweis dafür – schlechthin unzerstörbar. Ist dieser Glaube eine Illusion, dann ist diese Illusion stärker als alle Realität. Denn für die meisten Menschen, ja vielleicht für die ganze Menschheit liegt die Lösung eines Problems nicht notwendig in einem Begriff, nicht notwendig in einem Wort, in der Antwort auf eine Frage der Vernunft. Und darum wird auch die Menschheit sich vermutlich niemals mit der Antwort der Sophisten zufriedengeben, sondern immer wieder – und sei es auch durch Blut und Tränen – den Weg suchen, den Platon gegangen ist, den Weg der Religion.

Kelsen glaubte, statt nach Wahrheit zu suchen, sollten wir lieber einen Kompromiss zwischen menschlichen Interessen anstreben. Doch ein friedliches Zusammenleben ohne Gerechtigkeit steckt voller Gefahren. Wir wissen, was Frieden in einer Diktatur bedeutet. Der gegenwärtige Frieden unter einem nuklearen Abschreckungsschirm ist überhaupt kein Frieden. Die Prinzipien des Pluralismus erlauben das gleichzeitige Nebeneinander unterschiedlicher Interessen und Werte. Die Frage ist nur, wie eine solche tolerante und pluralistische Gesellschaft erhalten bleiben bzw. zukunftsfähig gemacht werden kann. Denn unter Toleranz kann man ja in der Tat sehr Unterschiedliches verstehen: die Akzeptanz von Vielfalt und Unterschiedlichkeit oder die Gleichgültigkeit gegenüber allem. Und leider müssen wir ja gerade die Erfahrung machen, wie der allgemeine Zynismus in unserer Gesellschaft immer stärker um sich greift.

Wenn die traditionellen Werte ihre Gültigkeit verlieren, dann bleiben nur noch zwei Möglichkeiten: Entweder wird alles gleich gültig, sodass man alles akzeptieren und gutheißen muss; oder alles verliert seine Bedeutung und seinen Sinn, sodass man sich ihm genauso gut verweigern kann. Wenn eine Gesellschaft nur noch von Zynismus und Egoismus geprägt ist, dann erlahmt auch jeder kritische Geist; Kälte und Gleichgültigkeit in den zwischenmenschlichen Beziehungen breiten sich aus – der ideale Nährboden für Despoten und Diktatoren.

Was den Menschen von heute fehlt, ist die Fähigkeit, sich in aller Unvoreingenommenheit ein eigenes Urteil zu bilden und das scheinbar Selbstverständliche kritisch zu hinterfragen –

der Mut zur Selbsterkenntnis. Nur die Bereitschaft, nach dem Wesen der Dinge zu fragen und in einen offenen und ehrlichen Dialog miteinander zu treten, kann weiteres Unheil verhindern und uns den Weg der Toleranz und Großherzigkeit aufzeigen. Meiner Meinung nach gilt das zuerst und vor allem für uns Japaner. Viele haben schon versucht – zum Beispiel die Amerikaner –, die japanische Mentalität zu begreifen. Manche loben uns dafür, dass wir in unserer Eigenart so typisch und unverwechselbar sind, andere wiederum kritisieren uns dafür, dass wir ihnen so rätselhaft und fremd bleiben. Das Urteil fällt also recht unterschiedlich aus und wandelt sich auch. Was sich aber nicht ändert, ist das Bild von den Japanern als einem etwas geheimnisvollen, nur schwer zu durchschauenden Volk.

Die Religion bildet meiner Ansicht nach häufig die Grundlage dafür, wie ich mich in der Welt bewege und welche Richtung ich meinem Leben gebe. Was das angeht, sind die meisten Japaner aber reine Pragmatiker, die sich ihre Religion je nach Situation und Ereignis auswählen – den Shintoismus für Neujahr, den Buddhismus für die Begräbnisfeierlichkeiten und die christliche Kirche für die Hochzeit. Für viele Ausländer ist eine solche Haltung völlig unbegreiflich. Der Theologe Jan Swyngedouw, der schon seit Langem in unserem Land lebt, nennt sie „Sackgläubigkeit", weil ein Sack immer die Form dessen annimmt, was man in ihn hineinsteckt. Das ist eine sehr genaue und anschauliche Beschreibung dessen, was man den japanischen Synkretismus nennen kann.

Eine solche geistig-spirituelle Kultur mag so lange von Vorteil gewesen sein, wie Japan sich nur mit sich selbst und seiner eigenen Entwicklung beschäftigen musste. Heute dagegen, wo die Weltgemeinschaft immer weiter zusammenwächst, liegt der Schlüssel für die Lösung der anstehenden Probleme allein im Dialog und im Austausch mit anderen Kulturen. Wir können nicht mehr nur auf unsere traditionelle Lebensart setzen.

Ohne klare Positionen und ohne Aufrichtigkeit, gerade auch hinsichtlich des eigenen religiösen Standpunktes, wird es sehr schwierig sein, das Vertrauen der Weltgemeinschaft zu gewinnen. Es tut mir leid, das sagen zu müssen sagen, aber unter den Japanern hat sich mit den ökonomischen Erfolgen der Nachkriegszeit nicht nur eine gewisse Überheblichkeit, sondern auch eine Art geistige Leere ausgebreitet. Sie haben keine eigene Philosophie, keine eigene Überzeugung, keine Ideale mehr; was zählt, ist allein der unmittelbare Erfolg. Und es gibt noch immer keinerlei Anzeichen dafür, dass Japan an seiner herablassenden Haltung gegenüber den asiatischen Ländern, die es für seine eigenen wirtschaftlichen Interessen ausgenutzt hat, etwas ändern würde.

Gorbatschow: Ich bin wirklich beeindruckt von Ihrem Mut. Nicht jeder traut sich, so offen und ehrlich über seine Heimat zu sprechen. Wenn ich Sie reden höre, bin ich überzeugt, dass das japanische Volk zur Reue bereit und in der Lage sein wird, sich den historischen Ereignissen offener und freimütiger zu stellen.

Ikeda: Mir scheint, dass es zwei unterschiedliche Arten von Toleranz gibt – eine aktive und eine passive Toleranz. Aktive Toleranz heißt für mich, aufgrund der Liebe oder des Respekts, den ich jemandem entgegenbringe, tolerant zu sein. Passive Toleranz dagegen ist nicht mehr als Gleichgültigkeit und allgemeines Desinteresse, wobei letzteres am schlimmsten ist, weil es überhaupt keine Unterschiede anerkennt. Wenn wir darauf hinweisen, wie wichtig die Toleranz ist, dann verstehen wir dieses Wort in seinem positiven Sinne, nämlich als eine Beziehung mit anderen, die aus der Bereitschaft erwächst, ihnen näherzukommen und noch mehr Aufmerksamkeit zu schenken. Und diese Bereitschaft wiederum wurzelt in der Liebe zum Menschen.

Man muss unterscheiden zwischen der Toleranz gegenüber den Gläubigen anderer Religionen und den Kompromissen, die man bereit ist, im Denken zu machen. Toleranz gegenüber anderen Glaubensüberzeugungen bedeutet nicht notwendigerweise eine Haltung, für die alle Religionen gleich gültig sind, denn konstruktiver philosophischer Streit zwischen den Religionen muss ja nicht unbedingt ein Ausdruck von Unnachgiebigkeit und Uneinsichtigkeit sein. Völlig inakzeptabel ist es aber, Menschen mit anderem Glauben verächtlich oder schlecht zu behandeln. Die Soka Gakkai International (SGI) setzt deshalb auf den Dialog als das wirksamste Instrument dafür, zu einer Verständigung zwischen den Völkern beizutragen. Erlauben Sie mir, dass ich einen kurzen Abschnitt aus deren Charta zitiere, damit Sie einen Einblick gewinnen in das, worum es unserer Organisation im Wesentlichen geht:

> Wir glauben, dass der Buddhismus von Nichiren, eine humanistische Philosophie allumfassenden Mitgefühls und tiefen Respekts vor der Unverletzbarkeit des Lebens, jeden Menschen befähigt, die ihm innewohnende Weisheit hervorzubringen, um die Schwierigkeiten und Krisen, denen sich die Menschheit stellen muss, zu überwinden und eine Gesellschaft friedlicher Koexistenz zu verwirklichen. Wir, die konstituierenden Gemeinschaften und Mitglieder der SGI, sind daher entschlossen, auf der Grundlage der humanistischen Sicht des Buddhismus den Geist des Weltbürgertums und der Toleranz sowie den Respekt vor den Menschenrechten zu fördern; wir sind entschlossen, uns durch Dialog, durch tatkräftige Anstrengungen und durch ein klares Bekenntnis zur Gewaltlosigkeit der globalen Themen anzunehmen, denen sich die Menschheit gegenübersieht.

Als Mitglied der SGI und als einfacher Buddhist bin ich fest davon überzeugt, dass es zu einem von Liebe und gegenseitigem Respekt getragenen Dialog zwischen den verschiedenen Religionen kommen muss, um das gegenseitige Verstehen und damit letztlich auch das Glück der ganzen Menschheit zu befördern.

Gorbatschow: Glaube ist wahrscheinlich ohne einen gewissen Tribut an die Tradition nicht möglich. Nikolai Berdjajew erklärte die psychologische Natur des religiösen Glaubens folgendermaßen:

> Der höhere Sinn des Glaubens offenbart sich nur dann, wenn wir ein Risiko eingehen, wenn wir uns auf das Absurde einlassen, unserem Intellekt widersprechen, alles auf eine Karte setzen – und dann springen. Der Sinn des Glaubens kann sich vor eben jenem Akt des Glaubens nicht offenbaren, diesem freien Sich-Lösen und Sich-Einlassen auf alles im Namen des Glaubens. Wäre dies möglich, dann wäre es zwanghaftes Wissen. Nur wenn du hervortrittst im Akt des Glaubens und dich vom Selbst löst, kannst du

dich emporschwingen und einen höheren Sinn erlangen. Im Glauben schwört die kleine individuelle Vernunft ihrer selbst ab im Namen einer göttlichen Vernunft und übergibt sich einer universellen, wohltätigen Wahrnehmung. Auf der tiefsten Ebene sind Glaube und Wissen eins, es bedeutet die vollständige Inbesitznahme der wirklichen Existenz.

Ikeda: Leider krankt die heutige Menschheit an einer Lethargie der Seele. Die Menschen sind unfähig zu Durchbrüchen in die spirituelle Dimension. Deshalb fehlt ihnen der Mut zum Glauben und zum spirituellen Durchdringen in des Wesen des Gebets. Unsere Epoche hat das Gebet vergessen. Wir müssen uns daran erinnern, dass die Religion aus dem Gebet geboren wurde, nicht das Gebet aus der Religion.

Ein betender Mensch fühlt Demut. Er will gerne Teil der Ewigkeit sein, die, wie er es fühlt, sein Leben umgibt. Auf das Risiko hin, missverstanden zu werden, teile ich mit Ihnen einige meiner intimsten Gedanken. Für mich ist die Entwicklungsgeschichte der Religion die Geschichte einer Suche nach einem Gebet, das uns für zweierlei öffnet: eine harmonische Verbindung mit der Ewigkeit und ein Grundvertrauen ins eigene Leben.

Gorbatschow: Ja, der Dialog zwischen den Religionen ist wirklich von großer Bedeutung für die Entwicklung der Welt. Im Jahr 1993 hatte ich die Gelegenheit, vor einer Versammlung von Vertretern der großen Weltreligionen einen Vortrag zu halten. Allein schon diese Zusammenkunft war ein außergewöhnliches Ereignis. Stellen Sie sich vor, katholische und orthodoxe Erzbischöfe, Mullahs und Rabbiner sitzen Schulter an Schulter in einem Saal zusammen. Die ganze Situation war irgendwie sonderbar, fast schon irreal und nur schwer zu beschreiben. Aber man hatte das Gefühl, die Geburtsstunde einer neuen Weltgemeinschaft mitzuerleben.

Ikeda: Nach den demokratischen Revolutionen in Mittel- und Osteuropa habe ich auch geglaubt, dass damit eine neue Epoche für die Menschheit beginnen würde. Ich hatte das Gefühl, dass die Zeit der Feindseligkeit und Unterdrückung ein für alle Mal vorbei ist. Aber das waren offensichtlich nur romantische

Träumereien. Die Welt und das Leben der Menschen sind inzwischen viel komplizierter geworden und das einfache Volk
hat einen hohen Preis für die neu gewonnene Freiheit bezahlt.
Die ehemaligen Führer der Revolution haben sehr schnell eine
eigene Auffassung von Demokratie entwickelt und nutzen sie
für ihre egoistischen Interessen. Die Bedürfnisse und Nöte der
einfachen Leute haben sie darüber bald vergessen. Auch in
Russland haben die Wirtschaftsreformen bis heute nicht den er-
sehnten Wohlstand gebracht.

Gorbatschow: Schon Tolstoi hat gesagt, dass mit jeder Religion,
die auftritt, um die Gleichheit aller zu predigen, immer auch die
Profiteure der Ungleichheit in Erscheinung treten, um die neue
Lehre zu pervertieren. Das kann man heute auch in Russland
verfolgen, wo die orthodoxe Kirche, dank der Perestroika, wieder kräftigen Zulauf verzeichnet. Wir sind eigentlich froh darüber, denn der orthodoxe Glaube ist schließlich die Religion unserer Vorfahren. Und trotzdem sind wir auch irritiert zu sehen,
wie neu belebte Traditionen schnell zu Kitsch verkommen, zu
reiner Kosmetik ohne Inhalt werden, oder sich radikalisieren.
In diesen Punkten liegt eine der großen Gefahren unserer heutigen Zivilisation, die nur für den Augenblick lebt.

Ikeda: Eine Religion wird so lange lebendig bleiben, wie sie den
Menschen in geistiger und spiritueller Hinsicht wachsen lässt.
Das zeigt sich auch in der Bergpredigt, mit der Jesus seine Kritik
an dem erstarrten Glauben des Judentums zum Ausdruck
bringt. Das eigentliche Anliegen Jesu bestand ja darin, die Gebote und traditionellen Werte, die man, weil von Gott gegeben,
für uneingeschränkt gültig und unveränderlich hielt, in einen
neuen Horizont zu stellen. Es ist ein altbekanntes Phänomen,
dass alle Vorschriften und Regeln immer dann zu Fesseln werden, wenn sie sich vom konkreten Leben entfremden und es in
seiner Lebendigkeit erstarren lassen. Für die religiösen Auto-
ritäten allerdings wird es dadurch umso leichter, die Gläubigen
unter Kontrolle zu halten. Aber letztlich muss der Mensch befreit werden von diesem Geflecht starrer Gesetze, denen er un-
terworfen ist, um wachsen zu können.

Wie ist Jesus diese Befreiung gelungen? Die Bergpredigt macht deutlich, dass es ihm vor allem darum ging, die von außen auferlegten Regeln in innere bzw. aus dem Inneren kommende Gesetze umzuwandeln. Das zeigt sich auch daran, dass er sagt: „Denkt nicht, ich sei gekommen, um das Gesetz und die Propheten aufzuheben. Ich bin nicht gekommen, um aufzuheben, sondern um zu erfüllen." (Mt 5,17) Im Alten Testament heißt es: „Du sollst nicht töten; wer aber jemand tötet, soll dem Gericht verfallen." Jesus dagegen sagt: „Jeder, der seinem Bruder auch nur zürnt, soll dem Gericht verfallen sein." (Mt 5,21) Er lenkt die Aufmerksamkeit auf den Zorn als solchen. Und sein Kommentar zum Gebot wider den Ehebruch lautet: „Wer eine Frau auch nur lüstern ansieht, hat in seinem Herzen schon Ehebruch begangen." (Mt. 5,27) Was er vor allem anprangert, ist die Heuchelei, die in vielen Bereichen an den Tag gelegt wird. Er bezeichnet das Fasten, das Gebet und die religiösen Zeremonien, sofern sie in der Öffentlichkeit praktiziert werden, als nutzlos, weil es ihm bei allem Tun mehr auf die innere Einstellung ankommt.

Gorbatschow: Darin besteht vielleicht das Geheimnis aller Religionen, denn ihr Ursprung liegt vermutlich nicht in Ritualen, Riten und der kultischen Handlung, sondern in der Stimme des Gewissens. Und das Gewissen lässt sich nicht irgendwelchen materialistischen Erklärungen unterwerfen, was ja wahrscheinlich auch das stärkste Argument für die Existenz der Seele ist. Wenn jemand verbrecherische Gedanken hegt, so kann er in seiner Seele ein Verbrecher sein, ohne dass er deshalb das Gesetz brechen muss. Das ist es, was Christus herausstellen wollte, wie Sie zu Recht sagen, wenn er den Finger auf die verborgenen Absichten und Motive legte, die unser Handeln bestimmen. Jemanden zu erlösen würde dieser Logik entsprechend also bedeuten, seine Seele zu retten, sie zu veredeln, den Mann, der nach der Frau seines Nachbarn trachtet, vor solch einem skrupellosen Gedanken zu bewahren.

Ikeda: Das sehe ich auch so. Goethe hat gesagt: „Die Kirche schwächt alles, was sie anrührt." Diesen Satz sollten sich alle Gläubigen zu Herzen nehmen. Wenn ich davon gesprochen habe, die äußeren Regeln und Gebote in ein inneres Gesetz zu verwandeln, dann meine ich damit, dass der Wille Gottes in ein Gesetz übergehen soll, das unmittelbar aus dem Herzen des Menschen spricht und gleichwohl mit Gott verbunden bleibt. In ihm findet also die Universalität Gottes im Innersten des Menschen ihren Ausdruck, und in ihm gelangt dann auch das Menschsein zu seiner wahren Erfüllung.

Auge um Auge, Zahn um Zahn, dieses Prinzip der Vergeltung wird von Jesus abgelehnt, indem er sagt: „Leistet dem, der euch etwas Böses antut, keinen Widerstand, sondern wenn dich einer auf die rechte Wange schlägt, dann halt ihm auch die andere hin." (Mt 5,39) Und wo der Hass zwischen den Menschen regiert, predigt er: „Ihr habt gehört, dass gesagt worden ist: Du sollst deinen Nächsten lieben und deinen Feind hassen. Ich aber sage auch: Liebt eure Feinde und betet für die, die euch verfolgen." (Mt 5, 43f.) Hinter all diesen Lehren steht der Gedanke von Gott als innerem Gesetz. Ein nur äußerliches Gesetz, das aber die Herzen der Menschen nicht erreicht, führt nur zu der von Jesus angeprangerten Heuchelei der Pharisäer. „Der Buchstabe des Gesetzes tötet, der Geist aber macht lebendig", wie es im Neuen Testament heißt. Ich glaube, dieser Gedanke von der Immanenz Gottes und des Gesetzes findet sich auch bei Tolstoi, wenn er sagt: „Das Reich Gottes ist inwendig in euch".

Gorbatschow: Ich stimme dem zu, dass Tolstois Kritik an der Buchstabengläubigkeit der orthodoxen Kirche der Kritik Jesu an den Pharisäern und ihrem Festhalten am starren Gesetz des Judentums entspricht. Obwohl ich nie ein Anhänger Tolstois gewesen bin, so leuchtet mir sein Argument durchaus ein. Wenn ich eine reine Seele habe, niemandem Böses tue und auch stets die besten Absichten habe, welchen Unterschied macht es dann, ob ich in die Kirche gehe oder direkt zu Gott bete? Wenn ich meinen Seelenfrieden gefunden habe und es mir Freude bereitet, anderen Gutes zu tun, dann wohnt Gott in meinem Herzen. Darüber äußert sich Tolstoi auch etwas ausführlicher in seiner Schrift *Was ist Religion und worin besteht ihr Wesen,* wenn er sagt:

Der Glaube ist weder Hoffnung, noch ist er Vertrauen, sondern er ist ein besonderer seelischer Zustand. Der Glaube ist das Bewusstsein des Menschen von seiner Stellung im Weltall, welche ihn zu gewissen Handlungen verpflichtet. Der Mensch handelt nicht deshalb seinem Glauben entsprechend, weil er, wie es im Katechismus gesagt wird, an das Unsichtbare wie an etwas Sichtbares glaubt, und auch nicht, weil er das Erwartete zu empfangen hofft; sondern nur, weil er, nachdem er seine Stellung im Weltall bestimmt hat, natürlicherweise dieser Stellung entsprechend handelt.

Ich habe gehört, dass die Aufforderung Jesu, dem anderen auch die andere Wange hinzuhalten, nicht eine Eigentümlichkeit des Christentums, sondern vielmehr des Hinduismus ist. Doch wie dem auch sei, es ist jedenfalls ein wunderbarer Gedanke, weil er mit allen tief verwurzelten Stereotypen bricht und darüber hinaus nicht nur den Leidenden, sondern auch denjenigen, der Leiden verursacht, zum Nachdenken bringt.

Ikeda: Zu verhindern, dass ihre Lehren zu starren Regeln und bloßen Formeln verkommen, ist eine Herausforderung, die alle Religionen betrifft. Denn die Religion besteht nicht nur aus Riten und Traditionen, sondern sie ist das ständige Bemühen der Seele darum, den Glauben als eine innere Stimme und somit auch das eigentliche Geheimnis des Gewissens zu wahren. Mahatma Gandhi sagt:

> Gott trug die Last des Kreuzes nicht nur vor 2000 Jahren, sondern er trägt sie auch heute noch, und jeden Tag neu stirbt er und steht wieder von den Toten auf. Es wäre für die Welt nur allzu bequem, wenn das alles nur mit einem geschichtlichen Gott zu tun hätte, der vor 2000 Jahren gestorben ist. Also geh hin und verkündige den Gott der Geschichte, aber zeige ihn als denjenigen, der auch heute noch durch dich lebt.

Sofern also das Christentum Jesus als den einzigen Sohn Gottes – als den Messias – betrachtet, kann es auch Gefahr laufen, das von ihm gelehrte innere Gesetz zu absoluten Geboten erstarren zu lassen. Man darf nicht meinen, dass die universellen Werte, die der Bergpredigt zugrunde liegen, ausschließlich christliche Werte sind. Das scheint für mich auch der Grund zu sein, warum Dostojewski die katholische Kirche unablässig kritisiert hat.

Gorbatschow: Ich betrachte Christus als einen Reformer. Seine
Bergpredigt ist viel reicher als das mosaische Gesetz.

Ikeda: Das ist auch meine Meinung. Und darum müssen wir uns
den Geist dieses Reformers, der die Rede von Gott ins Menschliche übersetzt und das mit dem Preis des eigenen Lebens bezahlt hat, zu eigen machen und bewahren. Wenn Gandhi sagt,
dass wir Gott in jedem Menschen finden müssen, so steht dahinter seine eigene Auffassung von Religion. Die Religion ist
für ihn als Hindu etwas Universelles, das alle Glaubensgemeinschaften, einschließlich des Hinduismus, umfasst und daher
auch über alle religiösen Differenzen hinausgeht. Für ihn ist
die Wahrheit die Grundlage jeder Religion, er nennt Gott die
Wahrheit und die Wahrheit Gott. Wahrheit ist für ihn die innere
Stimme, die etwas in der Seele eines jeden Menschen Verborge-
nes in Bewegung bringt; sie ist, mit anderen Worten, eine Art
innerer Kompass, der allem menschlichen Denken und Handeln
Orientierung gibt. Das Wesen des Glaubens liegt für Gandhi
folglich darin, nach dieser Wahrheit zu streben, sie zu erlangen
und an ihr festzuhalten. Das Universelle der Religion ist also
nicht anderes als dieser Glaube, der untrennbar mit der
menschlichen Natur verbunden ist. Gandhi sagt dazu:

> Die Religion muss tatsächlich alles Tun und Handeln des Men-
> schen durchdringen. Nur dann kann sie als Vertrauen in das mo-
> ralische Gesetz verstanden werden, das über die Welt regiert und
> über jede konfessionelle Bindung hinausgeht.

In diesen Gedanken zeigt sich eine tiefe Nähe zum Geist des
Buddhismus.

Gorbatschow: Ich habe die Bergpredigt so verstanden, dass sich
der Mensch von seinen bösen Gedanken befreien und die dunklen Seiten seiner Seele unter Kontrolle bringen soll. Ein berühmtes Gleichnis sagt, dass ein Hirte, der hundert Schafe hat und
davon eines verliert, die neunundneunzig Schafe zurücklassen
wird, um das eine zu suchen. Und wenn er es dann gefunden
hat, so wird er sich mehr über das eine Schaf freuen als über
die neunundneunzig restlichen Schafe, die sich nicht verirrt ha-

ben. Und am Ende des Gleichnisses heißt es dann: „So will auch euer himmlischer Vater nicht, dass einer von diesen Kleinen verlorengeht." (Mt 18,14)

Ikeda: Was in diesem Gleichnis gesagt wird, ist sehr wichtig. Die neunundneunzig Schafe stehen gleichsam für die Welt des Quantitativen, das eine verlorene Schaf dagegen für die Welt des Qualitativen, in der wir es nicht nur mit einem abstrakten Begriff von Humanität zu tun haben, sondern in der es ganz konkret um den einzelnen Menschen geht. Als Shakyamuni im Sterben lag, so wird überliefert, galt seine größte Sorge dem Schicksal des Königs Ajatashatru. Darüber wunderten sich seine Schüler sehr, denn eigentlich sollte doch das Mitleid des Buddha allen Menschen gleichermaßen gelten. Shakyamuni aber entgegnete ihnen: „Wie ist es, wenn eine Familie sieben Kinder hat und eines unter ihnen wird krank. Die Eltern lieben alle ihre Kinder gleichermaßen und doch wird ihre größte Sorge dem einen kranken Kind gelten."

Der Hintergrund dieser Geschichte ist folgender: Devadatta, der sich mit seinen Anhängern von der Mönchsgemeinschaft des Buddha abgespalten hatte, stiftete den Prinzen Ajatashatru dazu an, seinen Vater, König Bimbisara, zu töten, der ein treuer Anhänger des Shakyamuni war. Ajatashatru, der Vatermörder, wurde daraufhin Herrscher über das Land, was dazu führte, dass sich die Menschen von Buddha abwandten. In der Folgezeit kam es zu Unruhen im Land, und das Königreich wurde von feindlichen Herrschern erobert. Als dann Ajatashutra selbst auch noch von einer schweren Krankheit heimgesucht wurde, machte sich Buddha große Sorgen um den armen König und sein Volk und konnte keine Ruhe finden.

In den buddhistischen Sutras lassen sich viele Geschichten über Bodhisattvas finden, also über Buddhisten, die sich auf ihrem Weg zur eigenen Vollkommenheit ganz für das Heil aller lebendigen Wesen einsetzen. So lebte zum Beispiel einst in Indien ein reicher Buddhist namens Vimalakirti. Als Kaufmann und Familienvater engagierte er sich in der Politik, half den Notleidenden und lehrte sie, was es heißt, Gutes zu tun. Er wurde Laienprediger und wandte sich dem einfachen Volk zu,

indem er ihm in anschaulichen Parabeln und Gleichnissen das
Wesen des Buddhismus nahebrachte.

Als nun Vimalakirti einmal krank wurde, bat Shakyamuni
seine Schüler, ihn zu besuchen, doch keiner von ihnen wollte zu
ihm gehen. Es hieß, dass er in früheren Streitgesprächen darüber, worin denn das eigentliche Gesetz des Lebens bestehe,
selbst die fähigsten und begabtesten Schüler stets eines Besseren
belehrt habe. Auch habe er sich nie davor gescheut, den Priestern ins Gesicht zu sagen, dass ihnen die eigene Macht und Autorität wichtiger sei als das Wohl der Menschen und dass sie
sich lieber dem kontemplativen Leben als den alltäglichen
menschlichen Sorgen widmen würden. Schließlich aber rangen
sich zwei seiner ältesten Schüler, Shariputra und Manjushri,
dazu durch, ihn zu besuchen. Sie fanden Vimalakirti krank auf
einem Bett liegend, in einem Raum, der vollkommen leer war.
Als sie ihn nach seiner Krankheit fragten, sagte er:

> Ein Bodhisattva leidet mit den Leiden der Menschen ... Meine
> Krankheit kann so lange nicht geheilt werden, wie die Menschen
> leiden. Erst wenn alle von ihrem Leiden befreit sind, wird es
> auch mir wieder besser gehen.

Ich glaube daher, dass das eigentliche Wesen des buddhistischen
Humanismus weniger in den mündlich oder schriftlich tradier-
ten Lehren des Buddhismus als vielmehr im Tun und Handeln
derer zum Ausdruck kommt, die entsprechend seiner Weisheit
leben. Die Voraussetzung dafür ist das Mitleiden mit allen
sterblichen Wesen, aus dem dann auch die Kraft erwachsen
wird, gemeinsam mit ihnen ihr Leid und ihren Schmerz zu tragen. Streng genommen liegt also der eigentliche Grund für ein
solches Tun und Handeln gar nicht in der Religion, sondern in
der Achtung und Ehrfurcht vor dem Leben.

Gorbatschow: Ich bin natürlich weder ein Theologe noch ein
Fachmann für religiöse Fragen und kann dazu nur etwas aufgrund meiner eigenen Lebenserfahrung sagen. Ich selbst habe
allerdings nur wenige Menschen kennengelernt, die im wahren
und wörtlichen Sinne ihren eigenen Weg zu Gott gefunden haben und vollkommen von ihrem Glauben durchdrungen waren.

Es gibt vermutlich nur ganz wenige solcher Menschen. Dass sich jemand aus eigenem Willen zu einem Gott bekennt, kommt äußerst selten vor. Meist ist es doch so, dass sich Menschen einem Gott zuwenden, weil die anderen um sie herum es genauso halten. Ich denke daher, dass Dostojewski recht hat, wenn er sagt, dass nicht nur der einzelne Mensch, sondern auch das ganze Menschengeschlecht unentwegt der quälenden Frage ausgesetzt bleibt, wen es überhaupt anbeten soll. Denn tatsächlich gibt es ja für einen Menschen nichts Schwierigeres, als sich aus freier Entscheidung einem anderen zu unterwerfen. Der Gegenstand der Verehrung müsste also von der Art sein, dass er gleichsam von allen Menschen spontan als ein solcher anerkannt werden könnte. Der Mensch ist nun mal so.

Zu dieser spontanen Anerkennung würde jedoch noch etwas dazugehören, das mit der Neigung des Menschen nach moralischer Selbstvervollkommnung und persönlicher Weiterentwicklung sowie einem Verständnis von Gott zu tun hat, wie es Leo Tolstoi vertreten hat. Wir haben ja bereits darüber diskutiert. Ich bin überzeugt davon, dass die meisten Menschen schon von Geburt an eine Art Gewissen und auch ein Gefühl dafür haben, was gut und richtig ist, und dass es daher nicht mehr als die normale Erziehung und Familie braucht, um beides weiter auszubilden. Im kommunistischen Russland wurden die Gläubigen verfolgt und es war ihnen verboten, die Bibel zu lesen oder auch nur über ihre religiösen Gefühle zu sprechen. Man kann sich also schon fragen, wie es kommt, dass es trotz dieser Umstände so viele rechtschaffene und moralische Menschen in diesem Land gegeben hat. Es liegt vermutlich daran, dass die Menschen, in der Mehrzahl zumindest, so etwas wie eine natürliche Neigung zum Guten, zu Solidarität und Mitleid haben. Ich bin daher, was den moralischen Fortschritt der Menschheit angeht, ein unverbesserlicher Optimist.

Ikeda: Sie haben zu Beginn dieses Teils unserer Diskussion gefragt, ob die Menschheit wohl die moralische und physische Stärke, aber auch die Weisheit besitzt, um die neuen Herausforderungen unserer Zeit zu bestehen. Ich will versuchen, darauf eine Antwort zu geben, indem ich Ihnen ganz allgemein meine

Auffassung über den Optimismus als eine entscheidende Quelle des Glaubens darlege.

Ich denke, Sie stimmen mir zu, wenn ich sage, dass der Optimismus eine wunderbare Eigenschaft ist, der viele große Persönlichkeiten, zum Beispiel Politiker, Philosophen oder Künstler, auszeichnet. Wahrer Optimismus ist mehr als nur eine Perspektive, die sich unter bestimmten Voraussetzungen ergibt. Er ist auf einer anderen Ebene angesiedelt, denn er kommt aus dem Innersten des Menschen, der keine besonderen Voraussetzungen dafür braucht, das eigentliche Wesen des Lebens zu ergründen. Wahrer Optimismus ist die Frucht einer inneren Überzeugung, von der auch Sie gesprochen haben. Er ist die grundlegende Bedingung dafür, dass eine Persönlichkeit sich zu ihrer wahren Größe entfalten kann. In ihm liegt die Kraftquelle für das Gute, das alle Menschen – alle lebendigen Wesen – miteinander verbindet und sie dazu befähigt, auch die dunkelsten Augenblicke des Lebens zu überstehen. Selbst im Angesicht des Todes lässt der Optimismus den Menschen noch an die Möglichkeiten und die Zukunft des Menschengeschlechts glauben. Insofern ist er tatsächlich die Quelle des Glaubens.

Der Mahayana-Buddhismus lehrt, dass jeder von uns einen unverletzlichen Kern in sich trägt, der so rein und beständig ist wie ein Diamant. Wir nennen diesen Kern die „Natur des Buddha". Sobald der Mensch den Buddha in sich selbst und in anderen erkennt, wird er erfüllt von einem wahren Optimismus, der es ihm ermöglicht, mit einer unerschöpflichen Hoffnung zu leben und diese auch an andere weiterzugeben. In diesem Sinne lassen sich auch die Worte Rabindranath Tagores verstehen: „Die Möglichkeit fragte die Unmöglichkeit: ‚Wo wohnst du?' – ‚In den Träumen des Schwachen', gab diese zur Antwort."

Gandhi sagt, sein eigener Optimismus im Glauben an die unendlichen Fähigkeiten des Menschen liege darin, mit anderen mitzuleiden. Alle Religionen, die diesen Namen verdienen, sollten die tragenden Säulen geistiger und spiritueller Werte sein. Und sie sollten uns auch lehren, dass Mitleiden nicht Opfer, sondern Glück bedeutet, welches daraus resultiert, andere glücklich zu machen.

4. Kapitel
Auf der Suche nach den eigenen Wurzeln

Die Abstraktionsfalle

Ikeda: Die nationale Frage ist heute, zu Beginn des 21. Jahrhunderts, eines der größten Probleme der Menschheit geworden. Auch wenn das Verlangen nach nationaler Selbstbestimmung für sich genommen berechtigt und verständlich sein mag, hat es in den vergangenen Jahren häufig zu nationalistischen Gewaltexzessen und grausamen „ethnischen Säuberungen" geführt – zum Beispiel in der ehemaligen UdSSR und im ehemaligen Jugoslawien. Und noch heute flammen in vielen Regionen der ehemaligen sozialistischen Staaten immer wieder nationalistische Konflikte auf. Aber auch in den übrigen europäischen Ländern, etwa in Frankreich und Deutschland, haben die nationalistischen Tendenzen, bedingt durch das Erstarken rechtsgerichteter Parteien und die Verschärfung der Immigrationsproblematik, inzwischen ein bedrohliches Ausmaß angenommen. Der französische Philosoph und Soziologe Raymond Aron hatte bereits in den sechziger Jahren prognostiziert, dass am Ende des 20. Jahrhunderts der Klassenkampf durch nationale und ethnische Konflikte abgelöst werden würde. Diese Prognose hat sich mittlerweile bewahrheitet.

Der Nationalismus ist natürlich kein neues Phänomen und auch ethnische Säuberungen hat es zum Beispiel in Jugoslawien schon während des Zweiten Weltkriegs gegeben. Und auch Lenins Internationalismus wurde bereits unter Stalin in einen Antisemitismus pervertiert. Ein Blick in die Geschichte macht deutlich, dass das Nationalbewusstsein – oder, auf einer früheren Stufe, der Glaube an den Vorrang der eigenen Rasse oder Ethnie – tiefer in der menschlichen Seele verwurzelt ist als jedes Klassenbewusstsein. Auch wenn sich das Pochen auf die eigene Nation in den europäischen Ländern erst mit dem Aufkommen des kapitalistischen Wirtschaftssystems und im Zuge der bürgerlichen Revolutionen Mitte des 19. Jahrhunderts deutlich verstärkt hat, hat es sich trotzdem als ein äußerst langlebiges Phänomen erwiesen.

Das Bewusstsein für die eigenen Wurzeln ist für den Menschen sehr wichtig, genauso wie die Bindung an ein Volk und dessen Tradition. Das ist allerdings etwas ganz anderes als der übertriebene Stolz auf die eigene Nation oder das Gefühl ihrer Überlegenheit gegenüber anderen. Der Gedanke der Nation und der nationalen Identität wurde bei der Herausbildung der modernen europäischen Staaten nicht selten als Ideologie dafür benutzt, die Menschen im Inneren zusammenzuschweißen und ihnen das Gefühl einer Schicksalsgemeinschaft zu geben. Ganz deutlich lässt sich das am Beispiel Deutschlands erkennen, das sich überhaupt erst mit Bismarck zu einer Nation vereint und sich dann im Zuge eines wachsenden Nationalismus innerhalb weniger Jahre in zwei Weltkriege verstrickt hat. Aber auch in Japan taucht der Begriff der Nation erst relativ spät auf. Bis in die Meiji-Periode (1868–1919) fühlten sich die Japaner einem der Feudalclans zugehörig, von denen es mehrere Hunderte gab. Dieses System verschiedener Clans, das in der Edo-Zeit (1603–1867) seine feste Gestalt angenommen hat, ging wiederum zurück auf sehr viele kleine Gemeinschaften, in denen die Menschen in einem bestimmten Gebiet nach den jeweiligen Sitten und Gebräuchen ihrer Sippe zusammengelebt haben.

Die ehemalige Sowjetunion dagegen setzte sich aus 150 verschiedenen Völkern zusammen, zwischen denen historisch und geografisch ausgesprochen verwickelte Beziehungen bestanden, die natürlich auch zu ethnischen Durchmischungen geführt haben. Daher hatte der Gedanke von Nation und Nationalbewusstsein dort viel schlimmere Folgen als in einer eher homogenen Gesellschaft wie Japan. Vielen Nationen der früheren Sowjetunion liegt ursprünglich eine Ideologie zugrunde – eine bestimmte Regierungsform also. Angesichts der riesigen geografischen Unterschiede glaube ich dennoch, dass die historischen Wurzeln der postsowjetischen Nationen miteinander verwoben sind.

Wenn man sich die zum Teil fatalen Konsequenzen dieser Entwicklungen bewusst macht, fragt man sich, ob es nicht Zeit ist, nach etwas Neuem zu suchen, mit dem sich die Menschen identifizieren können, etwas, das umfassender und weniger konfliktträchtig ist als der Begriff der Nation.

Gorbatschow: Ja, ich denke auch, dass der Ethnozentrismus, der sich immer stärker ausbreitet, heutzutage eine große Gefahr für die Gesellschaft ist. Er ist wie eine Krankheit, die auch schon in der ehemaligen Sowjetunion zu vielen blutigen Tragödien geführt hat. Daher gilt es für uns in Russland, jede Form von ethnischem Nationalismus zu vermeiden und ihm einen zivilisierten Begriff der Nation entgegenzustellen, der in der historischen und kulturellen Einheit der verschiedenen Völker und ihrer gemeinsamen Verantwortung für das Schicksal ihres Staates begründet liegt – unabhängig von jeder ethnischen Zugehörigkeit.

Ikeda: Ich bin durchaus einverstanden mit dem, was Sie sagen, aber trotzdem sollte man vielleicht unterscheiden zwischen einem Nationalismus, der einen eher defensiven Charakter hat und dem eigenen Schutz dient, wie man ihn etwa in den nationalen Befreiungsbewegungen Asiens und Afrikas findet, und dem aggressiven Nationalismus, wie er zum Beispiel im Kolonialismus und Nationalsozialismus zum Ausdruck gekommen ist. Erst wenn diese aggressiven Formen des Nationalismus überwunden sind, kann überhaupt so etwas wie eine globale Perspektive ins Bewusstsein treten.

Gorbatschow: Hier können wir uns übrigens auch wieder auf Berdjajew berufen, der allerdings nicht von „Globalismus", sondern von „Universalismus" sprach. Der Grundgedanke ist aber derselbe, nämlich wie wir es schaffen können, uns nicht mehr der Nation, sondern dem ganzen Menschengeschlecht zugehörig zu fühlen.

Ikeda: Berdjajew forderte die europäischen Staaten während des Ersten Weltkriegs dazu auf, sich eine universale Perspektive zu

eigen zu machen, was allerdings kein Echo fand. Während das
Klassenbewusstsein immer weiter in den Hintergrund trat,
wurde die Nation verabsolutiert und zu einem Götzenbild erhoben. Der Begriff der Nation, der ja lediglich eine reine Abstraktion ist, hat es wirklich geschafft, die menschliche Seele zu ver-
giften. Wir müssen die Nation daher in einer neuen Weise zu
denken versuchen, indem wir sie in einen größeren Horizont
stellen.

Gorbatschow: Hat der Mensch einen abstrakten Begriff erst einmal zu etwas Unbedingtem erklärt, dann helfen auch die besten
Ratschläge nichts mehr, denn sie prallen an ihm ab wie an einem Panzer. Wenn wir aus den Tragödien des 20. Jahrhunderts
etwas gelernt haben, dann, dass die Menschen erst dann zuzuhören beginnen, wenn es bereits zu spät ist. Die nationale Frage
ist heute in einem Großteil der Länder der ehemaligen Sowjetunion ein Thema, das zunehmend diskutiert wird. Immer mehr
Menschen beginnen zu begreifen, dass die UdSSR unser gemeinsames Haus war, das uns Frieden und Sicherheit garantiert
hat, dass wir eine gemeinsame Geschichte haben und dass man
die über Jahrhunderte gewachsenen wirtschaftlichen, kulturellen und geistigen Bande nicht durchtrennen darf. Doch das
wurde auch vor dem Zerfall der Sowjetunion schon oft gesagt.
Noch bevor das Belowescher Abkommen unterzeichnet wurde,
das dann zur Gründung der Gemeinschaft Unabhängiger Staaten geführt hat, habe ich im Parlament gesagt, dass der Zerfall
unserer multinationalen Gesellschaft ein Unglück für Millionen
von Menschen bedeuten würde, das alle zeitweiligen Vorteile
einer Trennung überwiegen wird. Absurderweise waren genau
diejenigen, die die Zerschlagung der Sowjetunion vorantrieben,
d. h. dieses historisch gewachsenen russischen Staatengebildes,
allesamt Politiker der Russischen Föderation, die doch eigentlich russische Interessen vertreten wollten.

Die Ukrainer zum Beispiel hatten nie einen eigenen Staat.
Am Vorabend des Referendums über die Eigenstaatlichkeit
warnte ich in einem Interview mit dem ukrainischen Fernsehen
vor den gravierenden Folgen, die sich aus einer Abspaltung von
Russland ergeben würden. Ich sagte damals den Ukrainern:

Wir haben eine gemeinsame Geschichte. Sie ist eine Wirklichkeit, die wir in zehn Jahrhunderten, in guten wie in schlechten Zeiten, einmal mit mehr und einmal mit weniger Erfolg, geschaffen haben. Russen und Ukrainer, die Slawen insgesamt, haben sich gemeinsam und in brüderlichem Geiste daran beteiligt, diese vielschichtige und gewaltige Welt aufzubauen. Und unser aller Beitrag dazu war keineswegs der geringste.

Ikeda: Dabei muss man allerdings anmerken, dass nicht nur die russische, sondern auch die ukrainische und weißrussische Kultur und Literatur ihre Wurzeln in der Kiewer Rus hat. Und die Kiewer Rus hatte große Bedeutung als mittelalterliches Großreich, das sich auf Teilgebieten aller ostslawischer Staaten – Ukraine, Weißrussland und Russland – erstreckt hat. Den enormen Einfluss dieses Kulturzentrums sieht man zum Beispiel daran, dass noch bis zu den liturgischen Reformen des Moskauer Patriarchen Nikon im 17. Jahrhundert die Kiewer Übersetzungen der heiligen Texte in Gebrauch gewesen sind. Man kann also vielleicht verstehen, dass Weißrussen und Ukrainer ihren Anteil an dieser Entwicklung nicht einfach dem Russischen unterordnen wollen.

Gorbatschow: Also ich für meinen Teil kann nur schwer begreifen, was die russischen Politiker und das russische Parlament überhaupt mit der Unabhängigkeit Russlands bezweckt haben. War es die Unabhängigkeit von der russischen Geschichte? Von dem jahrhundertealten russischen Staat? Vom ehemaligen Machtzentrum? Die Russen wollten also die Unabhängigkeit von ihrer Geschichte gewinnen. Und Moskau wollte unabhängig von Moskau werden. Das ist doch absurd! Noch ein halbes Jahr vor dem Dezember 1991 waren meine Gegner – alle russischen Politiker – mit mir einer Meinung, dass Russland und die Union einander brauchen. Und nun waren sie dabei, ein lebendiges Land zu zerstören, indem sie gegen ein abstraktes „Imperium" kämpften.

Ikeda: Wenn abstrakte Begriffe einmal in die Welt gesetzt sind, dann entwickeln sie eine Eigendynamik, der sich kaum jemand entziehen kann. Ich will Ihnen ein Beispiel geben. Der Russisch-

Japanische Krieg von 1904–05 ist ein dunkles Kapitel in den Beziehungen zwischen unseren beiden Ländern. Dieser Krieg endete bekanntlich damit, dass unter Vermittlung des amerikanischen Präsidenten Theodore Roosevelt der Vertrag von Portsmouth geschlossen und Japan formal zum Sieger erklärt wurde. Mittlerweile ist allerdings auch bekannt, dass Japan zu diesem Zeitpunkt schon all seine Kräfte erschöpft hatte und gar nicht mehr zu weiteren militärischen Aktionen fähig gewesen wäre. Trotzdem betrachtete die japanische Öffentlichkeit den Vertrag als ungerecht. Viele waren unzufrieden damit, dass Japan nach all den großen Opfern nur so wenig erhalten hat. Der Regierung wurde Schwäche vorgeworfen und die Menschen begannen Vergeltung zu fordern. Diese Unruhen haben daraufhin den Hintergrund für die wachsende Militarisierung des Landes gebildet, dessen ideologisches Rückgrat ein nationaler Shintoismus war.

Auch die Presse spielt eine wichtige Rolle, wenn es darum geht, die Stimmung im Land noch weiter aufzuheizen. In Japan wurde der aufkeimende Nationalismus rücksichtslos dazu benutzt, chauvinistisches Gedankengut zu verbreiten und den Staat zu einer expansiven imperialistischen Politik zu drängen, was letztlich zur Katastrophe von 1945 geführt hat.

Die Anfänge des japanischen Militarismus lehren uns also, den Blick nicht nur auf den Begriff der Nation, sondern auch auf die Massenmedien zu richten, die manchmal ein schmutziges Spiel mit nationalen Stimmungen treiben. Obwohl die Pressefreiheit ein hohes Gut ist, bleibt sie immer auch ambivalent: Die Presse kann sich für die Interessen der öffentlichen Meinung einsetzen und dem Gemeinwohl dienen, sie kann aber auch dazu missbraucht werden, ein Volk zu manipulieren.

Gorbatschow: Das heutige Russland ist das beste Beispiel dafür, wie leicht die Redefreiheit dazu missbraucht werden kann, die Menschen in die Irre zu führen und Hass gegen das eigene Land und die eigene Geschichte zu schüren: Meine politischen Gegner sind zu dem Schluss gekommen, dass wir gar kein Heimatland gehabt hätten, sondern nur ein „Imperium".

Das ist ein Beispiel für das, was Sie, Herr Ikeda, die Abstraktionsfalle genannt haben. Man muss nur die Begriffe

UdSSR und Russland durch den Begriff „Imperium" ersetzen, und schon ist die Sache erledigt. Ich will die Rolle des Nationalismus und der nationalen Gefühle beim Zerfall der Sowjetunion nicht überbewerten. Die Idee, das „Sowjetimperium" zu zerstören, entstand in den Kreisen der radikalen Intelligenz, lange bevor sie in der Bevölkerung der einzelnen Republiken aufkam. Richtig ist, dass die Völker des Baltikums ihre Eigenstaatlichkeit zurückverlangt haben, alle anderen Völker jedoch sehnten sich nur danach, dass der Zentralismus abgeschafft und die Union reformiert, aber nicht aufgelöst werden sollte.

Ikeda: Die damaligen Meinungsumfragen belegen, dass mit Ausnahme der drei baltischen Staaten die überwältigende Mehrheit der Republiken für einen Verbleib in der Union war.

Gorbatschow: Vergleiche zwischen dem Russischen Reich und dem Britischen Empire wurden zwar immer wieder angestellt, aber genauso schnell wieder beiseitegeschoben, weil wir nie so etwas wie ein Mutterland mit Sitz der Zentralregierung hatten, das von seinen Kolonien losgelöst war. Russland gehörte allen, die sich selbst als Russen fühlten. Und die russische Kultur und die moderne russische Sprache gehörten und gehören genauso allen Völkern unseres Landes. Alexander Puschkin, der größte Dichter Russlands, schreibt in seinem Gedicht *Exegi monumentum*, das er uns als sein Vermächtnis hinterlassen hat, dass sein dichterisches Werk wie ein Denkmal sei, das er dem „ganzen großen Russland" widme und jedem, der die russische Sprache spreche, dem „stolzen Enkel der Slawen" ebenso wie dem Finnen, dem „heute noch wilden Tungusen" genauso wie dem Kalmücken, dem „Freund der Steppe". Das Russische als Einheitssprache bedeutete jedoch keineswegs eine Negierung oder Unterdrückung der ethnischen oder sprachlichen Vielfalt der nichtrussischen Völker, die unser Land bewohnt haben.

Den Zeitgenossen Puschkins, den großen englischen Dichtern und Schriftstellen, wie etwa Lord Byron, wäre es nie in den Sinn gekommen, ihre Werke den Völkern Äquatorialafrikas oder Indiens zu widmen. Darin aber liegt der entscheidende Unterschied, denn für Puschkin waren Russland und das Russische

Reich identische Begriffe. Für Byron dagegen umfasste Großbritannien lediglich die Britischen Inseln.

Natürlich sind die heutigen Briten keine „reinere" Nation als wir Russen: Von den Wurzeln her romanisierte Kelten durchmischten sie sich mit den germanischen Stämmen der Angeln und Sachsen und wurden später von den Normannen erobert. Und die Nachfahren all dieser einst ethnisch sehr heterogenen Gruppen bezeichnen sich heute als Briten.

Auf der anderen Seite muss man aber auch sagen: Obwohl Indien dreihundert Jahre lang zum Britischen Empire gehörte, waren die Briten weit davon entfernt, sich mit der indischen Bevölkerung zu vermischen oder sie als gleichrangig zu betrachten. Sie errichteten ein imperiales Weltreich, in dem jeder ganz genau wusste, wo die Zentralregierung saß.

Ganz anders war es meiner Meinung nach im Russischen Reich, wo alle ethnischen Gruppen dieselben Rechte hatten. Alle Nationen waren an der Regierung mitbeteiligt und der russische Adel war so multinational wie das ganze Land. Baltische Barone, tatarische Fürsten und die Nachkommen georgischer Zaren – sie alle gehörten mit zum kaiserlichen Hofe und machten dort ihren Einfluss geltend.

Das Klischee vom Imperium lässt sich von daher überhaupt nicht auf Russland übertragen, und noch viel weniger auf die Sowjetunion. Vielmehr ist unser Staat gleichsam in konzentrischen Kreisen entsprechend der Siedlungsgebiete der russischen Stämme gewachsen, wobei es dann auch zu einer Durchmischung der unterschiedlichen Ethnien gekommen ist.

Ikeda: In Ihrer Aussage, dass Russland allen gehört, die sich als Russen fühlen, sehe ich zugleich auch den Schlüssel dafür, wie Ihr Land den aktuellen Konflikten zwischen den verschiedenen Nationalitäten begegnen kann. Denn der Begriff der russischen Nation wurde ja nie nur ausgehend von der Volkszugehörigkeit verstanden, und ich denke, auch Sie selbst verbinden mit „Nation" eher die gemeinsame Kultur und Tradition eines Landes. Die meisten Russen, so scheint mir, messen den ethnischen Unterschieden keine große Bedeutung bei, was wahrscheinlich mit ein Grund dafür ist, warum sich viele Japaner in Russland so wohl fühlen. Unsere Studenten an der Moskauer Universität und an anderen Einrichtungen erzählten mir, dass sie in Russland niemals einen Rassismus von der Art erlebt hatten, wie er sich in Europa und Amerika noch hartnäckig hält.

Gorbatschow: Selbst die russischen Nationalisten müssen zugeben, dass es kompletter Unsinn ist, von der Reinheit der russischen Ethnie zu reden. Als sich das Russische Reich immer weiter ausgedehnt und sich riesige Gebiete einverleibt hat, kam es natürlich zu Konflikten mit der dort lebenden Bevölkerung, sowohl im Norden als auch im Süden. Und natürlich gab es in unserer Geschichte Eroberungen, Ausrottung von Volksstämmen und, vor allem bezogen auf die Juden, Segregation in abgeschlossenen Siedlungsräumen, was absolut beschämend ist. Trotzdem muss man auch sagen, dass sich in den Jahrhunderten des Russischen Reiches und später dann in der Sowjetunion eine organische Welt herausgebildet hat, in der alles miteinander verflochten war, die Kultur, die Sitten und die menschlichen Schicksale, ganz zu schweigen von der natürlich gewachsenen Arbeitsteilung. Egal, wo einer auf diesem riesigen Territorium lebte oder welcher Nationalität er angehörte, jeder fühlte sich in diesem Staat zu Hause und stand unter dem Schutz seiner Gesetze.

Die Ideologen der Auflösung wussten ganz genau, dass mehrere zehn Millionen Menschen außerhalb der Grenzen ihrer eigenen nationalen Republiken lebten, genauso, wie sie wussten, dass mehr als 25 Millionen ethnische Russen außerhalb der Russischen Föderation lebten, und daher unter einem Zusammenbruch der Sowjetunion am meisten zu leiden hätten.

Ikeda: Abstrakte Konzepte wie „Nation" oder „Selbstbestimmung" oder auch „Klassenfeinde" und „Diktatur des Proletariats" haben Millionen unschuldiger Menschen zu Opfern gemacht. Die Auflösung der Sowjetunion liefert ein deutliches Beispiel dafür.

Gorbatschow: Lange bevor es zum Zerfall der Sowjetunion und dem Belowescher Abkommen kam, hatte ich bereits die Gegner der Zentralregierung und des „Sowjetimperiums" als Neobol-

schewiken bezeichnet. Ihr revolutionärer Maximalismus, ihr
Drang, an einem Tag all das zu zerstören, was über Generationen aufgebaut worden war, ihre doktrinäre Einstellung und ihre
Entfremdung vom wirklichen Leben und den tatsächlichen Interessen des Volkes – hinter all dem stand nichts anderes als
reine Theorie und intellektuelle Ungeduld. Denn viele von ihnen hatten ja an wissenschaftlichen Instituten gearbeitet, bevor
sie in die Politik gegangen sind. Sie hatten ihre Ideen und vorgefertigten Konzepte, waren aber in der Praxis äußerst unerfah-
ren.

Niemand beschrieb diese Situation besser als Berdjajew,
unser erster Kritiker des bolschewistischen Versimpelns und ihres Maximalismus:

> Doktrinäre, abstrakte Politik ist immer drittklassig. Es mangelt
> ihr am richtigen Gespür für das Leben, an historischem Instinkt
> sowie an Scharfsinn, Sensibilität, Flexibilität und Plastizität. Sie
> ist wie ein Mensch mit versteiftem Nacken, der nur in eine Rich-
> tung blicken, nur einen Punkt im Auge behalten kann. Die ganze
> Komplexität des Lebens entgeht seinem Blick. Vitale Reaktionen
> auf das Leben bleiben aus. In der Politik kommt die Abstraktion
> einer simplen, unverantwortlichen Verkündung von Gemein-
> plätzen gleich, die mit den tatsächlichen Herausforderungen
> des Lebens und dem historischen Moment nichts gemeinsam ha-
> ben. Daher erfordert es auch kein kreatives Nachdenken über
> komplizierte Zusammenhänge. Es genügt schon, ein paar Ab-
> sätze aus dem kurzen Katechismus zu lesen, den man aus der
> Westentasche zieht. Abstrakte, maximalistische Politik verletzt
> stets das Leben und sein organisches Wachsen und Gedeihen.

Ikeda: Wissenschaftler und Intellektuelle hatten immer schon einen großen Einfluss auf die öffentliche Meinung, auch heute
noch. Doch wenn diese massiv in die Politik strömen, ist das
eher ein Fluch als ein Segen. Schlimmer noch ist das Auftreten
von Halbwissenden und Halbgebildeten. In allen Revolutionen
ist die Gewalt zuerst von Pseudo-Gelehrten ausgegangen. So
wie es auch bei den russischen Marxisten zu Beginn des 20.
Jahrhunderts geschah, haben solche Anführer den Anspruch
auf das Wissen um die absolute Wahrheit erhoben. Sie sahen
sich in der Rolle einer Avantgarde, die das ungebildete Volk
führen sollte. Sie gaben vor, Lehrer und Erzieher der „zurück-

gebliebenen" Masse zu sein. Diese selbsternannten Führer warten auch nicht, bis die revolutionäre Stimmung der Massen die Ebene ihres eigenen wissenschaftlichen Bewusstseins erreicht hat, sondern sie wollen ihr die eigenen abstrakten Wahrheiten notfalls mit Gewalt einimpfen. Während der bolschewistischen Revolution von 1917 hetzten sie die Bevölkerung dazu auf, die Bourgeoisie zu bestrafen.

Diese Berufsrevolutionäre werden zu Sklaven ihrer eigenen Theorien und entfernen sich damit unweigerlich vom realen Leben der Menschen. Je mehr sie die revolutionäre Stimmung von oben anheizen, desto größer wird die Kluft zwischen ihren Welterlösungsprogrammen und den tatsächlichen Wünschen und Sehnsüchten des Volkes. Dann dauert es nicht lange, und die revolutionäre Avantgarde wird unzufrieden mit ihrem Volk. Die sogenannten wissenschaftlichen Führer sind nicht länger in der Lage, auf die Stimmungen der Massen angemessen zu reagieren. Sie sind an die Schwerkraft ihrer eigenen abstrakten Programme gebunden. Schließlich flüstert der Teufel ihnen ein, das Volk für den verweigerten Gehorsam oder gar wegen konterrevolutionärer Agitationen zu bestrafen.

Das ist der Grund, warum alle Revolutionen so viele Rechtsverletzungen und Gewalt nach sich ziehen. Die revolutionäre Avantgarde will lieber um ihrer Ideale willen glorreich untergehen, als sich der Realität des Lebens zu beugen.

Gorbatschow: Alle revolutionären Extremisten zielen darauf, die bestehende Ordnung zu zerstören. In Trotzkis Theorie der permanenten Revolution fand diese Haltung ihren klassischen Ausdruck. Der Kerngedanke dieser Theorie besteht darin, dass jedes Gleichgewicht der Verhältnisse als solches von Übel ist, egal, wie die Leute das sehen oder welche konkreten Vorteile sie davon haben. Für Trotzki musste die Gesellschaft in einem ständigen Umwandlungsprozess begriffen sein und sich von einer Stufe auf die nächste entwickeln. Die Revolutionen der Wirtschaft, der Technik, des Wissens, der Familie, des Lebensstils und der Sitten würden sich in gegenseitiger Wechselwirkung entfalten und die Gesellschaft daran hindern, ihr Gleichgewicht zu finden.

Ikeda: Auch der Maoismus vertritt die Theorie der permanenten Revolution, die ihre Wurzeln in Marx' Aufforderung zu einer Revolutionierung der Welt hat. Aber um ehrlich zu sein, von dieser Theorie mag zwar eine gewisse Anziehungskraft ausgehen, sie bleibt aber doch unrealistisch. Sie verspricht das Unmögliche und lockt vor allem die jungen Leute damit, dieses Unmögliche, das heißt die Utopie, zu verwirklichen. Anstatt aber irgendwelchen Utopien nachzulaufen, die in der Vergangenheit schon zu sehr vielen Tragödien geführt haben, sollten wir uns bewusst machen, dass das Leben vor allem von Kontinuität bestimmt ist. Die Menschen sind in der Regel nur dann bereit, mit der Vergangenheit zu brechen, wenn das Neue sich bereits unwiderruflich im natürlichen Lauf der Dinge angebahnt hat. Das ist übrigens auch der Grund, warum auf jeden revolutionären Extremismus schnell wieder die Ernüchterung folgt. Wir sollten im wirklichen Leben nach dem Grundsatz handeln, dass ein Schritt, den hundert Menschen vorwärtsgehen, wertvoller ist als hundert Schritte, die ein Einzelner macht.

Gorbatschow: Wie ich schon sagte, ist unser Neues Denken im Wesentlichen davon bestimmt gewesen, dem Doktrinarismus und der Ideologie der Gleichförmigkeit eine Philosophie der Vielfalt und Vielgestaltigkeit der Welt entgegenzusetzen. Natürlich stimme ich Ihnen zu, wenn Sie sagen, dass man sich ganz spontan für eine abstrakte Idee begeistern und ihr einen absoluten Stellenwert einräumen kann, auch wenn Menschen dadurch zuweilen, und im Grunde genommen völlig arglos, in die Falle abstrakter Begriffe tappen. So hat zum Beispiel Andrej Sacharow einmal den Vorschlag gemacht, dass jede Ethnie auf dem Gebiet der UdSSR ihren eigenen unabhängigen Staat gründen und somit jeder Stein im Fundament der sowjetischen Pyramide seine eigene unabhängige Existenz führen sollte.

Sacharow hat das deshalb vorgeschlagen, weil für ihn die Selbstbestimmung einen absoluten Wert dargestellt hat. Er war der Meinung, dass kleine ethnische Gruppen von mehreren Tausend Menschen dieselben Rechte haben sollten wie die großen Völker, also zum Beispiel Deutschland und Russland. Sein diesbezüglicher Idealismus rührte daher, dass er die Begriffe ethnische Gruppe, Volk und Nation miteinander vermischte. Ich habe größte Hochachtung vor dem Gedanken der Selbstbestimmung. Gleichzeitig aber frage ich mich auch immer: Was ist der Preis dafür? Was heißt das bezogen auf die Unantastbarkeit der Grenzen? Was würde in Europa passieren, wenn jede ethnische Gruppe nach einem eigenen unabhängigen Staat verlangte? Keine dieser lokalen Ethnien wäre in der Lage, die eigene Sicherheit und wirtschaftliche Unabhängigkeit zu gewährleisten oder zu verteidigen. Sie alle würden schnell zum Spielball der Mächtigen, was am Ende nur wieder zu neuen Konflikten und Kriegen führen würde.

Ikeda: Der Krieg im ehemaligen Jugoslawien hat das sehr deutlich vor Augen geführt.

Gorbatschow: Die Abstraktionsfalle kann übrigens durchaus vermieden werden, vorausgesetzt allerdings, man verliert neben dem rein Kognitiven des abstrakten Denkens nicht die Praxis aus dem Blick. Wie Sie vorhin schon gesagt haben – „Im Anfang war das Wort". Und allein durch das Wort, also durch die Kunst der Abstraktion, wurde der Mensch zum Menschen. Die Fähigkeit, zwischen den Dingen und ihren Begriffen unterscheiden zu können, war der eigentliche Impuls für die Entwicklung des menschlichen Geistes. Aus dem Wort entwickelte sich der Begriff der Zeit und damit die Fähigkeit, die Gegenwart von der Zukunft zu unterscheiden.

Der entscheidende Punkt aber ist, dass der Mensch durch Begriffe wie Moral, Familie, Gott, Gemeinschaft, Nation, Klasse und Staat gelernt hat, die eigenen Interessen mit denen der anderen Menschen in Beziehung zu setzen und dadurch den ihm angeborenen Egoismus zu zügeln. Die Moral der Bergpredigt besticht durch ihre geniale Schlichtheit: „Alles, was ihr von anderen erwartet, das tut auch ihnen! Darin besteht das Gesetz und die Propheten." (Mt 7,12) Der Mensch ist ein soziales und also auf Gemeinschaft hin angelegtes Wesen, das außerhalb des Rahmens des kollektiven Bewusstseins gar nicht existieren kann. Aber wie Sie zu Recht sagen, kann die Kunst der

Abstraktion und die aus ihr hervorgehenden Ideen zu beidem führen: Sie kann den Menschen zu Großtaten beflügeln, sie kann ihn aber auch in einen moralischen Abgrund reißen. Darin liegt die eigentliche Tragik.

Begriffe wie Heimat, Vaterland oder Mütterchen Russland haben in der dramatischen Zeit des Krieges gegen das faschistische Deutschland, also im November und Dezember 1941, eine enorm wichtige Rolle gespielt. Stalin und die politische Führung des Landes haben damals erkannt, dass die Losung „Das sozialistische Vaterland ist in Gefahr" die Armee nicht mehr in ausreichendem Maß dazu mobilisieren konnte, den Feind zurückzuschlagen. Wenn es um Leben und Tod geht und die Unabhängigkeit eines Volkes auf dem Spiel steht, dann werden Klassenbewusstsein und Klassenkampf zweitrangig und an ihre Stelle tritt der Nationalstolz. In diesen Zeiten größter Bedrängnis sprach man auf einmal wieder von der Größe des russischen Volkes und betrachtete die Rote Armee samt ihrer Generäle als die legitimen Nachfahren der einst siegreichen russischen Armee und ihrer großen Heerführer Alexander Newski, Suworow, Uschakow und Nachimow. In den Jahren des Krieges haben wir zu unserer nationalen Geschichte zurückgefunden.

Aber schon vier Jahre nach dem Großen Vaterländischen Krieg hat Stalin damit begonnen, die Begriffe Heimat und Vaterland für ganz andere Zwecke zu benutzen. Statt einer geistig-moralischen Mobilisierung ging es ihm nun darum, das eigene Volk zu hintergehen und Fremdenhass und nationale Feindschaft zu schüren. Vor allem in moralischer Hinsicht waren die letzten Lebensjahre Stalins, in denen er einen Kampf gegen den sogenannten vaterlandslosen Kosmopolitismus geführt hat, eine grauenvolle Zeit. Was in diesen Jahren geschehen ist, war nichts anderes als eine schamlose Manipulierung des Nationalstolzes der Russen. Uns wurde damals eingetrichtert, dass wir auf allen Wissensgebieten immer die Besten gewesen sind, so als wäre Russland ein einziges Land von Giganten. Völlig absurd! Man braucht keine besondere Theorie, um das alles zu verstehen. Im ersten Fall, während des Großen Vaterländischen Krieges, bedeutete Nationalstolz nichts anderes, als die nationale Würde zu verteidigen. Im zweiten Fall, also im Kampf gegen den sogenannten vaterlandslosen Kosmopolitismus, wurde das Nationalgefühl zu politischen Zwecken missbraucht, die am Ende einen russischen Chauvinismus provozierten.

Ikeda: Die Tragik des 20. Jahrhunderts besteht unter anderem darin, dass die Menschheit dem Kult der Abstraktion nichts entgegenzusetzen hatte. Die Wörter gewinnen zwar erst durch die Abstraktion ihre Bedeutung, doch zugleich entfremden sie sich dadurch auch von den tatsächlichen Phänomenen, für die sie stehen. Wer daher Worte wie zum Beispiel Nation einfach mit deren Wirklichkeit gleichsetzt, tappt unweigerlich in die Abstraktionsfalle. Wir dürfen nicht der Illusion verfallen, dass Wörter unveränderlich das festhalten, was doch immer in Bewegung bleibt. Wörter können die lebendige Wirklichkeit nie erschöpfend zum Ausdruck bringen. Zu keinem anderen Zeitpunkt in der Geschichte war größere Vorsicht gegenüber fiktiven Begriffen geboten als gerade heute. Denn im 20. Jahrhundert hat der übertriebene und zuweilen auch leichtfertige Glaube an das Wort zu schrecklichen Tragödien geführt.

Gorbatschow: Ja, die Überbewertung der abstrakten Bedeutung von Wörtern und Begriffen ist eine Krankheit, vor der man sich in Acht nehmen sollte. Aber ich will noch einmal auf unser ursprüngliches Thema zurückkommen, das Problem der Nation. Nationalgefühl ist etwas, das wir alle haben, auch wenn wir nie darüber nachdenken. Es gehört einfach zum Menschen mit dazu. Wir brauchen etwas, wie man in Russland sagt, an das wir uns anlehnen können. An erster Stelle ist das die Familie, dann die Sippe und schließlich die ethnische Gruppe oder das Volk. Das Gefühl der ethnischen oder nationalen Zugehörigkeit gehört zu den Schutzmechanismen der menschlichen Kultur. Ein sehr einfacher, aber entscheidender Mechanismus. Denn in kritischen Momenten kann das Gefühl der nationalen Identität der Auslöser dafür sein, den angeborenen Individualismus zu überwinden, um sich für höhere Ziele in die Pflicht nehmen zu lassen. Natürlich ist es lächerlich, wenn am Beginn des 21. Jahrhunderts noch versucht wird, die Nationalität ausgehend von der Ethnie zu definieren. Ich habe ja schon gesagt, dass heute eigentlich selbst überzeugte Nationalisten zugeben müssten, dass es so etwas wie die Reinheit der russischen Ethnie gar nicht gibt. Man muss nur an einem Russen oder Ukrainer ein wenig kratzen, und schon kommt darunter ein Mordwiner, ein Tartare, ein Pole, ein Türke oder Finne zum Vorschein. Und so ist es überall auf der Welt.

Ikeda: Ja, das gilt sogar für uns Japaner, obwohl wir ja eigentlich alle zu einer Nation gehören. Erst in der zweiten Hälfte des 7. Jahrhunderts hat sich Japan zu einem eigenen Staat entwickelt und sich dabei auf das politische und juristische System des asiatischen Kontinents gestützt. Bis zu diesem Zeitpunkt bestanden sehr enge Kontakte zu den Bewohnern der Koreanischen Halbinsel. Schriftliche Quellen belegen, dass die Grenzen zwischen Japan und dem koreanischen Königreich Baekje immer offen waren und es auch keine Sprachbarrieren gab. Es sollte dann noch bis hinein in die Meiji-Zeit (1868–1912) dauern, bis sich die Japaner dazu entschieden haben, einen neuen Staat aufzubauen, der den Großmächten Europas und Amerikas ebenbürtig sein sollte. Die politischen Führer haben begonnen, den Shintoismus als Staatreligion einzuführen und die Kaisertreue als Ideologie durchzusetzen. Im Zuge dieser Entwicklungen kam dann auch der künstliche Begriff der „Reinheit der japanischen Nation" (Yamato) auf. Aber allein schon der Blick auf die Vielfalt der japanischen Dialekte widerspricht diesem Gedanken. Denn auch wenn alle dieselbe japanische Hochsprache lernen, gibt es so viele unterschiedliche Dialekte, dass sich die Menschen aus den verschiedenen Regionen oft nicht verständigen können.

Gorbatschow: Was den Kern der russischen Nation ausmacht, ist der Gedanke einer die Vergangenheit, Gegenwart und Zukunft umfassenden Kulturgemeinschaft, die sich durch ein gemeinsames kulturelles Erbe, ein gemeinsames kulturelles Schaffen und natürlich auch durch gemeinsame kulturelle Ziele auszeichnet. Nimmt man all das zusammen, dann wird deutlich, dass wir den Griechen und Römern mit ihrem staatsbürgerlichen Patriotismus doch recht nahestehen. Der Nationalismus ist im Grunde genommen die Perversion eines gesunden Nationalgefühls. Es ist eine falsche, degenerierte Form der nationalen Selbstbehauptung, die vor allem in nationalem Egoismus, im Anspruch auf nationale Exklusivität und in nationaler Arroganz zum Ausdruck kommt. Und am Ende von allem stehen der Chauvinismus und die Fremdenfeindlichkeit. Ein gesundes Nationalgefühl dagegen ist ein ebenso positiver Wert wie die Familie, der Staat, die Religion und das Eigentum.

Ikeda: Aber ebenso wie die Menschen offen miteinander umgehen müssen, so müssen auch die Staaten und Nationen einander offen gegenübertreten. Denn erst wenn eine solche Offenheit gegeben ist, wird es auch möglich sein, eine gemeinsame Sprache zu finden und in einen Dialog zu treten, um etwaige Differenzen oder Spannungen aus dem Weg zu räumen. In einem Staat oder einer Nation allerdings, die sich nach außen verschließen, können Nationalismus und imperiale Machtgelüste immer die natürliche Folge sein. Eine verschlossene Seele zeugt immer von einer gewissen Verbohrtheit, die den offenen Dialog verhindert und Gefahr läuft, schon bei kleinsten Meinungsverschiedenheiten mit Gewalt zu reagieren.

Die ursprüngliche Weltoffenheit des Menschen

Ikeda: In den neunziger Jahren kam es zwischen Armenien und Aserbaidschan zu kriegerischen Auseinandersetzungen, die sich bereits seit 1985 angebahnt hatten und bei denen Zehntausende Menschen getötet wurden. Im Fernsehen wurde über diese Tragödie berichtet und ich sehe noch die Bilder einer alten armenischen Frau vor mir, die voller Verzweiflung klagte: „Wir sind immer so gut miteinander ausgekommen. Warum müssen wir uns jetzt gegenseitig umbringen?" Das ist genau das, was Sie befürchteten, als Sie mit der Perestroika begannen. Wie Sie vorausgesehen hatten, brachte die unüberlegte Auflösung der Sowjetunion Unglück und Leid über die abgespaltenen Republiken.

Die Verzweiflung der alten Frau führte mir vor Augen, wie überraschend weltoffen das einfache Volk sein kann. Diese Erfahrung habe ich immer wieder in Gesprächen mit Menschen auf der ganzen Welt gemacht. Der bekannte rumänische Schriftsteller Zaharia Stancu zum Beispiel beschreibt in seinem Roman *Barfuß* von 1948 das Leben von rumänischen und bulgarischen Bauern, die viele Jahre lang in Eintracht miteinander gelebt haben, bis dann plötzlich der türkisch-bulgarische Krieg ausbricht und die rumänischen Bauern gezwungen werden, an der Seite der Türken zu kämpfen. Und auch in diesem Roman tritt in einem Gespräch zwischen rumänischen Bauern so etwas wie ein ursprünglicher Kosmopolitismus ganz deutlich zutage:

> Gegen die Bulgaren kämpfen? Was sollten wir gegen sie haben? Wir sind doch immer Freunde gewesen. Nur gut, dass Iwan und Stojan schon tot sind. Würden sie noch leben, müssten wir jetzt gegen sie kämpfen? Wie könnten wir diese Schande ertragen? Gegeneinander kämpfen und einander erschießen? O Gott, o Gott!

Gegen seine Freunde zu kämpfen, gilt als Schande. In diesen schlichten Worten kommen das universelle Wesen des Menschen und das Ethos der Koexistenz zum Ausdruck. In ihnen liegt der Ursprung eines wahren Kosmopolitismus.

Gorbatschow: Ich persönlich habe meine ersten Lektionen in kosmopolitischer Erziehung in meiner Heimat nahe Stawropol erhalten. Natürlich nicht in Form von abgehobener Theorie, sondern als elementare Grundlage für das Leben im Nordkaukasus, wo viele Nationalitäten Seite an Seite miteinander leben, manchmal sogar im selben Dorf oder in derselben Siedlung. Jede Nationalität hat ihre eigene Kultur und Tradition, die auch gepflegt werden, aber in schwierigen Zeiten war es immer ganz selbstverständlich, dass man einander half. Man besuchte sich gegenseitig, arbeitete zusammen und fand zu einer gemeinsamen Sprache. Und selbst heute noch, trotz der immer wieder auftretenden Unruhen und nationalistischen Umtriebe, wird an dem ungeschriebenen Gesetz der guten Nachbarschaft unverbrüchlich festgehalten. Was in der gegenwärtigen Situation tatsächlich nicht immer leicht ist.

Durch ihre geschichtlichen Erfahrungen haben die Bewohner dieser Region gelernt, in Frieden und Freundschaft miteinander zu leben. 1991 zum Beispiel haben die Balkaren, eines der zahlreichen dort lebenden Völker, die Möglichkeit bekommen, sich von den Kabardinern abzuspalten und eine eigene Bergrepublik zu gründen. Das wurde von ihrem Ältestenrat aber mit folgender Begründung abgelehnt: „Im Namen der Freundschaft und der guten Nachbarschaft wollen wir mit den Kabardinern zusammenbleiben. Wir sind uns schon in schlechteren Zeiten treu geblieben, warum also sollten wir jetzt auseinandergehen?" Dasselbe ließe sich auch über die Karatschajer und die Tscherkessen sagen. Für mich persönlich, wenn ich das so sagen darf, liegt in diesem Modell der nordkaukasischen Lebensweise der Schlüssel für wahren Kosmopolitismus, der ausgehend vom Einzelnen und Besonderen auf das zielt, was uns alle eint und uns zu Angehörigen des einen Menschengeschlechts macht. Meiner Ansicht nach kann der Mensch eine andere Kultur nur dann respektieren und in ihrer eigenen Bedeutung und Bestimmung wertschätzen, wenn er selbst fest in seiner eigenen nationalen Kultur verwurzelt ist. Nur wer mit beiden Beinen fest auf dem Boden seiner eigenen Heimat steht, wird auch in der Lage sein, offen zu sein für die Vielfalt der Kulturen unserer Welt.

Ikeda: Stimmt, Goethe sagte ja zum Beispiel auch: „Wer fremde Sprachen nicht kennt, weiß nichts von seiner eigenen." Die Kraft der lebendigen Muttersprache liegt nicht darin, andere Sprachen zu verdrängen, sondern sie sich anzueignen. Worauf Goethe damit hinweisen will, ist der organische Zusammenhang zwischen dem Nationalen und dem Globalen. Als Japan im späten 19. Jahrhundert damit begonnen hat, sich nach außen zu öffnen, waren im Ausland viele davon beeindruckt, mit welcher Entschlossenheit die Japaner an ihrer traditionellen Kultur festgehalten haben, die in ihrem Kern auf den Verhaltenskodex der Samurai, „Bushido", zurückgeht. Aber genau deswegen, weil die Menschen so tief mit ihrer eigenen Kultur verwurzelt waren, konnte sie nun als Vermittlerin zu den anderen Kulturen der Welt dienen.

Es wird von einem japanischen Krieger namens Baba Tatsui berichtet, der damals im traditionellen Gewand eines Samurai durch die amerikanischen Städte zog und dabei die zwar ver-
wunderten, aber doch freundlichen Blicke der Einheimischen
auf sich zog. Er wurde wie ein Gast behandelt. Oder ein anderes Beispiel: Unmittelbar vor der Meiji-Zeit schickte die Regierung Tokugawa zum ersten Mal eine Abordnung von Gesand-
ten nach Amerika, um die Ratifikationsurkunde über ein
Handelsabkommen und die Aufnahme diplomatischer Beziehungen zwischen beiden Ländern zu überbringen. Der Dichter
Walter Whitman hat den Eindruck, den diese farbenprächtige
Delegation aus dem Fernen Osten auf ihn machte, in seinem
Gedichtband *Grashalme* festgehalten:

> Über das westliche Meer aus Japan gekommen,
> Höfliche Sendboten mit gelbem Gesicht und zwei Schwertern
>   bewaffnet,
> Sitzen sie im offenen Wagen mit gelassener Miene,
> Schreiten sie mit unbedecktem Kopf,
> Heute durch Manhattan.

Ungefähr zur selben Zeit hielt sich der Zoologe und Archäologe
E. S. Morse von der Harvard University in Japan auf, um dort
Forschungen zu betreiben. Er berichtet, wie begeistert er von
den guten Umgangsformen der Japaner gewesen ist, vor allem
auch unter den Kindern. Es wurde also selbst in dieser schwierigen Phase des Umsturzes und des Übergangs von der Regierung Tokugawa in die Meiji-Zeit großer Wert auf Erziehung gelegt. Und was Morse dabei vor allem verwundert hat, war die
Tatsache, dass gutes Benehmen offensichtlich gar nichts mit
Strenge zu tun hat. Die Kinder sind seiner Ansicht nach unter
traumhaften Bedingungen aufgewachsen und hatten liebevolle
und fürsorgliche Eltern und Erzieher, sodass sich Gehorsam
und gute Manieren wie von selbst eingestellt haben. In seinem
Tagebuch schreibt er:

> Wer als Ausländer einige Monate in Japan lebt und anfangs
> noch glaubt, er könne den Japanern alles beibringen, muss all-
> mählich zu seinem Erstaunen, aber auch mit einem gewissen Be-
> dauern, feststellen, dass Tugend und Sittsamkeit, zu denen wir
> zu Hause im Namen der Humanität erzogen werden und die

wir daher als Last empfinden, den Japanern gleichsam in die
Wiege gelegt sind. Einfache Kleidung, Ordnung im Haus, sau-
bere Straßen, die Liebe zur Natur und allem, was in ihr kreucht
und fleucht, eine schlichte, aber faszinierende Kunst, höfliche
Umgangsformen, Rücksichtnahme auf die Gefühle anderer – all
das findet man nicht nur in den höheren Schichten, sondern
selbst unter den Ärmsten der Armen.

Solche Aussagen zeigen, dass die Japaner zur damaligen Zeit
ihre eigene Kultur und Tradition noch wertgeschätzt haben
und dafür dann bewundert worden sind. Aber die hohen moralischen Qualitäten, die uns nachgesagt werden, sind immer weiter in den Hintergrund getreten. Nach dem Zweiten Weltkrieg
kamen die Jahre des sogenannten Wirtschaftswunders und von
da an hat sich alles nur noch um die Ökonomie gedreht. Dieser
Eindruck hat sich sogar im Ausland durchgesetzt. Einmal zum
Beispiel empfing der französische Präsident den japanischen
Premierminister im Elysée-Palast und sprach dabei von den Japanern als „Transistorenhändler". Und leider hatte er recht damit. Wie stark die Wirtschaft eines Landes auch immer sein
mag, es ist ein großer Fehler, wenn man darüber seine eigenen
geistigen Wurzeln vergisst.

Gorbatschow: Niemand hat vermutlich, um wieder auf Russland
zurückzukommen, die innere Dialektik zwischen dem Nationalen und dem Universellen in seinem Leben deutlicher zum Ausdruck gebracht als Turgenjew. Er ging als junger Mann an die
Berliner Universität, um Philosophie zu studieren, und kehrte
dann nie mehr ganz nach Russland zurück. Er reiste durch Europa und verbrachte den Großteil seines Lebens in Frankreich.
Schreiben konnte er aber nur zu Hause, auf dem Gut seiner Eltern in Spasskoje-Lutowino. Daher ist er immer, wenn es Frühling wurde, dorthin zurückgekehrt, um sich an den Schreibtisch
seines Arbeitszimmers zu setzen, von wo aus er auf den riesigen
Park mit der Familienkapelle blicken konnte. An solchen Tagen
erwachte sein großartiges Talent zum Leben.

Es ist ein Paradoxon und gleichzeitig auch eine Lehre aus
der russischen Geschichte des 19. Jahrhunderts, dass sich gerade Turgenjew, der überzeugteste Kosmopolit unter den russi-

schen Schriftstellern, als Erster der Seele des russischen Bauern zugewandt und sie als Stoff für seine *Aufzeichnungen eines Jägers* auswählt hat. Er hat deutlich gemacht, dass es möglich ist, als weltoffener Europäer zugleich patriotisch gegenüber dem eigenen Volk und dessen Sprache eingestellt zu sein:

> Wenn mich Zweifel und düstere Gedanken über das Schicksal meiner Heimat überkommen, dann bist allein du meine Stütze und mein Halt, o große, mächtige, wahrhaftige und freie russische Sprache. Müsste ich beim Anblick dessen, was in der Heimat geschieht, ohne dich nicht in der Verzweiflung versinken? Aber wie könnte ich daran zweifeln, dass ein Volk, dem eine solche Sprache geschenkt wurde, nicht ein wahrhaft großes Volk ist.

Das sind die Worte eines russischen Patrioten, der zugleich ein Schüler von Goethe und Hegel gewesen ist. Und ich will Ihnen noch ein Geheimnis anvertrauen: Ich fühle mich Turgenjew seelenverwandt, denn wie er habe auch ich eine große Schwäche für den Literaturkritiker und Philosophen Wissarion Belinski.

Ikeda: Turgenjew wird für mich immer mit einer schönen Erinnerung aus dem Jahr 1981 verknüpft bleiben: Nach meinem dritten Besuch in der Sowjetunion bin ich in diesem Jahr nach Bulgarien weitergereist, um an der Universität von Sofia einen Vortrag zu halten. Danach gab es in der japanischen Botschaft einen Empfang, bei dem mir der damalige Botschafter empfohlen hat, Turgenjews Novelle *Am Vorabend* zu lesen. Ich habe seinen Rat befolgt und dieses großartige Buch, das ja eigentlich ein literarischer Protest war, auf Anhieb als frischen Wind empfunden. Mit einer ungeheuren Eindringlichkeit wird darin das Erwachen eines neuen Geistes in Russland beschrieben, der Drang nach Freiheit in allen Belangen, innerhalb der Gesellschaft und im privaten Bereich. Der Protagonist der Geschichte, Insarow, ein sehr entschlossener und willensstarker Revolutionär, hatte zur damaligen Zeit einen großen Einfluss auf die progressive Jugend in Russland, löste aber auch quer durch die ganze Gesellschaft heftige Debatten aus.

Was mir übrigens zu den von Ihnen erwähnten *Aufzeichnungen eines Jägers* noch einfällt: Zar Alexander II. soll über die darin beschriebenen Lebensverhältnisse der leibeigenen

Bauern so schockiert gewesen sein, dass er ihnen die Freiheit gab und die Leibeigenschaft abschaffte.

Gorbatschow: Ich bin wie Sie der Meinung, dass jeder Mensch ein Gefühl dafür besitzt, ein Teil des ganzen Menschengeschlechts zu sein. Und dass wir um unserer und unseres Planeten Zukunft willen dieses Gefühl kultivieren müssen. Die Frage ist aber, wie wir das erreichen können. Es wird nur auf dem Weg eines Kosmopolitismus und einer Überwindung der nationalen Feindseligkeiten möglich sein, denn die enden ja fast immer in Krieg. Wie also können wir, anders gesagt, die Menschen dazu bringen, es als eine Schande zu empfinden, gegeneinander zu kämpfen? Auf den ersten Blick scheint es das Einfachste zu sein, den Menschen jede Form von Nationalbewusstsein oder Nationalgefühl auszutreiben und sie von Anfang an dazu zu erziehen, sich als Bürger einer Weltgemeinschaft zu betrachten. Wir Russen sind diesen Weg bis zum Ende gegangen, als wir das Experiment der bolschewistischen Internationalen in Angriff genommen haben. Jahrzehntelang wurde den Sowjetbürgern durch den Propagandaapparat und das ganze Erziehungssystem eingetrichtert, dass der Große Oktober ihre eigentliche Heimat ist und dass Klassenzugehörigkeit und Klassensolidarität über allem stehen.

Der sowjetische Mensch hat im Grunde so etwas wie einen geistigen Mikrokosmos gebildet. In keinem anderen Land der Welt hat eine so große Annäherung zwischen den europäischen und asiatischen Völkern stattgefunden wie in der UdSSR. Niemand hat sich die Frage gestellt, ob Tschingis Aitmatow nun ein Russe oder ein Kirgise ist, er war für alle einfach nur ein großer sowjetischer Schriftsteller. Das alles waren Errungenschaften, die man nicht so einfach vergessen sollte.

Ikeda: Das sowjetische Experiment, die Menschen im Geist des Internationalismus zu erziehen, hat bis heute noch keine faire und unvoreingenommene Beurteilung erfahren. Dabei hatte es damals einen enormen Einfluss auf andere Länder. Auch in Japan war das so, als nach dem Zweiten Weltkrieg die staatlich verordneten Denkverbote aufgehoben wurden und linke Ideo-

logien plötzlich das ganze Land überflutet haben. Parolen aus
dem Kommunistischen Manifest wie „Die Arbeiter haben kein
Vaterland", „Die Proletarier haben nichts zu verlieren als ihre
Ketten", „Proletarier aller Länder, vereinigt euch!" haben in ihrer Einfachheit und durch ihren messianischen Impetus eine ungeheure Sogwirkung entfaltet und die idealistische Jugend in ihren Bann gezogen. In den sechziger Jahren allerdings war ein
Großteil dieser Jugend bereits so weit desillusioniert – nicht zuletzt aufgrund der Grabenkämpfe und Abspaltungen innerhalb
des linken Lagers –, dass er sich wieder von der marxistisch-leninistischen Ideologie abgewandt hat. Tatsächlich aber gibt es
auch heute noch viele konservative Politiker in Japan, die keinen Hehl daraus machen, in ihrer Jugend den Kommunisten na-
hegestanden zu sein.
     Es ist vermutlich noch zu früh, sich ein objektives Urteil
über die sozialistische Epoche der russischen Geschichte zu erlauben. Deshalb ist es aber auch gut, dass der krude Antikommunismus der späten achtziger und frühen neunziger Jahre, der
die Sowjetunion nur als einen finsteren Tiefpunkt der Geschichte abqualifizieren wollte, mittlerweile diskreditiert ist.
Der Kommunismus hat sich in Russland nicht zufällig als politische Macht durchgesetzt, sondern er war eine Folge der rus-
sisch-europäischen Geschichte und muss daher durchaus ernst
genommen werden. Und auch wenn man den Kommunismus
als eine Tragödie der Geschichte betrachtet, wie zum Beispiel
der aus Polen stammende Politikwissenschaftler und ehemalige
US-Sicherheitsberater Zbigniew Brzeziński in seinem Buch *Das
gescheiterte Experiment*, muss man trotzdem zu verstehen versuchen, warum die dahinterstehenden Ideen so populär gewesen sind.
     Andererseits darf ein gerechtes Urteil über das kommunis-
tische Experiment auch nicht über die Rolle von Marx und seiner überaus fragwürdigen Theorie einer Diktatur des Proletariats hinwegsehen. Denn diese Theorien und Parolen haben
Millionen von Menschen die Freiheit oder sogar das Leben gekostet. Natürlich kann man sich allerdings auch fragen, wie
Marx diese Theorie heute beurteilen würde.

Gorbatschow: Gerade in dem Moment, in dem wir alle geglaubt hatten, am Ziel zu sein, und das sowjetische Volk begonnen hat, eine neue historische Gemeinschaft herauszubilden, ist alles auseinandergefallen. Ein neuer Ethnozentrismus ist zum Vorschein gekommen und die Geschichte der Nationalitäten drängte alles andere in den Hintergrund. Warum stand der bolschewistische Internationalismus, die Grundlage des Kommunismus, auf so wackeligen Beinen?

Ein Grund dafür, warum sich der kommunistische Kosmopolitismus nicht durchsetzen konnte, ist vermutlich gewesen, dass er auf eine Utopie zurückgeht. Wir haben ja schon festgestellt, dass das Nationalgefühl sehr tief in einem Volk verwurzelt ist, genauso wie der Wunsch nach eigenem Grund und Boden. Man kann deshalb annehmen, dass niemand zum Weltbürger wird, der nicht zugleich auch Bürger seines eigenen Landes ist.

Nikolai Berdjajew hat bereits während des Ersten Weltkriegs darauf hingewiesen, dass die Idee des Kosmopolitismus und damit auch die Idee vom Absterben der Nation unrealistisch, weil utopisch ist. Er schreibt:

Der Mensch kommt zur Menschheit durch seine nationale Individualität, als Angehöriger einer Nation, nicht als ein abstraktes Wesen – als Russe, Franzose, Deutscher oder Engländer. Der Mensch kann nicht einfach die ganzen Entwicklungsstufen des Seins überspringen. Er würde dadurch innerlich verarmen und verkümmern. Wir können uns zwar die brüderliche Einheit zwischen Russen, Franzosen, Engländern, Deutschen und allen anderen Völkern dieser Erde erhoffen, können aber doch nicht wünschen, dass die Nationen in der Vielfalt ihrer geistigen und kulturellen Erscheinungsformen von der Erde verschwinden.

Wir können von den Russen nicht verlangen zu vergessen, dass sie Russen sind, von den Kasachen nicht, dass sie Kasachen sind, von den Georgiern nicht, dass sie Georgier sind. Genau darin besteht der Irrtum des kommunistischen Experiments. Die siebzig Jahre dieses Experiments haben gezeigt, dass alle Versuche, das nationale Gedächtnis und die nationale Geschichte einfach auszulöschen, nicht die gewünschten Erfolge hatten, im Gegenteil. Diese Versuche, alles Positive in der Geschichte Russlands vor der Revolution mit einem Handstreich wegzuwischen, haben überhaupt erst dazu geführt, dass es gegenwärtig zu einer Idealisierung des Zaren Nikolaus II., seines konservativen Ministerpräsidenten Stolypin und der Wirtschaft des vorrevolutionären Russlands kommt. Alle scheinen heute vergessen zu haben, unter was für erbärmlichen Bedingungen die Bauern damals leben mussten. Niemand erinnert daran, dass sie in strohbedeckten Lehmhütten gewohnt und ihre fünf Kinder sich ein Paar Schuhe geteilt haben oder dass sie immer wieder von schrecklichen Hungersnöten heimgesucht worden sind. Zu ähnlichen Verfälschungen der Wahrheit ist es auch in der nationalen Politik gekommen. Alle Bemühungen, das nationale Gedächtnis so schnell wie möglich auszulöschen und jahrhundertealte Traditionen und Bräuche abzuschaffen oder sogar religiöse Feiertage durch neue, revolutionäre Feiertage zu ersetzen, führten zu einem unterdrückten Nationalbewusstsein. Dieses lag dann all die Jahre wie eine tickende Zeitbombe unter dem proletarischen sowjetischen Internationalismus verborgen. Aber als die offizielle Ideologie verpufft ist und damit auch die mit ihr verbundene Furcht, ging die Bombe schließlich hoch. Und zum Vorschein kamen die niederen und irrationalen Instinkte eines Nationalismus statt des Gefühls der Einheit und Gemeinschaft aller Völker, auf das wir eigentlich gehofft hatten.

Ikeda: Der Begriff der Utopie ist meiner Meinung nach deshalb gefährlich, weil er den äußeren Interessen entspringt, Interessen, die reine Kopfgeburten sind und dann in der Seele des Menschen die entsprechenden Bedürfnisse hervorrufen sollen. Obwohl die menschliche Seele eigentlich kein Verlangen nach Einheitlichkeit und Gleichförmigkeit verspürt, fordert die Utopie dazu auf, alle Unterschiede im gesellschaftlichen Leben aufzuheben. Die Tragik besteht darin, dass Menschen, die allein aufgrund dieser rein äußeren Motive und Antriebe nach der Macht greifen, diese dazu benutzen, sich der Seelen ihrer Mitmenschen zu bemächtigen, um diesen ihre innersten Bedürfnisse auszutreiben. Worte und Theorien dienen dann nur noch dazu, die eigenen Überzeugungen durchzusetzen, notfalls auch mithilfe von Knüppeln und Straflagern.

Das alles Entscheidende für den Menschen liegt also darin, gemäß seinen innersten Überzeugungen zu leben und zu handeln. Ohne diesen innersten Antrieb, der aus der Tiefe der menschlichen Seele kommt, wird sich weder der Mensch als Einzelner noch die Gesellschaft als Ganze verändern lassen. Und das sage ich nicht nur im Hinblick auf die kommunistische Ideologie, sondern auch bezogen auf die liberalen Prinzipien der modernen Demokratien in Europa und Amerika. Diese Prinzipien werden von den islamischen Gesellschaften abgelehnt, weil sie, wie ich vermute, keinen inneren Antrieb verspüren, sie anzunehmen, und weil sie zudem auch das Gefühl haben, dass sie ihnen aufgezwungen werden. Wir werden aber im 21. Jahrhundert ohne einen solchen inneren Antrieb und ohne die entsprechenden ethisch-moralischen Grundlagen nicht bestehen können.

Gorbatschow: Man muss natürlich ganz ehrlich zugeben, dass es nicht nur die unterdrückten Nationalgefühle, sondern vor allem der Eiserne Vorhang war, der es den Völkern der ehemaligen Sowjetunion unmöglich gemacht hat, sich als Teil der Weltgemeinschaft zu fühlen. Das marxistische Modell, die Menschen zu Weltbürgern zu erziehen und die nationale Abkapselung zu überwinden, hatte ja nichts mit einer Politik der Isolation und der geschlossenen Grenzen zu tun, wie sie in unserem Land praktiziert wurde. Der französische Gesellschaftstheoretiker und Sozialist Charles Fourier, der großen Einfluss auf Marx ausgeübt hat, trat für die Bildung von Lebensgemeinschaften, sogenannte Phalanstères, ein, deren Angehörige, vor allem die jungen Leute, in regelmäßigen Abständen um die Welt reisen und für längere Zeit in anderen Ländern leben sollten, um dadurch die unterschiedlichen Lebensweisen ihrer Zeitgenossen kennenzulernen.

Und wie war es bei uns? Noch bis vor kurzem hatten mehr als 90 Prozent unserer Bevölkerung noch nie in ihrem Leben die Grenzen der UdSSR überschritten. Wer Kontakt zu den wenigen Besuchern hatte, die aus dem Westen kamen, hat sich ver-

dächtig gemacht und wurde vom KGB beobachtet. Printmedien
aus dem Westen waren verboten, und statt Glasnost herrschte
das Monopol einer einzigen Ideologie, die jede Form von Opposition im Keim erstickt hat. Um also auf unsere Ausgangs-
frage zurückzukommen: Im Rahmen des kommunistischen Experiments jedenfalls war der Schlüssel für einen wahren
Kosmopolitismus nicht zu finden.

Erziehung zum Weltbürgertum

Ikeda: Der Schlüssel, um das Gute im Menschen zu wecken und
eine Philosophie für ein friedliches Miteinander zu entwickeln,
liegt in der Erziehung. Ich habe einmal den Vorschlag gemacht,
die Vereinten Nationen sollten eine Dekade zur Erziehung von
Weltbürgern ausrufen lassen. Eine solche Erziehung müsste so
grundlegende Themen wie Ökologie, Entwicklung, Frieden
und Menschenrechte zum Inhalt haben, und meine Idee war,
dass sich dafür die klügsten Männer und Frauen dieser Erde engagieren sollten. Der amerikanische Professor und Friedens-
aktivist Norman Cousins, den man auch „das Gewissen Amerikas" nennt, schreibt in seinem Buch *Die Entscheidung des
Menschen* Folgendes über Erziehung:

> Nicht nur in den Vereinigten Staaten, sondern fast überall auf der
> Welt besteht der große Fehler in der Erziehung darin, dass sie vor
> allem ein Bewusstsein für das eigene Volk, nicht aber für das
> ganze Menschengeschlecht weckt. Ein Teil ist wichtiger als das
> Ganze. Was ein Mensch tut, ist wichtiger als das, was er ist. Insti-
> tutionen genießen eine größere Reputation als die Menschen, die
> in ihnen leben. Man glorifiziert die menschliche Arbeitskraft und
> vergisst dabei die Kostbarkeit des Lebens selbst. Es gibt die Natio-
> nalhymnen, aber keine Hymne an die Menschheit.

Ich stimme dem, was Cousins hier sagt, voll und ganz zu. Viele
der heutigen Konflikte in der Welt lassen sich auf das Versagen
der Erziehung zurückführen, also auf das Versäumnis, den begrenzten Blick der Menschen auf ihr eigenes Land zu weiten
hin auf die Einheit aller Völker. Ich selbst habe vor und während des Zweiten Weltkriegs die Folgen eines rigorosen Erzie-

hungssystems am eigenen Leib erfahren und weiß daher auch um die tiefe Sehnsucht, sich davon zu befreien, nicht zuletzt auch im Namen der Menschlichkeit. Als Reaktion darauf habe ich später dann die verschiedenen Soka-Schulen und die Soka-Universität gegründet. Diese Schulen sollten, getreu ihrem Leitspruch, eine „Festung" sein für den „Frieden unter den Menschen". Mein ganzes Bestreben geht dahin, eine Erziehung zu gewährleisten, die es den jungen Menschen ermöglicht, ihre eigenen Fähigkeiten zu entfalten und einen Beitrag dazu zu leisten, die Entwicklung einer internationalen Gemeinschaft voranzutreiben.

Um dieses Ziel zu erreichen, bedarf es der entsprechenden Erziehungsmethoden. Und darin liegt die eigentliche Schwierigkeit. Ein Lehrer darf seine Schüler niemals von oben herab behandeln. Erziehung, ob in der Schule oder in der Gesellschaft, darf nicht auf Zwang basieren, sondern sie muss auf Freiwilligkeit und damit letztlich auf einen inneren Antrieb zurückgehen. Mein eigener Lehrer und Mentor Toda zum Beispiel hat große pädagogische Fähigkeiten besessen, die auch in seinen Unterrichtsmethoden zum Ausdruck gekommen sind. Die erste Mathematikstunde eröffnete er beispielsweise in jedem neuen Schuljahr mit der Frage, wer von den Schülern gerne einen Hund hätte. Fast alle Hände gingen nach oben. Dann schaute er in die Runde und sagte: „Also wem sollen wir den Hund nun geben?" Er nahm ein Stück Kreide zur Hand, schrieb in großen japanischen Schriftzeichen das Wort „Hund" an die Tafel und wandte sich wieder an seine Schüler: „Was ist das?" – „Ein Hund!", schrien alle wie aus einem Mund. „Okay", erwiderte er, „wer ihn will, kann ihn haben." Alle schauten sich verdutzt an, und dann meldete sich meist eines der Kinder und widersprach: „Aber nein, das ist doch nur das Schriftzeichen für ‚Hund'!", woraufhin die ganze Klasse in schallendes Gelächter ausbrach. Auf witzige Art und Weise hatte er mithilfe einiger Tafelstriche seinen Schülern die Funktion und Bedeutung von Symbolen erklärt und sie damit auch schon unmerklich an die Erkenntnis herangeführt, dass die Mathematik auf Zahlen und Zeichen beruht. So hatte er ihnen spielerisch und an einem konkreten Beispiel beigebracht, was es heißt, abstrakt zu denken.

Gorbatschow: Um noch einmal auf die Theorie der Zusammengehörigkeit aller Menschen zurückzukommen – das Thema des Globalismus spielt in der russischen Philosophie durchgängig eine große Rolle. Vor allem die russischen Denker des späten 19. und frühen 20. Jahrhunderts haben die Notwendigkeit betont, „dass wir die Menschheit als Ganze im Blick haben müssen als eine große Gemeinschaft oder als einen sozialen Organismus, dessen lebendige Glieder die verschiedenen Nationen sind", so sagt es zum Beispiel Berdjajew.

Man kann durchaus widersprechen, wenn von einem russischen Messianismus oder von Moskau als dem Dritten Rom die Rede ist, denn vieles daran ist an den Haaren herbeigezogen. Trotzdem muss man aber zugeben, dass Universalismus und Globalismus zu den Wesenszügen des russischen Denkens gehören. Die Russen haben schon immer davon geträumt, sich für andere aufzuopfern, um dadurch die Welt zu retten. Daher ist es wahrscheinlich auch kein Zufall, dass der kommunistische Messianismus gerade in Russland so tiefe Wurzeln geschlagen hat. Die Sowjetrussen sind ja zum Beispiel immer wieder den nationalen Befreiungsbewegungen der Völker Asiens, Afrikas und anderer Regionen zur Seite gesprungen, und zwar ohne Beschwerde und anfangs sogar mit Begeisterung, obwohl sie selbst sehr arm waren. Sie haben damit ihrer Meinung nach schlicht und einfach „ihre internationalistische Pflicht" erfüllt.

Alle großen russischen Denker des 19. Jahrhunderts, egal, ob sie nun Westler oder Slawophile waren, haben immer wieder von der globalen und universalen Bestimmung Russlands gesprochen und waren der Ansicht, dass Russland die Menschheit etwas lehren könne. In Dostojewskis berühmter Rede über Puschkin heißt es, dass der russische Wanderer erst dann zur Ruhe komme, wenn die ganze Welt ihr Glück gefunden habe. Mit weniger könne er sich nicht zufriedengeben.

Ikeda: Ja, die russische Kultur und Philosophie sind tief vom Gedanken der Einheit des Menschengeschlechts durchdrungen. Das ist auch ein Grund dafür, warum wir Japaner uns Ihrem Land so nahe fühlen. Interessanterweise wurde ja auch die Idee eines allgemeinen Russentums meist nicht in einem engen, nationalen Sinn verstanden. Sie sollte vielmehr dazu beitragen, sich für das Glück und den Wohlstand der ganzen Menschheit einzusetzen. Der russische Religionsphilosoph Wladimir Solowjow zum Beispiel ist sehr engagiert gegen jede nationale Engführung dieser Idee aufgetreten und hat sie mit dem Gedanken einer geistig-religiösen Erneuerung des Landes verknüpft, die den anderen Völkern als Vorbild dienen sollte. Er schreibt:

> Die Russen sind Christen, und wenn wir wissen wollen, was die wahre Idee eines allgemeinen Russentums bedeutet, dann dürfen wir uns nicht fragen, was Russland kraft seiner selbst und für sich tun soll, sondern wir müssen uns fragen, was es im Namen der christlichen Prinzipien, die es anerkennt, und was es zum Wohle der ganzen christlichen Welt, der es sich zugehörig weiß, tun muss.

Ich glaube, dass Solowjow immer dort, wo er von „Christen" redet oder das Wort „christlich" verwendet, die ganze Menschheit meint.

Die russische Philosophie steht in ihrem Kosmopolitismus dem Buddhismus nahe. Denn auch wir glauben, dass man nur tief genug in die eigene Geschichte hinabsteigen muss, um zu erkennen, was für ein Wunder die menschliche Existenz ist, und um zu begreifen, dass unser Ich ein universelles ist. Als ich im Januar 1983, also ein knappes Jahr nach den blutigen Rassenunruhen in Los Angeles, die USA besucht habe, schrieb ich folgendes Gedicht, mit dem ich diejenigen unterstützen wollte, die für die Überwindung der Rassendiskriminierung eingetreten sind:

> Die Suche nach den eigenen Wurzeln,
> lässt die Gesellschaft in tausend Stücke bersten,
> den Nachbarn mit dem Nachbarn streiten.
> Doch wer nur tiefer in das eigene Leben schaut,
> erkennt, dass dort die eigenen Wurzeln,
> die Wurzeln der gesamten Menschheit sind.
> Dann erstrahlt im Innern unseres Geistes,
> der Glanz von einem großen, weiten Land,
> ein Land, in dem die Bodhisattvas dieser Erde wandeln,
> und wir als Menschheit stets verbunden sind.
> Es ist die wahre Heimat, die keine Grenzen kennt,
> nichts weiß von Rasse und Geschlecht,
> in der allein die Menschlichkeit regiert.

Drum steig hinab in deinen tiefsten Grund,
um zu erkennen, dass wir alle Brüder sind,
dann wirst auch du verwandelt wiederkehren,
als einer von den Bodhisattvas dieser Erde,
so freudvoll tanzend wie im Lotos-Sutra.

Mit diesen Versen habe ich versucht, dem universellen Ich, das in jedem Menschen verborgen liegt, nachzuspüren. Die buddhistische Lehre zeigt den Weg zu ihm auf, und ich versuche mit der ganzen Kraft meines Lebens, diesem Weg zu folgen.

Gorbatschow: Wahre Universalität kann sich nur auf der Grundlage der Einmaligkeit des Individuums entfalten. Wer in seine eigene Geschichte hinabsteigt, wird dort zweifellos immer auch Elemente des Allgemeinmenschlichen und damit also auch des Universellen finden. Russland ist dafür ein gutes Beispiel. In der russischen Geschichte ging es eigentlich immer darum, die Trennung zwischen den unterschiedlichen Stämmen und Ethnien zu überwinden und nach dem zu fragen, was alle im Lande miteinander verbindet. Wer in Russland also ein überzeugter Rassist sein will, kennt entweder seine eigene Geschichte nicht, oder ist einfach nur ein Dummkopf. Die russische Geschichte war nämlich nie etwas anderes als eine einzige Kette von Umwandlungsprozessen aufgrund von Vermischungen mit anderen Ethnien, eine Kette der Selbstaufgabe, Eingliederung und Entlehnung. Nicht Autarkie und Fremdenfeindlichkeit sind charakteristisch für das russische Volk, sondern seine erstaunliche Fähigkeit, sich mit anderen Völkern zu vereinen. Sobald wir begreifen, dass unser sogenanntes Russentum nicht auf Blutsverwandtschaft, sondern auf einer gemeinsamen Kultur, Sprache, Geschichte und einem gemeinsamen Schicksal beruht, wird auch der Durchbruch zu einem globalen und universellen Denken gelingen. Russland und seine Kultur sind ein Beispiel für das, was die Menschen untereinander verbindet, für das Universelle, aber auch für einen politischen Mikrokosmos ganz eigener Art.

Daher ist es umso wichtiger, dass es uns gelingt, in der Bevölkerung ein Bewusstsein für die eigene Geschichte zu wecken und dieser dann auch mit der entsprechenden Achtung zu begegnen. Das ist nicht so sehr ein Problem von Erziehung und Bildung, sondern vielmehr ein Problem der konkreten Politik. Das Schicksal der Russischen Föderation wird entscheidend davon abhängen, ob die Bevölkerung in der Lage sein wird, einen realistischen Standpunkt anzunehmen und sich von allen utopische Träumereien hinsichtlich einer russischen Nation zu verabschieden.

Ich bin sehr beunruhigt darüber, dass der Ethnozentrismus, der in der Mehrheit der ehemaligen Sowjetrepubliken eine Niederlage erlitten hat, nun in der Russischen Föderation wieder stärker wird. Es gibt tatsächlich Leute, die immer noch für ein ethnisch reines Russland und für die Umwandlung der Föderation in einen russischen Nationalstaat plädieren. Ich übertreibe da keineswegs. Und wie hier die Stimmungen angeheizt werden, kann man gut an den Sätzen erkennen, die ein Journalist in der Zeitung *Djen* geschrieben hat:

Die Bevölkerung Russlands besteht zu 86 Prozent aus Russen. Dazu kommen einige Wenige, die aus den Ländern des sogenannten nahen Auslands stammen. Nur acht Prozent der nationalen Minderheiten leben in ihren eigenen nationalen Gebieten. Es gibt mehr Russen in Russland als Franzosen in Frankreich, Spanier in Spanien, Engländer in England. Warum bezeichnen all diese Staaten sich selbst als Nationalstaaten, während wir uns immer noch als ein multinationales Land betrachten? Die Ukrainer, Letten, Esten und Georgier – sie alle haben ihre neuen Staaten zu nationalen Einheitsstaaten erklärt, obwohl bei ihnen der Anteil der einheimischen Bevölkerung weit geringer ist als bei uns, und die ganze Welt hat applaudiert.

Daran erkennen Sie, warum bei uns nach dem Zerfall der Sowjetunion die Aufklärung über die eigene Geschichte zur wichtigsten Waffe gegen den Nationalismus geworden ist. Russland ist schon immer ein multinationales Land gewesen. Nur ein Ignorant könnte die Prozesse, die hier bei uns in der Russischen Föderation stattgefunden haben, mit denen in anderen Ländern, zum Beispiel Estland, vergleichen. Die Russische Föderation ist nur das Kernstück – wenn auch zugegebenermaßen ein sehr großes – der ehemaligen Sowjetunion und des früheren russischen Reiches. Daher hat sie auch gar keine andere Wahl,

als den Weg der Einheit unter den Völkern fortzusetzen, den
Russland schon seit Jahrhunderten gegangen ist. Es gab nie so
etwas wie einen ethnisch reinen Kern, weil sich Russland von
Anfang an als eine multinationale Einheit unterschiedlicher
Völker herausgebildet hat. Daher geht es auch nicht darum,
wie viel Prozent Russen und wie viel Prozent Nicht-Russen
hier leben. Entscheidend ist doch vielmehr, dass all die sogenannten Nicht-Russen – also zum Beispiel die Adygen, die
Baschkiren, die Burjaten usw. – in ihren ureigenen Gebieten leben. Für sie ist folglich Russland nicht nur das Land der Russen, sondern auch ihr Land. Und genauso verhält es sich auch
mit dem russischen Staat. Darum müssen wir uns mit der Tatsache auseinandersetzen, dass Russland ein multinationaler Staat
ist, ob es uns passt oder nicht. Wenn man also in den kommen-
den Jahren auf dem Weg zu einem Universalismus und zu einem
allgemeinen Weltbürgertum vorankommen will, muss man ein
Gefühl der gegenseitigen Verantwortung der Völker füreinander kultivieren. Ich denke manchmal, dass der Nationalismus
aus einer geistigen und moralischen Schwäche herrührt und
aus dem Versuch, sich vor der Verantwortung den anderen gegenüber zu drücken.

Ikeda: Ich fürchte, nicht jeder in Russland wird Ihre Ansicht
über die russische Nation und die Bedeutung der russischen Geschichte teilen. Aber ich bin sicher, dass Sie recht haben und
dass das früher oder später auch jeder einsehen wird. Der Nationalismus ist in Russland zum Scheitern verurteilt, weil er
nicht nur in einem Gegensatz zur ganzen russischen Geschichte
steht, sondern auch der Mentalität der Russen selbst widerspricht. Tolstois Philosophie der Gewaltlosigkeit steht der von
Gandhi gepredigten Gewaltlosigkeit nahe, die sich aus der
Kraft des Geistes speist. In diesem Zusammenhang möchte ich
gerne eine Geschichte aus dem Leben des Shakyamuni Buddha
erzählen: Zu der Zeit des Shakyamuni Buddha herrschte in Indien König Pasenadi über das mächtige Reich Kosala. Er war
ein gläubiger Buddhist, der schon seit Jugendtagen Buddha als
seinen Lehrer verehrte. Als er in hohem Alter war, besuchte er
Shakyamuni, um seinen Rat zu einer Sache einzuholen, die ihn

tief beunruhigte. Als König eines mächtigen Reiches, so berichtete er, sei er dazu verpflichtet, regelmäßig Gericht zu halten. Obgleich er große Macht besitze und von bewaffneten Kriegern begleitet werde, gelinge es ihm dabei allerdings nie, die Menge zum Schweigen zu bringen und deren ungeteilte Aufmerksamkeit zu gewinnen. Und er fuhr fort:

Deine Schüler, o Buddha, verhalten sich da ganz anders. Wenn du vor Hunderten von Menschen deine Lehre verkündest, wagt es niemand, auch nur zu husten. Ich erinnere mich, wie ein Mönch tatsächlich einmal hustete und ein andere Mönch ihn dann mit dem Ellbogen anstieß und flüsterte: „Leise! Sei still! Unser Lehrer erklärt gerade das Gesetz." Als ich das sah, dachte ich bei mir: „So etwas kommt wahrhaftig selten vor, dass man sich ohne Waffen so viele Menschen gefügig machen kann. Wie ist das möglich?" Nie zuvor hatte ich eine Versammlung wie diese erlebt. Es hat mich, wenn ich das in aller Offenheit sagen darf, in meiner tiefen Überzeugung bestärkt, dass du wahrhaft erleuchtet bist.

Buddha ist der Herrscher über die Welt des Geistes. Die schwierigste Aufgabe besteht darin, sich selbst zu beherrschen, und nur wer diese Aufgabe gemeistert hat, kann als der wirkliche Sieger und wahrhaft Erleuchtete bezeichnet werden. Nichts kann diese Selbstbeherrschung mehr erschüttern. Vom Geist des Erleuchteten geht eine so unendliche Kraft aus, dass er selbst die bewaffneten Mächte dieser Welt zu bezwingen vermag.

5. Kapitel
Eine neue Zivilisation

Der Zusammenbruch des kommunistischen Totalitarismus

Ikeda: In unserem Gespräch ist mir noch einmal deutlich geworden, dass wir in einer Sache ganz grundsätzlich miteinander übereinstimmen: Es muss um einen neuen Humanismus für das 21. Jahrhundert gehen und der ist allein durch eine geistig-moralische Erneuerung des Menschen möglich. Eine andere Sache aber kann ich nur schwer nachvollziehen, nämlich, wie Sie auf der einen Seite für diesen Humanismus eintreten und auf der anderen Seite an der sozialistischen Idee festhalten. Sie hätten ja wahrscheinlich nach dem Putsch vom August 1991 durchaus an der Macht bleiben können, wenn Sie sich der vorherrschenden Stimmung im Land angeschlossen hätten. Das hätte vermutlich nur bedeutet, sich vom sowjetischen Sozialismus und Marxismus loszusagen. Stattdessen aber haben Sie an Ihren sozialistischen Überzeugungen festgehalten und sogar erklärt, dass mit der Niederlage der Putschisten nun die politischen Voraussetzungen für eine Weiterentwicklung des Sozialismus gegeben sind. Und Sie haben auch dann noch auf dieser Meinung bestanden, als der sowjetische Sozialismus in den Augen der ganzen Welt bereits jeglichen Kredit verspielt hatte.

Gorbatschow: Auch in Russland werde ich das immer wieder gefragt. Wie Sie sicher wissen, bin ich seit meinem Rücktritt immer wieder heftigen Angriffen ausgesetzt, und zwar von den verschiedensten Seiten. Die kommunistischen Fundamentalisten werfen mir vor, dass ich die Partei und ihre Ideale verraten hätte. Und die Liberalen und radikalen Demokraten können mir nicht verzeihen, dass ich auch weiterhin zu den Idealen des Sozialismus stehe.

In den späten achtziger und frühen neunziger Jahren haben
die Liberalen im Westen den endgültigen Zusammenbruch des
Sozialismus in Russland und in Mittel- und Osteuropa voraus-
gesagt. Heute muss man feststellen, dass diese Prognosen nicht
eingetroffen sind. Nehmen wir zum Beispiel Polen, wo man in der Vergangenheit ganz erstaunliche Entwicklungen beobachten konnte.
Im Unterschied etwa zu Bulgarien oder der Tschechoslowakei
konnten die Kommunisten dort nie eine starke Position erlangen, weder vor noch nach dem Zweiten Weltkrieg. Als dann
nach dem Krieg die sowjetische Armee das Land besetzte,
wurde der Sozialismus mit Gewalt eingeführt, und zwar in seiner stalinistischen Ausprägung. Das hat dazu geführt, dass sich
die polnische Bevölkerung, angeführt von der allmächtigen katholischen Kirche, in den folgenden 40 Jahren immer wieder gegen die Kommunistische Partei und ihre Ideologie aufgelehnt
hat. Polen wurde dank der kommunistischen Herrschaft und
des „real existierenden" Sozialismus zum katholischsten Land
der Welt, was ja eigentlich völlig paradox ist. Außerdem war
Polen der einzige Staat im sozialistischen Lager Europas, in
dem sich die stalinistische Zwangskollektivierung nicht durchsetzen ließ. Über Jahrzehnte hinweg befand sich das Land in einer Art politischer Dauerkrise. Die Bevölkerung und vor allem
die Arbeiterklasse sahen sich in einem permanenten Widerstand
gegen die Parteiführung, was in regelmäßigen Abständen zu
Konflikten führte, so etwa 1956, 1970 und 1976. Und schließlich kam es dann 1980/81 unter den Bannern der Solidarność
zu einem Volksaufstand.

Man sollte meinen, dass nach alldem der Sozialismus in
Polen ein für alle Mal an sein Ende gekommen sei. Niemand
hätte Ende der achtziger Jahre gedacht, dass die Nachfolger
der gescheiterten Polnischen Vereinigten Arbeiterpartei (PVAP)
jemals wieder an die Macht zurückkehren könnten. Aber schon
1993, also nur vier Jahre nach ihrer vernichtenden Niederlage
bei den ersten freien Wahlen 1989, sind die Kommunisten bei
den Parlamentswahlen wieder als eindeutige Sieger hervorgegangen. Die Nachfolger der PVAP, die sich jetzt Sozialdemokraten nannten, haben ein linkes Bündnis zustande gebracht

und hatten damit die Mehrheit im Sejm. Sie wurden auf einer Welle der Unzufriedenheit über die „Schocktherapie", also die umfassenden Privatisierungsmaßnahmen und die daraus resultierende Polarisierung der Gesellschaft, zu ihrem Erfolg getragen. Nur wenige Jahre nachdem der Übergang vom Sozialismus zum Kapitalismus eingeleitet worden war, hatte die Rechte also bereits wieder einen bedeutenden Teil ihrer gesellschaftlichen Basis verloren. Die Polen, die den Sozialismus abgelehnt und gegen ihn gekämpft hatten, haben sich plötzlich mit einer gewissen Nostalgie nach einem „originären" Sozialismus zurückgesehnt und nach den sozialen Sicherheiten, die er ihnen gewähren würde. Heute wird in Polen die Rolle der Kommunisten, vor allem diejenige Gomulkas, sehr viel objektiver bewertet. Und auch Wojciech Jaruzelski, mit dem ich befreundet bin und der der letzte Erste Sekretär der PVAP war, gewinnt immer größeres Ansehen.

Noch eindrucksvoller und überzeugender ist der Sieg der Ungarischen Sozialistischen Partei bei den Parlamentswahlen 1994 ausgefallen, die aus der früheren kommunistischen Einheitspartei hervorgegangen war. Die Ungarn sehnten sich zurück nach dem „menschlichen" Sozialismus Janos Kadars, der prosperierende Genossenschaften und allgemeinen Wohlstand hervorgebracht hatte.

Ikeda: Wir hören heute oft, dass bei den Menschen in den ehemaligen sozialistischen Staaten die glühende Begeisterung für Demokratisierung und Liberalisierung in ein Gefühl der Gleichgültigkeit umgeschlagen ist. Eine Reaktion, die sicherlich damit zusammenhängt, dass die Wirtschaft in diesen Ländern nicht schnell genug in Gang gebracht werden konnte und dass die Menschen enttäuscht waren von der liberalen Gesellschaft, die sie sich doch eigentlich erhofft hatten. Aber die Enttäuschung über die Wirtschaftsreformen ist das eine, die Neubewertung von Sozialismus und Marxismus das andere. In Polen zum Beispiel sind nach den stürmischen Zeiten der „Schocktherapie" keineswegs die früheren Führer der PVAP wieder an die Macht gekommen. Soviel ich weiß, tritt heute die polnische Linke für sozialdemokratische Werte ein, und anders als die Kommunisten im heutigen Russland hat sie sich auch endgültig vom Marxismus-Leninismus losgesagt. Die dortige Linke ist also weniger links als vielmehr antitraditionalistisch. Die Wahlen haben sie nicht zuletzt dadurch gewonnen, dass sie sich gegen die Positionen der katholischen Kirche in Polen gestellt haben, zum Beispiel in Fragen der Abtreibung.

Es waren meiner Ansicht nach die übertriebenen Erwartungen an die liberale Gesellschaft auf der einen Seite und die Ahnungslosigkeit über die strengen Gesetze einer modernen kapitalistischen Marktwirtschaft auf der anderen Seite, die in den Ländern Mittel- und Osteuropas zu einer Desillusionierung hinsichtlich der politischen Reformen geführt haben. Für uns, die wir unter den Bedingungen des Kapitalismus groß geworden sind, scheint der Sieg des Liberalismus über den sogenannten real existierenden Sozialismus ein eher relativer zu sein. Die Menschen der früheren sozialistischen Länder haben sich vom äußeren Glanz des Kapitalismus so sehr blenden lassen, dass sie die dahinter liegende kalte Realität der Marktgesetze gar nicht mehr erkennen konnten. Der Zusammenbruch der Planwirtschaft hat nur noch einmal deutlich gemacht, dass der Mensch im Grunde genommen von seinem Egoismus geleitet ist. Aber der kapitalistische Kampf ums Überleben hat die Völker der kommunistischen Welt völlig unvorbereitet getroffen.

Als der Sozialismus endgültig gescheitert war, trat der nackte, von allen geistig-spirituellen Wurzeln losgelöste „homo oeconomicus" – den selbst ein Adam Smith noch mit einem humanistischen Ideal verknüpft hatte – zum Vorschein und beherrschte die Welt. Das harte Aufeinanderprallen der unterschiedlichen ökonomischen Realitäten des „Westens" und des „Ostens" führte bei Letzterem vor allem dazu, dass mit einem Schlag alle sozialen Sicherheiten weggebrochen sind. Die von den Liberalen versprochene Freiheit hat ihren Charme schnell verloren, als man feststellen musste, dass sie mit Hunger und Arbeitslosigkeit einherging. Das alles zusammengenommen ist die Ursache dafür, dass viele Menschen in diesen Ländern und vor allem in Russland über die politischen Reformen so enttäuscht sind.

Ich habe ja schon betont, dass wir Japaner uns der russischen Kultur und ihrer humanistischen Tradition sehr nahe fühlen. Vielleicht fällt es uns aber gerade deshalb auch so schwer zu begreifen, warum die russischen Politiker die notwendigen Reformen in einer Art „Schocktherapie" durchsetzen mussten und damit außer Acht gelassen haben, dass sie die Menschen so möglicherweise wieder zurück in die Arme der Kommunisten treiben würden.

Gorbatschow: Ich glaube, dass die Menschen in Russland und den ehemaligen Sowjetrepubliken, die nun unabhängig sind, mittlerweile sehr wohl zwischen dem realen Sozialismus und der sozialistischen Idee differenzieren. Bei den Wahlen zum ukrainischen Parlament von 1994 haben die Linken – die Kommunisten und die Sozialisten – die absolute Mehrheit erreicht. Entscheidend sind aber nicht die Statistiken, sondern der Wandel im Bewusstsein. Der aggressive Antikommunismus von 1991, der ein typisch russisches Phänomen war, wird heute eher als Übertreibung und politische Kurzsichtigkeit betrachtet. Insgesamt beginnt sich doch allmählich eine positive Sichtweise auf die wirklichen sozialen Errungenschaften der Sowjetzeit durchzusetzen, und mehr und mehr lernen die Menschen auch wieder die sozialen und ökonomischen Sicherheiten schätzen, die sie früher hatten und die heute verloren gegangen sind. Ich glaube, um es noch einmal zu sagen, dass die Zeit für einen differenzierteren Umgang und eine gründlichere Auseinandersetzung nicht nur mit der sowjetischen Geschichte, sondern eben auch mit den positiven Werten, die sie hervorgebracht hat, gekommen ist. Vieles von dem, was vergangen ist, bleibt für immer tot. Manches wird aber auch überdauern und Einfluss nehmen auf die gesellschaftliche und politische Entwicklung unseres Landes, vielleicht sogar auf die Entwicklung der gesamten Menschheit des 21. Jahrhunderts.

Ikeda: Trotzdem sind der Marxismus und der Kommunismus in mancherlei Hinsicht deutlich über das Ziel hinausgeschossen. Für einen religiösen Menschen ist die Aussage „Religion ist Opium für das Volk" einfach nur blasphemisch. Der militante

Atheismus, der zum Marxismus-Leninismus unweigerlich dazugehört, ist nicht nur ein Angriff auf die Gewissensfreiheit, sondern er leugnet auch die unbestreitbaren Errungenschaften der unterschiedlichen religiösen Kulturen und Traditionen. Ganz zu schweigen davon, dass in seinem Namen viele Menschen verfolgt und unterdrückt wurden. Marx' Theorie von der gewaltsamen proletarischen Revolution und der sogenannten Diktatur des Proletariats ist meiner Ansicht nach nicht nur tot, sondern auch zu verurteilen, denn solche Theorien haben den Terror der bolschewistischen Revolution überhaupt erst hervorgebracht.

Natürlich wissen wir, dass im Werk von Marx noch weit mehr zu lesen ist als diese Aussage über die Diktatur des Proletariats. Trotzdem muss man daran erinnern, dass er auch Dinge geschrieben hat, die einer Rechtfertigung des Terrorismus gleichkommen. In einem Artikel über die Ereignisse der Revolution von 1848 kann man zum Beispiel lesen:

> Die resultatlosen Metzeleien seit den Juni- und Oktobertagen, das langweilige Opferfest seit Februar und März, der Kannibalismus der Konterrevolution selbst wird die Völker überzeugen, dass es nur ein Mittel gibt, die mörderischen Todeswehen der alten Gesellschaft, die blutigen Geburtswehen der neuen Gesellschaft abzukürzen, zu vereinfachen, zu konzentrieren, nur ein Mittel – den revolutionären Terrorismus.

Militanter Atheismus und revolutionärer Terrorismus sind weder entschuldbar noch zu rechtfertigen, und ebenso wenig darf man sich im Namen von Klassenbewusstsein und Klassenmoral einfach nur über die universellen Werte der Menschheit hinwegsetzen. Man muss daher zwischen einem Begriff von Sozialismus in einem weiten Sinne und einem verengten Begriff von Sozialismus unterscheiden, der die Tendenz hat, in die Gewalt und den Terror abzugleiten.

Gorbatschow: Ich bin durchaus einverstanden mit dem, was Sie sagen. Man kann heute sehr genau unterscheiden zwischen dem, was von dem alten sozialistischen Ballast ein für alle Mal abzuwerfen ist und was auch durch die Geschichte in endgültiger Weise verworfen wurde, und dem, was Bestand haben wird.

Der Stalinismus ist tot, und tot sind auch der radikale Kommunismus, der sich auf Gewaltherrschaft stützt, sowie der kommunistische Terrorismus. Und man kann sogar so weit gehen zu behaupten, dass sich auch Lenins Idee einer Kommunistischen Internationale mittlerweile überlebt hat und der Vergangenheit angehört. Es war im Grunde genommen unvermeidlich, dass die kommunistische Bewegung in eine Krise geraten und am Ende in sich zusammenfallen würde. Die „kommunistische Idee" hatte einfach zu viele Fehler und Mängel, sodass deren Umsetzung fast zwangsläufig zu totalitären Systemen führen musste, zuerst in Russland, dann aber auch in einer Reihe anderer Länder. Dieses Gesellschaftsmodell war widernatürlich und stand in einem krassen Widerspruch zum Wesen des Menschen, auch dem des Arbeiters. Es musste früher oder später scheitern. Daher kann man auch zu Recht sagen: Der totale Kommunismus hat eine totale Niederlage erlitten. Bevor er für die Diktatur des Proletariats und den gewaltsamen Umsturz der bestehenden Gesellschaft eingetreten ist, wusste der junge Karl Marx allerdings noch sehr deutlich zwischen einem „wahren" und einem „falschen" Sozialismus zu unterscheiden. In den Jahren des russischen Bürgerkriegs ab 1918 wurde von den Bolschewiken die Losung einer Praxis des „Kriegskommunismus" ausgegeben, der große Ähnlichkeiten mit dem aufwies, was der junge Marx einen rohen, vulgären und despotischen Kommunismus genannt hatte. Allgemeine Gleichmacherei, die entschiedene Ablehnung aller ökonomischen Anreize, Kollektivierung in allen Bereichen, Verbot von Privateigentum, Diffamierung von Geschichte und Kultur, Kult der Gewalt – all das waren für Marx die Merkmale eines vulgären Kommunismus, und es waren, wie man heute wohl sagen muss, auch die Merkmale des Systems in Russland.

Damals, um 1840, hat Marx diese Art von Kommunismus scharf kritisiert, weil er das genaue Gegenteil von Humanismus ist. Er hat geahnt, dass die Diktatur, der gewaltsame Umsturz der Gesellschaftsordnung und das Verbot von Privateigentum nur negative Auswirkungen haben würden. Daher hat er sich auch klar von den utopischen Kommunisten und vor allem von Babeuf, dem Ideologen der Diktatur der Arbeiterklasse, distanziert. Marx wollte dem rohen Kommunismus den Humanismus eines Sozialismus gegenüberstellen, der vor allem die umfassende Entwicklung der Persönlichkeit, die Freisetzung und Förderung der individuellen Talente sowie das harmonische Verhältnis von Mensch und Natur in den Mittelpunkt rückt. Er hat damit nicht den kommunistischen, sondern den sozialistischen Menschen propagiert, so wie er in den Werken von Fourier und Saint-Simon beschrieben worden war.

Ikeda: Die verschiedenen Traditionen und Stränge humanistischen Denkens haben mich schon immer fasziniert. Ich habe mich zum Beispiel wie der junge Dostojewski für Fourier interessiert, der ja ein glühender Verteidiger des Rechts auf individuelles Glück gewesen ist. Auch wenn er selbst recht unglücklich gewesen sein soll, ist das, was er über das Glücklichsein lehrt, trotzdem in einem heiteren Ton und mit viel Optimismus und Zuversicht geschrieben. Er ist sogar so weit gegangen zu behaupten, dass der Mensch das Recht auf ein sorgenfreies Leben hat.

Gorbatschow: Marx hat wohl die Idee dieser Sozialisten fasziniert, dass die monotone Arbeit durch eine Vielfalt verschiedener Arbeiten ersetzt werden kann, also die Idee von der Überwindung der Unterscheidung zwischen geistiger und körperlicher Arbeit, zwischen Stadt und Land. Der Gedanke dahinter war, dass sich der sozialistische Mensch in einer allumfassenden und harmonischen Weise entwickeln sollte. Marx schreibt darüber im Schlussteil seiner *Ökonomisch-philosophischen Manuskripte,* in denen er seine Lehre zwar als kommunistisch bezeichnet, allerdings in einem ganz anderen Sinne. Er stellt seinen eigenen Kommunismus, den er als realen Humanismus charakterisiert, dem vulgären Kommunismus gegenüber. Für Marx ist der humane Kommunismus der eigentliche Sozialismus.

Ikeda: Die wissenschaftliche und politische Arbeit von Karl Marx zum Wohle der Benachteiligten, sein Eintreten für die Würde des Arbeiters und die Überwindung der Klassengegen-

sätze hatte im Grunde genommen eine ethisch-moralische An-
triebsfeder. Daher kann durchaus vom Marxismus als einem
Humanismus gesprochen werden. Und natürlich muss man
auch das marxistische Ziel einer allumfassenden, harmonischen
Entwicklung des Individuums als ein zutiefst humanes bezeichnen. Jeder, der ein Herz hatte, musste sich in den Jahren der in-
dustriellen Revolution fragen, warum gerade in England, dem
industriell am höchsten entwickelten Land, das Proletariat in
so bitterer Armut lebte. Die Anfänge des Marx'schen Werkes
liegen gerade darin, die Gründe für diese Situation herauszufinden und sie dadurch zu verbessern. Ohne diesen moralischen
Impetus hätte der Marxismus nicht so eindeutig über den wissenschaftlichen Rationalismus triumphieren können und er
wäre auch nicht von den Menschen überall auf der Welt mit
diesem nahezu religiösen Eifer aufgenommen worden.

Marx' *Ökonomisch-philosophische Manuskripte* aus dem
Jahre 1844 haben den Weg für die Renaissance und Rekons-
truktion des Humanismus frei gemacht. Wenn er in ihnen vom
Kommunismus als seinem Ideal spricht, meint er damit einen
humanen Kommunismus. Er schreibt:

> Dieser Kommunismus ist als vollendeter Naturalismus gleich
> Humanismus, als vollendeter Humanismus gleich Naturalismus,
> er ist die wahrhafte Auflösung des Widerstreites zwischen dem
> Menschen mit der Natur und mit dem Menschen, die wahre
> Auflösung des Streits zwischen Existenz und Wesen, zwischen
> Vergegenständlichung und Selbstbestätigung, zwischen Freiheit
> und Notwendigkeit, zwischen Individuum und Gattung. Er ist
> das aufgelöste Rätsel der Geschichte und weiß sich als diese
> Lösung.

In der thesenhaften Knappheit dieser Sätze spürt man die ganze
Kraft des noch jugendlichen Marx. Mir scheint, dass hier der
junge Marx, ganz unabhängig von den Ergebnissen, zu denen
er gelangt ist, innerhalb der Sozial- und Gesellschaftswissen-
schaften ganz neue Horizonte absteckte, die noch viel weiter
reichten, als man es damals vermuten konnte. Sein begieriges
Streben, alles zu erkennen, zu prüfen und zu erfassen, war wie
eine Kampfansage an die Welt, sodass man fast sagen könnte,
in ihm sei das Faustische Ego, wie es vom modernen Europa

hervorgebracht worden war, in einer neuen, verwandelten Gestalt wieder zum Vorschein gekommen. Doch anders als Faust stand Marx ganz unter dem Einfluss der damals herrschenden optimistischen Sicht auf die Vernunft und den Fortschritt. Der Hang zur Abstraktion und das Bestreben, die Fülle und den Reichtum des gesellschaftlichen Lebens und der menschlichen Existenz auf ein paar Konstanten innerhalb eines Relationsgefüges zu reduzieren, waren ihm schon damals zu eigen. Der wirtschaftliche Determinismus, von dem er ausgegangen ist, war zwar eine bedeutende wissenschaftliche Erkenntnis, stellte aber zugleich auch ein Hindernis dafür dar, den spirituellen Reichtum des menschlichen Lebens zu entdecken. Marx, für den der Mensch in erster Linie die Summe seiner gesellschaftlichen Beziehungen war, konnte daher auch keinen Blick dafür entwickeln, dass es vieles innerhalb des menschlichen Geistes gibt, was sich nicht auf seine ökonomischen Bedingungen reduzieren lässt.

Ich denke da zum Beispiel an die Angst vor dem Tod, die jeder Mensch in sich spürt, oder auch an die Erfahrung des Bewusstseins, das ein weiteres Geheimnis in unserem Kosmos ist – all diese Phänomene lassen sich nicht auf ökonomische Interessen oder Verhältnisse zurückführen. Es gibt keine materialistische Erklärung für das Bewusstsein, die plausibel wäre, und folglich auch keine für die Moral. Marx war äußerst schwach, wo es um das Handeln und die Verhaltensweisen des Menschen ging. Vermutlich war es nötig, in allem schwach zu sein, was mit dem innersten Wesen des Menschen zu tun hat, um dafür stark sein zu können in der Soziologie und im abstrakten Denken. Und vielleicht lag dieser Mangel ja auch gar nicht bei Marx selbst, sondern in dem atheistischen Zeitalter, in dem er gelebt hat und in dem jeder nur damit beschäftigt war, die Religion in irgendeiner Weise zu entlarven. Würde man Marx' Kenntnisse über die innere Welt des Menschen mit dem Stand der Physik im 18. Jahrhundert gleichsetzen, würde sich verglichen dazu Dostojewskis Wissen um die Abgründe der Seele auf dem Niveau der Quantenphysik befinden. In *Schuld und Sühne* zum Beispiel legt er die Natur des menschlichen Gewissens bloß, das er in der tiefsten Schicht unseres Daseins ausfindig macht.

Gorbatschow: Natürlich lassen die Erfahrungen der letzten 150 Jahre uns heute vieles besser erkennen und verstehen, als es für Marx zum Zeitpunkt der Niederschrift des *Kommunistischen Manifestes* möglich war. Er ist mit Leib und Seele Wissenschaftler gewesen, aber er hat sich ebenso leidenschaftlich für die Revolution eingesetzt. Schon kurz vor der Revolution 1848/49, als sich der Klassenkampf verschärfte und das Proletariat erste eigenständige Aktionen durchführte, hat er Partei für einen revolutionären Kommunismus ergriffen. Sein „Manifest" nannte er wohl auch deshalb ein kommunistisches, weil es einen ähnlichen revolutionären Maximalismus vertreten hat wie die Kommunisten zur Zeit der Französischen Revolution. Wenn man das *Manifest der Kommunistischen Partei* von Marx und Engels liest, stellt man fest, dass sich die russischen Kommunisten in vielerlei Hinsicht daran orientiert haben. Die von Trotzki im Jahre 1919 propagierte militärische Organisation in Industrie und Landwirtschaft zum Beispiel findet sich bereits in dieser Schrift.

Selbst ein so genialer Mann wie Marx konnte nicht einfach die Grenzen der revolutionären Erfahrungen seiner Zeit überschreiten. Daher kann man meiner Ansicht nach auch mit aller Bestimmtheit sagen, dass in Russland nicht der Sozialismus gescheitert ist, sondern vielmehr der radikale revolutionäre Kommunismus aus der Zeit der politischen Umwälzungen Mitte des 19. Jahrhunderts. Gescheitert war die Idee der völligen Abschaffung des Privateigentums, des gewaltsamen, revolutionären Umsturzes der kapitalistischen Gesellschaftsordnung, der revolutionären Diktatur und der absoluten Gleichheit aller. Die eigentliche Tragik hat also darin bestanden, dass in Russland zu Beginn des 20. Jahrhunderts diejenigen Ideen in die Praxis umgesetzt wurden, die mit dem Tod von Marx eigentlich schon wieder Geschichte geworden waren. Bezeichnend ist, dass Engels in seinen letzten Lebensjahren seine eigene Lehre nicht Kommunismus, sondern wissenschaftlichen Sozialismus genannt und auch eine zunehmend kritische Haltung gegenüber der revolutionären Gewalt eingenommen hat.

Heute ist klar, dass die Idee des Kommunismus eine reine Utopie ist. Thomas Morus hat in seinem Werk *Utopia* mehr ge-

sunden Menschenverstand bewiesen als seine Nachfolger, die
Anhänger Babeufs in der Zeit der Französischen Revolution
oder die Missionare der kommunistischen Idee während des
russischen Bürgerkrieges. Die Grundidee des Kommunismus,
so wie ich sie verstehe, besteht in ihrem Kern in der absoluten
und vollständigen Gleichheit, vor allem in ökonomischer Hinsicht. Die Idee der Aufhebung der Klassenunterschiede, der
Überwindung des Unterschieds von geistiger und körperlicher
Arbeit und der Abschaffung von Markt und Ware-Geld-Beziehung ist letztlich nur eine logische Konsequenz dieser absoluten, oder wie Lenin sagte, „vollen" Gleichheit.
  Ein durchaus verführerischer Gedanke. Aber jedem vernünftig denkenden Menschen ist klar, dass sich die Unterschiede in Wohlstand, Bildung und Arbeit auch die nächsten
Jahrhunderte, oder noch länger, nicht überwinden lassen.
Schon in der Schule hatten meine Mitschüler und ich uns dazu
viele Fragen gestellt und unsere Zweifel gehabt. Aber trotzdem
habe ich mir meine eigene Überzeugung bewahrt und ihr entsprechend gehandelt. Es war ein langer und schwieriger Weg,
bis ich mich schließlich dazu durchringen konnte, mit dem utopischen Kommunismus zu brechen. Dennoch stehe ich auch
heute noch zur sozialistischen Idee, weil ich sie für eine wichtige
Komponente der Philosophie einer zukünftigen Gesellschaft
halte.

Ikeda: Sie haben gerade den „vernünftig denkenden" Menschen
erwähnt. Im Buddhismus ist das Denken, das sich vom gesunden Menschenverstand leiten lässt, von großer Bedeutung. Nichiren Daishonin hat versucht, das Wesen unseres Glaubens immer mithilfe von alltäglichen Beispielen zu erklären. Was wir
Glauben nennen, ist nichts Außergewöhnliches, sagt er, sondern
die natürliche Bewegung der Seele, also etwas Selbstverständli-
ches, so wie eine Frau ihren Mann liebt, der Mann unter Einsatz seines Lebens seine Frau vor Gefahren bewahrt, Eltern
ihre Kinder nicht im Stich lassen oder ein Kind seine Mutter
nicht verlassen will.
  Alle Schwierigkeiten fangen damit an, dass der Mensch
nicht mehr seinem gesunden Menschenverstand folgt, wenn

also im Namen irgendeiner Gesellschaftstheorie der Mann seine Frau nicht mehr beschützt, die Eltern ihre Kinder im Stich lassen und das Kind die Mutter verlässt. Der marxistische Klassenkampf ist nicht nur eine Abweichung vom gesunden Menschenverstand, er ist ein Wahn.

Tschingis Aitmatow hat mir in diesem Zusammenhang die tragische Geschichte von dem sowjetischen Bauernjungen Pawlik Morosow erzählt, der seinen Vater wegen antisozialistischem Verhalten denunziert hat. Als daraufhin der Vater ins Gefängnis kam, haben sich dessen Verwandte den Sohn geschnappt und ihn erschlagen. Seit diesem Tag wurde er als Held des Sozialismus verehrt. Man sieht an diesem tragischen Beispiel, wozu die Menschen in der Lage sind, wenn sie durch Ideologien verblendet werden.

Gorbatschow: So ist es. Immer wenn in Russland die ideologischen Debatten zu hohe Wellen geschlagen haben, sagte mein Großvater nur: „Was die Menschen immer brauchen, ist ein bequemes Paar Schuhe."

Und damit hatte er die Dinge wieder in die richtige Perspektive gerückt. Der ursprüngliche utopische Kommunismus verleitet seine Anhänger zu Gewalt. Und das tut er bis heute. Wenn alle gleich sein sollen, dann muss das eliminiert werden, was außerhalb der Norm liegt, also jede Art von Talent. Die Anhänger Babeufs zum Beispiel haben während der Französischen Revolution dazu aufgerufen, jeden, der ein besonderes Talent besitzt, zu liquidieren. „Mögen doch", schrieben sie, „alle Künste zugrunde gehen, solange nur die wahre Gleichheit herrscht." Und als dann 1917 in Russland die Kommunisten die Macht übernommen haben, wurden die Gutshäuser samt ihren Bibliotheken niedergebrannt und die Museen und Kirchen geplündert.

Ikeda: Erstaunlicherweise haben alle großen russischen Denker vor den Gefahren der sozialistischen Propaganda gewarnt. Das scheint mir ein Hinweis darauf zu sein, dass es in der russischen Seele einen großen Widerspruch gibt. Niemand hat die moralischen Schwächen der kommunistischen Utopie und die

Risiken, die in ihr liegen, schonungsloser aufgedeckt als die Russen selbst. Und gleichzeitig gab es nirgendwo sonst so viele Menschen, die von der messianischen Idee getrieben waren, die Welt und die Menschheit zu verändern. Als sich Marx 1848 unter dem Eindruck der ersten proletarischen Revolutionen die kommunistische Position einer gewaltsamen Weltveränderung zu eigen machte, schrieb Alexander Herzen sein Werk *Vom anderen Ufer*. Darin kritisiert er den von den Kommunisten verklärten Fortschritt aufs Schärfste und vergleicht ihn mit dem biblischen Gott Moloch, dem zu Ehren Kinder geopfert wurden:

> Wenn der Fortschritt das Ziel ist, für wen arbeiten wir dann? Wer ist dieser Moloch, der, in dem Maße, wie die Werktätigen sich ihm nähern, statt sie zu belohnen, zurückweicht und, um die zu Tode erschöpften und dem Untergang geweihten Massen, die ihm *Morituri te salutant* zurufen, zu trösten, nur den bitteren Hohn als Antwort übrig hat, nach ihrem Tode werde es auf der Erde herrlich sein. Wollen wirklich auch Sie die Menschen dazu verurteilen, ... unglückliche Arbeiter zu sein, die, bis zu den Knien im Schlamm, die Barke mit dem geheimnisvollen Goldenen Vlies und der frommen Aufschrift „Zukünftiger Fortschritt" dahinschleppen?

Es ist daher kaum verwunderlich, dass Herzen nur wenig Sympathie für den Marxismus hatte.

Gorbatschow: Herzen war tatsächlich mehr ein Volkstümler – ein Narodnik – als ein Sozialist. Er hat die in seinen Augen allzu vereinfachte marxistische Lehre abgelehnt und war daher auch mit Herz und Verstand näher am Leben der Menschen als Marx. Wie alle russischen Philosophen war auch er dagegen, Gewalt anzuwenden und die Natur des Menschen vollständig umzukrempeln. Er war alles andere als ein Vorläufer Lenins und des Bolschewismus.

Mit dem Kommunismus war auch die Idee einer kompletten Umwälzung und Neuausrichtung der Geschichte gescheitert. Interessanterweise war es Babeuf, der im späten 18. Jahrhundert die Parole von der „neuen Weltordnung" ausgegeben hat. Die revolutionären Kommunisten haben es immer schon geliebt, die Dinge im großen Maßstab zu verändern. Es hat ihnen nicht genügt, nur ihre Prinzipien durchzusetzen, sie mussten gleich für die ganze Menschheit gelten. Der Messianismus, und vor allem der revolutionäre kommunistische Messianismus, ging immer schon und überall mit der Unterdrückung des Individuums, mit Despotismus und Führerkult einher. Die Abkehr von der Klassenmoral und dem Grundsatz eines revolutionären Marxismus war der Auftakt der Perestroika. Das war in sich selbst schon eine geistige und politische Revolution.

Ich glaube nicht, dass in der Geschichte der Menschheit jemals wieder einer in der Lage sein wird, Massen von Menschen davon zu überzeugen, dass um einer höheren Sache willen alles erlaubt ist und es weder Gut noch Böse gibt. Jetzt, da ich versucht habe zu erklären, welches Erbe wir zurückgewiesen haben, ist es leichter zu begreifen, was ich unter Sozialismus verstehe bzw. mit der sozialistischen Idee oder dem sozialistischen Ideal verbinde. Für mich bedeutet Sozialismus in erster Linie ein realer Humanismus und eine politische Praxis, die von dem Gedanken ausgeht, dass alle Menschen gleich sind und dass jeder einen Anspruch darauf hat, glücklich zu sein – weil jeder nur ein einziges Leben hat, in dem ihm alle Möglichkeiten geboten sein sollten, die Freuden der menschlichen Natur zu erfahren.

Sozialismus als echter Humanismus

Ikeda: Die Ereignisse rund um den Prager Frühling im Jahr 1968 hatten in Japan heftige Diskussionen um den sogenannten Sozialismus mit menschlichem Antlitz ausgelöst. Ich selbst habe mich vor gut 30 Jahren für die Komeito-Partei engagiert und sie aufgefordert, ihre Politik nicht an der Logik des Kapitals auszurichten, sondern einen humanen Sozialismus anzustreben. Den Humanismus als erklärtes Ziel der Politik auszugeben, hieß für uns, den Menschen mit all seinen Bedürfnissen und Interessen in den Mittelpunkt zu stellen, ihn also niemals als bloßes Mittel zu benutzen, sondern immer als Ziel an sich selbst zu betrachten.

Liegt darin nicht auch der Sinn dessen, was Sie die sozialistische Idee nennen? Kann man das, was Sie über den revolutionären Kommunismus gesagt haben, als eine Aufforderung dazu verstehen, vom orthodoxen Marxismus-Leninismus zu einem Sozialdemokratismus überzugehen? Der Weg, den sie zur Überwindung dieser Art von Kommunismus aufgezeigt haben, gleicht ja durchaus demjenigen, den auch die europäische Sozialdemokratie in den letzten hundert Jahren verfolgt hat. Vertreten Sie also heute eine sozialdemokratische Position, oder anders gefragt: Sind Sie ein europäischer Sozialdemokrat geworden?

Gorbatschow: Unsere Absicht, die KPdSU zu einer modernen sozialistischen Partei zu reformieren, beinhaltete nicht, jemanden nachzuahmen oder uns bei jemandem anzubiedern. Die Perestroika und die mit ihr verbundene Umstrukturierung der Kommunistischen Partei waren eine Antwort auf die moralische und politische Situation, die in den achtziger Jahren in unserem Land entstanden war. Von der Idee der Diktatur des Proletariats hatte sich die KPdSU ja schon zu einem früheren Zeitpunkt verabschiedet. Die Dogmatiker in der Partei allerdings haben auch noch in den Jahren der Perestroika am Gedanken der kommunistischen Klassenmoral und an der Überlegenheit des Sozialismus festgehalten. Als dann aber im Laufe der Jahre mit dem ansteigenden Bildungsniveau in der Gesellschaft auch die Fähigkeit zu kritischer Selbstanalyse wuchs, wurde schnell klar, dass das Einparteiensystem, der Monopolanspruch des Marxismus-Leninismus und der Eiserne Vorhang vollkommen anachronistisch geworden waren. Die ganze Logik der Entwicklung hat uns ganz einfach dazu gezwungen, sozialdemokratische Positionen anzunehmen und die grundlegenden Werte einer Zivilgesellschaft anzuerkennen. Und man muss natürlich auch sagen, dass es innerhalb des Rahmens einer linken Ideologie, die treu zu den Idealen der Gleichheit und sozialen Gerechtigkeit steht, leichter war, aus dem alten totalitären System auszubrechen.

Schon 1990, auf dem XXVIII. Parteitag der KPdSU, wurde ja gewissermaßen eine solche Politik der Sozialdemokratisierung der Partei eingeleitet. Wir haben uns darauf geeinigt, dass die politischen Grundwerte der modernen Zivilisation auch für unser Land verbindlich sein sollten. Wir haben eine wirkliche Demokratie mit freien Wahlen eingeführt, mehrere Parteien zugelassen und uns verpflichtet, die Menschenrechte zu achten. Außerdem haben wir über neue Wege zu einer tatsächlichen Volksherrschaft diskutiert und uns gleichzeitig die Aufgabe gestellt, zu einer Marktwirtschaft mit unterschiedlichen Eigentumsformen überzugehen.

Weil wir erkannt haben, dass die alten Machtstrukturen brüchig geworden sind, war die Einführung einer tatsächlichen Volksherrschaft für uns von zentraler Bedeutung. Darum liefen unsere Bemühungen, die Monopolstellung der KPdSU aufzuheben und auf der Grundlage eines Mehrparteiensystems freie Wahlen zu organisieren, fast wie von selbst auf eine Sozialdemokratisierung der Partei hinaus. Wir sind hier also dem Weg gefolgt, den die Mehrheit der kommunistischen Parteien in Mittel- und Osteuropa, vor allem in Polen, Ungarn und Bulgarien, schon eingeschlagen hatte.

In gewisser Weise ist dieser Übergang für unsere Partei sogar leichter gewesen als für die Parteien anderer Länder, etwa der PVAP in Polen, denn die Bolschewiki sind ja ursprünglich eine Splittergruppe gewesen, die sich von der Russischen Sozialdemokratischen Partei, den Menschewiki, deren Einfluss auf die Arbeiterbewegung im vorrevolutionären Russland beträchtlich gewesen ist, abgespalten hatte. Während des Ersten Weltkriegs haben sich die Führer der russischen Sozialdemokraten, vor allem Georgi Valentinowitsch Plechanow, für die sogenannte „Vaterlandsverteidigung" eingesetzt, sodass die Partei im Ruf stand, die sozialistische Idee mit dem Patriotismus zu verbinden.

Diese sozialdemokratischen Sozialisten haben sich für soziale Gerechtigkeit eingesetzt, für das Recht eines jeden Menschen auf soziale Sicherheit und auf menschenwürdige Lebensbedingungen. Sie strebten nicht nach Weltherrschaft und wollten auch nicht das Wesen des Menschen und der Welt von Grund auf revolutionieren, sondern plädierten für eine evolutionäre Entwicklung. Wer sich die Geschichte des sozialisti-

schen Denkens vor Augen führt, wer den russischen Sozialisten
Herzen oder den Franzosen Fourier liest, wird feststellen, dass
die Freiheit der Wahl stets über alles andere gestellt wurde. Für
die Sozialisten war es immer wichtig, dass sich die Menschen
aus freiem Willen für das Kollektiv als Lebensform entscheiden.
Ihnen ist es vor allem darum gegangen, gesellschaftliche Har-
monie und Solidarität auf der Basis der bereits existierenden
menschlichen Bedürfnisse und Wünsche zu fördern. In dieser
Hinsicht stehen die Sozialisten dem Christentum näher als die
gleichmacherischen Kommunisten, die versuchen, den Menschen mit Gewalt ein genormtes Glück aufzuzwingen.

Es ist übrigens bemerkenswert, dass die katholische Kirche
unter dem Pontifikat von Johannes Paul II. einen leichten
Linksruck vollzogen hat. Dieser Papst hat in seinen Enzykliken
immer wieder auf die Probleme der Arbeiterklasse aufmerksam
gemacht und in scharfer Form den Raubtierkapitalismus kritisiert. In den Gesprächen, die ich mit ihm führen durfte, hat er
stets die Bedeutung der sozialen Frage hervorgehoben und betont, dass seiner Meinung nach der Aufbau sozialer Sicherungs-
systeme der beste Schutz gegen revolutionäre Katastrophen sei.

Ikeda: Ich teile diese Auffassung des Papstes, schließlich haben
alle Religionen, die diesen Namen verdienen, ihre Wurzeln im
Erbarmen und Mitleid mit denjenigen, die unterdrückt und be-
nachteiligt werden. Viele sozialistische Ideale wie Gleichheit
und Gerechtigkeit sind daher auch eng mit den grundlegenden
Wertvorstellungen dieser Religionen verknüpft. Nur die Religion kann einen Geist des Mitgefühls hervorbringen, der sich
auch in einem entsprechenden Handeln niederschlägt. Selbst in
einer Gesellschaft, wie sie der Sozialismus entwirft, werden
dem Menschen die materiellen Wohltaten immer nur entsprechend einem staatlichen Regelwerk zugeteilt.

Aber ich will noch einmal auf den Unterschied zwischen
Sozialisten und Kommunisten zurückkommen, den Sie gerade
herausgestellt haben. Dostojewski hat auf eindrückliche Weise
den wahrhaften – oder sollte ich sagen, zerstörerischen – Charakter des Kommunismus aufgezeigt und dabei deutlich gemacht, dass dessen Wesen nicht in einem System oder einer Cr-

ganisation, sondern im Atheismus begründet liegt. In der Utopie des Kommunismus drückt sich die Überheblichkeit des modernen, von sich selbst eingenommenen Menschen aus, der
meint, die ideale Gesellschaft lasse sich allein durch menschliches Wissen und Vermögen hervorbringen. Dostojewski war
der Auffassung, dass Marx tatsächlich dem Prometheus ähnelt,
den er in seiner Doktorarbeit dafür gerühmt hat, die Götter herausgefordert zu haben. In seinen *Dämonen* beschreibt Dostojewski das bedauernswerte Schicksal junger Revolutionäre, die
denselben teuflischen Plan verfolgen. Und auch in den *Brüdern
Karamasow* greift er diesen Gedanken noch einmal auf:

> Der Sozialismus umfasst nicht nur die Frage der Arbeit oder des
> sogenannten vierten Standes, sondern vor allem die Frage des
> Atheismus, die Frage des Atheismus in seiner heutigen Form,
> die Frage des Turms zu Babel, der ohne Gott errichtet wurde,
> nicht, um von der Erde aus den Himmel zu erreichen, sondern
> um den Himmel auf die Erde zu holen.

Die Vorhersagen Dostojewskis wurden durch die Ereignisse
nach der Revolution in einem solchen Maß bestätigt, dass man
ihn den Propheten der russischen Revolution genannt hat. Und
die Folge der atheistischen Weltanschauung des Marxismus
war, dass dieser selbst zur Religion einer gottlosen Zeit geworden ist.

Gorbatschow: Sie haben zu Recht die widersprüchliche Wirkung
hervorgehoben, die das *Kommunistische Manifest* auf das revolutionäre Proletariat hatte. Es ist einerseits ein moralischer Appell an das Gewissen, sich gegen die Exzesse des Kapitalismus
aufzulehnen. Andererseits schürt es bewusst den Hass und ruft
auch ganz offen zu Gewalt und Zerstörung auf. Erstaunlicherweise aber hat diese Aufwiegelung der arbeitenden Klasse nicht
nur im 19. Jahrhundert Wirkung gezeigt, sondern auch noch im
20. Jahrhundert, als das allgemeine Bildungsniveau schon wesentlich höher war.
Der Begründer des liberalen Sozialismus, Carlo Rosselli,
der 1937 von den Faschisten ermordet wurde, schrieb, dass
der Marxismus nicht deshalb gesiegt hat, weil er einen entscheidenden Beitrag zum Verständnis der kapitalistischen Welt ge-

leistet, sondern weil er es verstanden hat, seine Anhänger davon zu überzeugen, dass ihr Glaube nicht nur vernünftig ist, sondern sich auch unmittelbar in die Praxis umsetzen lässt. Marx' *Manifest* ist daher laut Rosselli eines der wirkmächtigsten Pamphlete der Geschichte gewesen. Und weiter meint Rosselli zum *Manifest:* Wer es liest, wird verstehen, warum es einen so enormen Erfolg gehabt hat. Kaum jemand kann ihm widersprechen, schon gar nicht ein einfaches Gemüt, das zum ersten Mal unter seinen Einfluss gerät. Keinem Voluntaristen und keinem Tatmenschen ist es jemals gelungen, eine solche Empörung und eine solch bedingungslose Hingabe hervorzurufen wie es diese zwanzig Seiten tun. Seine Dialektik ist völlig überzeugend, und wer ihr einmal verfallen ist, dessen Geist wird von Maximen durchgeschüttelt, die eines Rachegottes würdig sind. Es ist ein romantischer Traum, der im Gewand nüchterner Gedanken daherkommt.

Carlo Rosselli war Sozialist und gleichzeitig ein Gegner des Marxismus und der kommunistischen Revolution. Die Sozialisten, die Erben der Zweiten Internationale, haben große Hoffnungen in den Kollektivgeist und die Vorzüge von Genossenschaften und Arbeiterkassen zur gegenseitigen Unterstützung gesetzt. Das Recht auf Eigentum, die Traditionen des privaten Familienlebens und die Ware-Geld-Beziehung wurden von ihnen dagegen nie angetastet. Alle heutigen Sozialdemokraten sind zwar, wie man in Russland zu sagen pflegt, aus den Ärmeln von Leuten wie Eduard Bernstein und Karl Kautsky gekrochen und daher aus der marxistischen Tradition hervorgegangen. Trotzdem denke ich, dass sie dem Geist und der Weltanschauung der utopischen Sozialisten näherstehen als den Denkern, von denen Marx seinen Begriff des sozialistischen Menschen entlehnt hat. Die von Marx so genannten utopischen Sozialisten haben sich allerdings als die besseren Propheten erwiesen als er selbst. Saint-Simon und Fourier, die für stufenweise Reformen des gesellschaftlichen Lebens und der sozialen Sicherheiten eingetreten sind, bleiben auch für das 21. Jahrhundert noch von Bedeutung. Die auf die utopischen Sozialisten zurückgehende Idee der Verbraucher-, Absatz- und Produktionsgenossenschaften wurde in allen entwickelten Ländern des Westens in die Praxis umgesetzt, vor allem in Skandinavien. Aber niemand ist bislang in der Lage gewesen, Marx' Traum zu realisieren, die gesamte Volkswirtschaft in eine große Fabrik zu verwandeln, in der allein der Direktor das Sagen hat. Selbst im stalinistischen Russland ist der Großteil der Lebensmittel in kleinbäuerlichen Familienbetrieben produziert worden. Und auch Lenin hat am Ende seines Lebens begonnen, die Rolle der Genossenschaften im Hinblick auf die künftige Zivilisation neu zu bestimmen.

Mich persönlich haben diese neuen Ideen über die Genossenschaften, die Lenin in seinem theoretischen Vermächtnis entfaltet hat, dazu gebracht, meine diesbezüglichen Auffassungen zu korrigieren. Lenin hatte seinen sozialistischen Standpunkt noch einmal völlig neu überdacht und sich dann dazu entschlossen, auf ein Genossenschaftsmodell zu setzen, das von den kommunistischen Dogmatikern immer abgelehnt worden war. Dieses Beispiel zeigt, dass auch wir heute, nach siebzig Jahren Erfahrung mit kommunistischen Experimenten, natürlich das Recht haben, unsere Schlüsse zu ziehen und unsere eigene Wahrheit zu finden.

Der Sozialismus als eine Konzeption sozialer Sicherheit, die die Gesellschaft dazu verpflichtet, sich um all ihre Mitglieder zu kümmern und ihnen menschenwürdige Lebensbedingungen zu garantieren, hat zweifellos eine Zukunft. Der Staat mag sich vielleicht eines Tages ganz aus der Produktionssphäre zurückziehen, was aber das soziale und gesellschaftliche Zusammenleben betrifft, wird er diesen Bereich nie sich selbst überlassen. Die Erfahrungen des 20. Jahrhunderts und vor allem die Erfahrungen Westeuropas nach dem Zweiten Weltkrieg haben gezeigt, was für eine entscheidende Rolle der Staat hat, wenn es um die Verteilung des Reichtums eines Landes und die Verringerung der sozialen Gegensätze geht. In einer Gesellschaft, in der eine verschwindende Minderheit Reicher einem Heer von Armen gegenübersteht, kann es keine Stabilität geben.

Privatbesitz und Marktwirtschaft gehören zweifellos zu den Grundwerten einer menschlichen Zivilisation. Aber der höchste Wert kommt dem Menschen als solchen zu. Daher ist es unabdingbar, dass die liberalen Werte, in denen die Freiheit der privaten Produzenten verteidigt wird, und die sozialen Werte, die die ursprünglich moralische und geistige Gleichheit der Menschen verteidigen, auf organische Weise miteinander verbunden werden. Es geht dabei also nicht um ein wildes Durcheinander von Ideologien, in dem jede um ihren Platz an der Sonne kämpft. Stattdessen müssen die Werte, die die geistige und ökonomische Entwicklung vorantreiben und die persönliche Freiheit stärken, und der Wert, der jedem menschlichen Leben als solchen zukommt, zu einer Einheit gebracht werden.

Ikeda: Das Scheitern der zentralisierten Planwirtschaft bedeutet für mich nicht, dass man wieder zu einer völligen Willkür des Marktes zurückkehren muss, wie sie im 19. Jahrhundert herrschte. Der Liberalismus und die Marktwirtschaft haben sich ja nur deshalb durchgesetzt, weil sie sich der Herausforderung des Sozialismus gestellt und in der Folge Elemente von ihm übernommen haben.

Selbst in liberalen Staaten mit Marktwirtschaft lassen sich ja in einem gewissen Umfang Formen einer gemischten Wirtschaft und einer sozialen Absicherung finden. Das sieht man sehr deutlich am Beispiel der USA, wo das politische Pendel entweder in Richtung Liberalismus oder in Richtung eines stärkeren staatlichen Eingreifens in das Wirtschaftsleben ausschlägt, je nachdem, ob gerade die Republikaner oder die Demokraten an der Macht sind. Der Historiker Arthur Schlesinger zitierte gerne den Ausspruch Franklin D. Roosevelts, dass der Fortschritt sich nicht daran messen lässt, ob der Reichtum derer, die viel haben, wächst, sondern daran, ob es gelingt, diejenigen, die nichts haben, ausreichend zu versorgen. Und genau darin liegt auch das Wesen des demokratischen Kapitalismus.

Eine der Hauptaufgaben des 21. Jahrhunderts wird gerade darin liegen, eine ausgewogene Balance zwischen diesen beiden Seiten zu finden, also eine Gesellschaft, die sowohl die soziale Sicherheit als auch die freie unternehmerische Tätigkeit gewährleistet. Ich vermute, dass Ihre Entscheidung für die Sozialdemokratie nicht zuletzt darin begründet lag, auf eine solche Balance hinzuarbeiten.

Gorbatschow: Es ist ja interessant zu sehen, dass sich auch Marx gegen Ende seines Lebens, als er *Das Kapital* bereits weit hinter sich gelassen hatte, zunehmend Gedanken über die Zukunftsfähigkeit der Gesellschaft gemacht hat. Dabei hat er dann offensichtlich weniger die Konflikte und Klassenkämpfe als vielmehr das harmonische Miteinander der Menschen in den Blick genommen. Diesen neuen Standpunkt konnte er leider nicht mehr weiter entfalten, aber er stellt meines Erachtens eine weitere kleine Brücke in Richtung Sozialdemokratie dar.

Ikeda: Der ganze späte Marx ist für mich allerdings ein Rätsel. Wenn man seine letzten theoretischen Abhandlungen oder auch seine Briefe an die russische Revolutionärin Vera Zasulich liest, stellt man fest, dass er darin Grundlagen für eine neue Gesellschaft skizziert, die tiefer reichen als das, was er im *Kapital* entworfen hatte. Nicht nur das Wesen des gesellschaftlichen Fortschritts, sondern auch das Problem, wie dieser Fortschritt ganz konkret realisiert werden soll, wird auf eine ganz neue Weise angegangen. In seinen früheren Werken hat Marx die Geschichte und das gesellschaftliche Leben vor allem unter dem Aspekt der Ausbeutung der menschlichen Arbeitskraft betrachtet. In seinen Briefen an Zasulich aber regt er vor allem dazu an, darüber nachzudenken, wie eine Gesellschaft in dem ewigen Kampf zwischen schöpferischen und zerstörerischen Kräften überhaupt lebensfähig bleiben kann.

Mit dieser neuen Fragestellung, die dann nicht weiterverfolgt wurde, hat Marx meines Erachtens die Grundproblematik der ganzen Menschheitsgeschichte angesprochen. Denn wer sagt uns denn, dass jedem Rückschritt in der Geschichte notwendigerweise wieder ein Fortschritt folgen muss? Kann es nicht auch Rückschläge geben, die so gewaltig sind, dass man sie nicht wieder gutmachen kann? Die Zerstörung des Lebens und des ganzen Menschengeschlechts bleibt als Möglichkeit in jeder Phase der geschichtlichen Entwicklung bestehen.

Gesellschaftliche Stabilität und Fortschritt kann es nur dann geben, wenn jedem einzelnen Menschen sein Recht auf ein erfülltes Leben zugestanden wird, also nur dann, wenn es gelingt, die Rechte und Freiheiten der individuellen Persönlichkeit mit den materiellen und ökonomischen Grundlagen einer Gesellschaft in ein harmonisches Verhältnis zu bringen.

Mein Mentor Josei Toda hat mir immer gesagt, dass das Glück des Einzelnen und das Wohl der Gesellschaft untrennbar miteinander verbunden sind:

> Wir reden heute immer über die Gesellschaft und stellen doch fest, dass der Einzelne stets von der Gesellschaft abgetrennt wird. Ist es nicht eine uralte Aufgabe der Politik, die Kluft zwischen dem Wohl der Gesellschaft und dem Glück und der Zufriedenheit des einzelnen Menschen zu überwinden? In einer blühenden, gänzlich glücklichen Gesellschaft muss auch jeder einzelne Mensch ganz und gar glücklich sein.

Jeder, der in die Politik geht und seine Arbeit ernst nehmen will, wird sich daher dieser Aufgabe stellen müssen.

Gorbatschow: Auf dem XXVIII. Parteitag der KPdSU haben wir deutlich zum Ausdruck gebracht, dass wir unter Sozialismus nicht irgendwelche Dogmen verstehen, sondern humane Lebensbedingungen, persönliches Wohlergehen, Rechte und Freiheiten eines jeden Menschen. Gleichzeitig haben wir auch erklärt, dass all diese Ziele nur in einem Sozialismus erreichbar sein werden, der sich zugleich als realer Humanismus versteht. Der Übergang zu Positionen der Sozialdemokratie war Gegenstand eines Entwurfs für ein neues Parteiprogramm, der in der zweiten Julihälfte 1991 veröffentlicht wurde.

Als man mir im letzten Juliplenum des ZK den Vorwurf gemacht hat, ich würde die KPdSU in eine sozialdemokratische Partei verwandeln wollen, war meine Antwort:

> Der Gegensatz zwischen der KPdSU und der sozialdemokratischen Bewegung von heute beruht auf Differenzen, die aus der Zeit der Revolution und des Bürgerkriegs stammen, in der die Kommunisten und die Sozialdemokraten auf verschiedenen Seiten der Barrikaden standen. Es war damals eine Zeit voller Umbrüche und Umwälzungen, deren Analyse wir den Historikern überlassen sollten. Heute dagegen ist vollkommen klar, dass die Kriterien für die Gegensätze in dieser Zeit ihre Bedeutung verloren haben. Wir haben uns verändert und die Sozialdemokratie hat sich auch verändert. Die Geschichte hat viele der Probleme erledigt, die damals zu einer Spaltung zwischen den Anhängern

der demokratischen Bewegung und denen des Sozialismus geführt haben.
All jene, die sich heute vor einer Sozialdemokratisierung der Partei fürchten, verschließen ihre Augen vor dem wirklichen Feind: den antisozialistischen, nationalchauvinistischen Tendenzen.

Dass ich von der kommunistischen zur sozialdemokratischen Position übergegangen bin, hatte nichts mit Opportunismus zu tun. Als jemand, der immer schon linke Überzeugungen vertreten hat und für soziale Gerechtigkeit eingetreten ist, bin ich einfach nur der Logik der Veränderungen im gesellschaftlichen Bewusstsein gefolgt, die sich in meinem eigenen Land, aber auch überall sonst in der Welt gezeigt haben.

Die dramatischen Ereignisse, die auf diese Plenarsitzung im Juli 1991 gefolgt sind, haben mich dann leider daran gehindert, meine Pläne zu Ende zu führen. Eine Sozialdemokratisierung der KPdSU fand nicht statt. Stattdessen führten die verbrecherischen Akte der Putschisten dazu, dass die Partei in sich zusammenfiel. Doch das Ende der Partei bedeutet nicht, dass wir mit unseren Plänen falsch gelegen haben.

Ikeda: Was die Putschisten in ihrem Denken und Handeln angetrieben hat, war meiner Ansicht nach weniger der Kommunismus als vielmehr ein ideologischer Fanatismus, der ja für das 20. Jahrhundert charakteristisch ist. Russland hatte sich gewandelt. Aber die Putschisten, die als Gruppe bereits vom Rest der Gesellschaft isoliert waren, wollten das nicht zur Kenntnis nehmen und auch nicht noch eingestehen, dass es noch andere Wege gab, die aktuellen Probleme zu lösen.

Diese krankhafte Selbstisolierung war ein typisches Phänomen des 20. Jahrhunderts, das auch der spanische Schriftsteller und Philosoph José Ortega y Gasset in seinem Hauptwerk *Der Aufstand der Massen* herausgestellt und beschrieben hat. Dieses Werk war von einer ähnlich großen Bedeutung wie Rousseaus *Gesellschaftsvertrag* für das 18. Jahrhundert oder *Das Kapital* von Marx für das 19. Jahrhundert. Ortega y Gasset schreibt darin:

Niemand kann sich dem Eindruck entziehen, dass in Europa
seit Jahren seltsame Dinge vor sich gehen ... Unter den Marken
des Syndikalismus und Faschismus erscheint zum ersten Mal in
Europa ein Menschentypus, der darauf verzichtet, Gründe an-
zugeben und recht zu haben, und sich schlichtweg entschlossen
zeigt, seine Meinung durchzusetzen ... Das Neueste in Europa
ist es daher, „mit den Diskussionen Schluss zu machen", und
man verabscheut jede Form geistigen Verkehrs, die, vom Gespräch über das Parlament bis zur Wissenschaft, ihrem Wesen
nach Ehrfurcht vor objektiven Normen voraussetzt. Das heißt,
man verzichtet auf ein kultiviertes Zusammenleben, das ein
Zusammenleben unter Normen ist, und fällt in eine barbari-
sche Gemeinschaft zurück.

Was Ortega hier als Ablehnung der Kultur und Rückfall in die
Barbarei bezeichnet, ist schlicht die Tatsache, dass jeder nach
seinen eigenen Normen lebt – und für das 20. Jahrhundert
würde das bedeuten: nach den Normen der eigenen Partei,
Sippe oder Rasse. Die Ursache dafür ist nach Ortega die Selbstisolierung der menschlichen Seele, die am Ende den Hass auf
den anderen und die Gesellschaft hervorbringt. Diese Instinkte
blockieren den Pfad zum Dialog und gebären Feindseligkeit
und Grausamkeit. Auch wenn Russland oder der russische
Kommunismus in diesem Werk nicht ausdrücklich genannt
werden, ist doch recht offensichtlich, dass das, was hier über
Syndikalismus und Faschismus gesagt wird, in gleicher Weise
auch für den bolschewistischen Klassenkampf gilt. Unter diesem Gesichtspunkt lässt sich auch das Wesen der Perestroika
und der Glasnost besser verstehen, bei denen es meiner Ansicht
nach ja nicht zuletzt darum ging, die menschliche Seele aus ihrer Selbstisolierung zu befreien und zu einer Kultur des offenen
Dialogs zurückzukehren.

Gorbatschow: Zum Glück ist die Herrschaft des ungezügelten
Liberalismus in Russland nur von relativ kurzer Dauer gewesen. Schon nach zwei Jahren hatte die Masse der Menschen genug von den liberalen Reformen, die einige wenige immer reicher und die Mehrzahl immer ärmer gemacht haben.
     In den Auseinandersetzungen um effektive Reformen hatte
ich gegenüber meinen liberalen Gegnern den Vorteil, dass ich

Russland kannte und wusste, wie der russische Bauer denkt,
während sich die Anhänger der raschen und zerstörerischen Reformen allein von angelesenen Weisheiten haben leiten lassen.
Als es zum Beispiel in den Jahren zwischen 1989 und 1991
um die Frage der Privatisierung gegangen ist, habe ich klar und
deutlich gesagt, dass Russland und vor allem seine Bauern-
schaft und das gemeine Volk den Übergang zu reinem Privatbesitz an Grund und Boden sowie den uneingeschränkten Kauf
und Verkauf von Boden ablehnen würde. Eine mit Gewalt
durchgesetzte Privatisierung der Kolchosen und Sowchosen
wäre eine genauso große Katastrophe wie die Zwangskollektivierung in den dreißiger Jahren. Das hat mir dann den Vorwurf
eingebracht, ich sei rückwärtsgewandt und nicht auf der Höhe
der Zeit.

Letztlich gab es dann keinen Erlass, der den freien An- und
Verkauf von Grund und Boden verordnete. Das lag vor allem
an dem hartnäckigen Widerstand, der aus dem Süden Russlands kam, wo unter den Kosaken noch bis heute die Tradition
des Gemeindelandes lebendig ist. Aber auch in den fruchtbaren
Gebieten Zentralrusslands haben die beabsichtigten Bodenre-
formen bei vielen Bauern große Besorgnis ausgelöst. Sie waren
nicht bereit, unter dem gegenwärtigen ausbeuterischen Kredit-
system die Verantwortung für ein eigenes Stück Land auf sich
zu nehmen, aus Angst, am Ende alles zu verlieren. Ich bin der
Ansicht, man sollte die verschiedenen Formen kollektiver Landwirtschaft nicht einfach nur beseitigen, sondern sie vielmehr
von innen heraus reformieren, zum Beispiel durch die Veränderung der Eigentumsverhältnisse. Wie solche Reformen dann
konkret aussehen könnten, müssen die Bauern in freier Entscheidung selbst bestimmen.

Die Notwendigkeit eines Wertewandels

Ikeda: Das 20. Jahrhundert ist zu einem Jahrhundert der Kriege
und der Gewalt geworden, weil der Mensch als solcher immer
weiter in den Hintergrund gedrängt wurde. Ideologisch-politi-
sche Systeme auf der einen und materielle Dinge auf der ande-

ren Seite sind das einzige gewesen, was zählte. Man hat es versäumt, sich dem Inneren des Menschen zuzuwenden, und
suchte sowohl das Glück als auch die Schuld allein in äußeren
Faktoren.

Gorbatschow: Die große Frage ist, wie man die Menschen dazu
bringen kann, sich um die inneren Werte zu kümmern, nach
moralischer und geistiger Selbstvervollkommnung zu streben
und Verantwortung für andere zu übernehmen. Unsere russischen Idealisten, beispielsweise Nikolai Berdjajew, sind der
Auffassung gewesen, dass alles Übel in Russland vom Marxismus und Materialismus herrührt, also von der Tatsache, dass
die Frage der Gesellschaftsform über allem anderen stand und
dem Problem der Verteilungsgerechtigkeit eine übertriebene
Aufmerksamkeit geschenkt wurde. Vor diesem Hintergrund ist
auch sein Appell zu sehen, sich vom Materiellen ab- und dem
Geistigen zuzuwenden, das eigene geistige Leben als einzige
kreative Kraft des menschlichen Daseins zu kultivieren und zu
entwickeln.

Solange den geistigen und moralischen Werten nicht der
Vorrang eingeräumt wird, wird die Welt sich nicht zum Besseren wenden. Gleichzeitig muss man aber auch sagen, dass
sich die Prognosen unserer großen Denker, dass alle Übel der
Welt auf den marxistischen Materialismus zurückgehen, nicht
bewahrheitet haben. Das, wovon sie geträumt haben, ist ja
eingetreten. Alle Fesseln, die die geistige, moralische und religiöse Entwicklung unserer Nation gehemmt haben, sind weg-
gefallen. Was sich Pjotr Struwe, ein Vertreter des sogenannten
„Legalen Marxismus" erträumt hat, ist heute Realität: Er forderte nämlich, dass sich das russische Volk vom „internationalen Klassensozialismus", von der „Anbetung der politischen
und sozialen Formen" und von allem, was einen zerstörerischen Einfluss auf die Seele und das Leben des Volkes ausübe,
befreien sollte. Und trotzdem ging mit dem Zerfall der Sowjetunion ein unaufhaltsamer Zusammenbruch der wirtschaftlichen, kulturellen und zwischenmenschlichen Beziehungen einher, der zu einem wachsenden Nihilismus im ganzen Land
geführt hat.

Der in der Sowjetzeit herrschende militante Atheismus hat die Bibel zu einem verbotenen Buch erklärt. Wer sich öffentlich zum Glauben an Gott bekannt hat, wurde gesellschaftlich geächtet und verlor damit faktisch jedes Recht auf eine Hochschulbildung oder eine berufliche Karriere. Ganze Generationen kamen und gingen, ohne jemals etwas von den grundlegenden Wahrheiten des Christentums oder des Islam gehört zu haben. Aber trotzdem hat es viele unter den Nichtgläubigen und sogar unter den überzeugten Atheisten gegeben, die sich nicht nur geweigert haben, irgendjemanden zu denunzieren, sondern die Anteil am Unglück ihrer Nächsten genommen haben und den Erniedrigten und Beleidigten zur Seite standen. Unter denselben politischen Bedingungen, derselben Parteidisziplin und derselben Furcht, die eigene Karriere aufs Spiel zu setzen oder das Parteibuch zu verlieren, gab es zwei verschiedene Arten, zu handeln: Es gab einerseits Menschen, die ihre Freunde nicht im Stich gelassen und sich für diejenigen eingesetzt haben, die in Schwierigkeiten geraten waren. Und dann gab es solche, die auf feige und niederträchtige Art und Weise andere verraten haben und in ihrer Machtgier nicht davor zurückschreckten, buchstäblich über Leichen zu gehen. Wer also etwas über das Gute und Böse oder die Abgründe der menschlichen Seele erfahren will, der lernt vielleicht aus der sowjetischen Geschichte mehr als aus der Geschichte der heute prosperierenden Länder.

Ikeda: Ich war immer beeindruckt von dem geistigen und spirituellen Reichtum, der innerhalb des sowjetischen Volkes zum Vorschein kam. Unter dem kommunistischen System hat es so viele Beispiele einzigartiger menschlicher Vornehmheit gegeben, dass ich fast den Eindruck habe, die sowjetische Gesellschaft sei in geistiger und moralischer Hinsicht auf einer höheren Stufe gewesen als unsere heutige postkommunistische Gesellschaft. Ich denke hier zum Beispiel an die Filme von Andrej Tarkowski oder an die Werke von Michail Bulgakow oder Jewgeni Samjatin in ihrer abgründigen Tragik. Und wenn ich an die Stücke der berühmten Kinder- und Musiktheaterregisseurin Natalja Saz zurückdenke, spüre ich noch heute die unendliche innere Wärme, die von ihnen ausging. Außerdem finde ich, wenn ich das so sagen darf, Herr Gorbatschow, auch die Hoffnung und Zuversicht, die Sie ausstrahlen, nach wie vor einfach nur erstaunlich. Vielleicht stammt ja die innere Kraft und Stärke des sowjetischen Volkes aus den tiefen Wurzeln seines stetigen Widerstandes gegen unterschiedliche totalitäre Regime. So paradox das klingen mag, aber es scheint, als ob die Menschen in Russland in dem Maß, wie sie sich mit den verschiedenen Systemen arrangieren mussten, zugleich auch an innerer Reife gewonnen und damit den Mut gefunden haben, sich gemeinsam ihrer eigenen tragischen Geschichte zu stellen. Die Erfahrungen, die das sowjetische Volk gemacht hat, müssen im Gedächtnis der Menschheit aufbewahrt werden. Denn Kultur ist nicht nur ein Produkt der verschiedenen Künste, sondern sie resultiert auch aus der Erfahrung des menschlichen Lebens und der menschlichen Seele. Es ist sehr schwierig zu unterscheiden, welche Elemente der inneren Kraft und Stärke des sowjetischen Menschen aus den Traditionen des Russentums stammen und welche dem Unglück und dem Drama eines Lebens unter kommunistischer Diktatur und Unfreiheit geschuldet sind. Man würde es sich zu einfach machen, wenn man die heutigen Zivilisationen nur unter dem Aspekt von gut und schlecht beurteilen würde. Es kann ja auch niemand mehr behaupten, die demokratischen Staaten seien in moralischer Hinsicht „erfolgreicher" als die totalitären Staaten. Die Krise der modernen Zivilisation hat alle Länder und alle politischen Systeme erfasst, ohne jede Ausnahme.

Als 1987 der damals noch fast unbekannte amerikanische Philosoph Allan Bloom sein Buch *Der Niedergang des amerikanischen Geistes* veröffentlicht hat, löste das unter seinen Lesern in Amerika heftige Diskussionen aus. Denn Bloom hatte überzeugend gezeigt, in welche Sackgasse die moderne amerikanische Zivilisation geraten war. In diesem Buch bringt ein Studienanfänger seine Gedanken darüber zum Ausdruck, dass er als Mensch ein Ganzes ist und sich fragt, ob es ihm überhaupt erlaubt ist, all die in ihm liegenden Fähigkeiten auch zur Entfaltung zu bringen. Amerika, die führende Nation unter den modernen Demokratien, so die These des Buches, hat zwar den Sieg über den Totalitarismus davongetragen, dafür aber den

Preis der Zerstörung seiner eigenen geistigen und moralischen Grundlagen bezahlt. Wie Sie also zu Recht gesagt haben, gingen aus dem Kalten Krieg weder Sieger noch Besiegte hervor. Beide Seiten haben verloren.

Gorbatschow: Was die Religion betrifft, wollte ich übrigens nicht sagen, dass sie nutzlos und der Atheismus für die Sowjetunion ein Segen gewesen ist. Denn dadurch, dass der Sowjetstaat den Menschen die Bibel, den Koran und die Thora genommen hat, hat er ihnen zugleich auch wichtige Quellen des Geistes und der Kultur unzugänglich gemacht. Was mich heute aber mehr beschäftigt, ist die Frage nach den Mechanismen, die das Gewissen und die Selbstkontrolle und Selbstbeschränkung hervorbringen und festigen können. Denn in dieser Hinsicht sind wir heute, zu Beginn des 21. Jahrhunderts, kaum klüger als unsere Vorfahren.

Ikeda: Ja, trotz des ungeheuren Wissens, das wir über Jahrhunderte angehäuft haben, werden wir in Fragen der Moral und Ethik immer orientierungsloser. Die alten Griechen zum Beispiel wussten über das Wesen des Guten noch weit besser Bescheid, als wir es heute tun. Und auch der Sinn für die Notwendigkeit von Selbstbeschränkung und Selbstkontrolle war in früheren Zeiten viel ausgeprägter.

Die Menschen des 21. Jahrhunderts glauben, dass Glück nur von äußeren Faktoren abhängt und nichts mit dem eigenen Selbst zu tun hat. Man ist buchstäblich von den äußeren Bedingungen besessen. Alle erdenklichen Hebel werden in Bewegung gesetzt, um das bestmögliche Gesellschaftssystem hervorzubringen. Auf allen Gebieten, sei es im Rechtssystem, in der Ökonomie, in der Philosophie oder in anderen Bereichen, werden gigantische Anstrengungen unternommen, um die eklatanten Widersprüche innerhalb der modernen Gesellschaft abzufedern. Mit zum Teil sehr unterschiedlichem und manchmal auch höchst fragwürdigem Erfolg. Dass solche Anstrengungen notwendig und nützlich sind, wo es um soziale Reformen geht, steht außer Frage. Missstände in den äußeren Umständen zu be-

seitigen, ist sicherlich eine notwendige Bedingung für das
Glück, aber sie kann es nicht garantieren, solange der Mensch
nicht die Wurzeln des Bösen in seinem Inneren bekämpft. Natürlich ist es besser, in einem schönen und warmen Haus zu
wohnen, als zusammengedrängt in einer zugigen Hütte zu sitzen. Aber wir sollten uns bewusst machen, dass die Wärme in
einem Haus weniger vom heimischen Herd als vom liebenden
Herzen des Vaters und der Mutter kommt. Was nützt einer Familie eine prächtige Villa, wenn in ihr nur Streit und Zwietracht
herrschen.

Natürlich bekämpft der Mensch das Böse überall lieber als
in seinem eigenen Herzen. Aber wenn wir unseren Blick nur
noch auf die äußeren Reformen richten, vernachlässigen wir
die moralischen Kräfte, die in uns selber stecken. Wenn wir
also die Gesellschaft als Ganzes glücklich und zufrieden machen wollen, müssen wir dafür sorgen, dass jeder Einzelne das
Glück und die Güte in seinem Herzen trägt.

Gorbatschow: Als ich mich während meiner Studienzeit mit den
Grundlagen der Geisteswissenschaften beschäftigt habe, interessierte ich mich vor allem dafür, welchen Einfluss die unterschiedlichen äußeren Lebensbedingungen auf das Weltbild und
den geistigen Standpunkt der Menschen haben. Wie kommt es
zum Beispiel, dass Kinder, die aus ein und derselben Familie
stammen und unter den gleichen materiellen und pädagogi-
schen Bedingungen aufgewachsen sind, ganz unterschiedliche
geistige und moralische Einstellungen entwickeln? Heißt das,
dass es so etwas wie eine angeborene oder von Gott gegebene
Prädisposition für das Gute oder das Böse gibt? Und wenn
nicht, worin liegt dann der Schlüssel dafür, dass sich der Geist
oder die Moral der Menschen in die eine oder andere Richtung
entwickeln?

Das weltweite kommunistische Experiment, das Millionen
von Menschen eine Menge Leid gebracht hat, hat uns in Russland viele Illusionen genommen, und zwar ein für alle Mal. Es
wurde zum Beispiel der Versuch unternommen, wissenschaftliche Erkenntnisse als etwas unbedingt Gültiges darzustellen und
auf dem Wege immer neuer gesetzlicher und normativer Vor-

gaben einen neuen Menschen zu erschaffen. Im Nachhinein musste man allerdings erkennen, dass das alles keinen wesentlichen Einfluss auf den Geist und die Moral der Menschen gehabt hat. Wissen allein genügt nicht, um die Seele zu erhellen, auch wenn Bosheit und Grausamkeit unter unwissenden Menschen vielleicht häufiger zu finden sind.

Heute wissen wir, dass ein Atheismus, der sich gewaltsam der Seelen und ihrer Suche nach Gott bemächtigt, sowohl unmoralisch als auch unmenschlich ist. Ein Atheismus, der die Freiheit von Gott proklamiert, propagiert im Grunde genommen auch die Freiheit vom Gewissen. In diesem entscheidenden Punkt der Auseinandersetzung zwischen Materialismus und Idealismus hat Dostojewski also recht behalten.

Wir in Russland haben heute wenig, worauf wir uns stützen könnten, um zu behaupten, der inneren Welt müsse der Vorrang vor der äußeren Welt zukommen. Wir müssen uns erst noch klar darüber werden, warum wir den Prophezeiungen Dostojewskis so wenig Aufmerksamkeit geschenkt haben. Vielleicht waren es die Armut, das herrschende Chaos, die Angst oder die scheinbare Hoffnungslosigkeit unserer Situation, die uns blind dafür gemacht haben. Zweifellos haben die äußeren Faktoren für die Erfolgreichen und Wohlhabenden eine ganz andere Bedeutung als für diejenigen, die arm und vom Leben gebeutelt sind. Wenn wir uns also nicht auch um das Problem dieser sogenannten äußeren Faktoren, also des materiellen Wohlstands, kümmern, werden wir niemals aus diesem Teufelskreis herauskommen.

Ikeda: Wir müssen uns mit aller Kraft dafür einsetzen, dass die Heiligkeit des Lebens im 21. Jahrhundert zum obersten Gebot wird. Wir haben ja bereits darauf hingewiesen, dass Albert Schweitzer das Leben selbst als den höchsten Wert betrachtet hat, und nun liegt es an uns, wie wir diese Erkenntnis in unserem Alltag umsetzen. Das Leben, der Tod und die Flüchtigkeit der menschlichen Existenz sind die entscheidenden Koordinaten dafür, den eigentlichen Fragen unseres Daseins zu begegnen.

Wir müssen uns bewusst machen, dass jeder Tag unser letzter sein könnte. Wir sollten also idealerweise so handeln, als ob all unser Tun endgültig und unwiderruflich wäre. Das ist allerdings sehr schwer, denn sich ständig den Tod vor Augen zu halten, kann deprimierend sein. Trotzdem sind wir uns irgendwo tief in unserem Unterbewusstsein darüber im Klaren, dass das Leben einmal zu Ende gehen wird. So paradox es auch erscheinen mag, aber das Wissen um den Tod bereichert das Leben. Wäre der Mensch glücklicher, wenn er unsterblich wäre? Höchstwahrscheinlich nicht, denn dadurch, dass die Unsterblichkeit ihm die Angst vor nicht wieder gutzumachenden Fehlern nähme, würde er unmenschlich werden. Der Mensch hofft immer darauf, dass seine Nächsten ihm ein würdiges Andenken bewahren. Das Wissen um die eigene Endlichkeit hindert ihn daran, die Dinge hinauszuschieben, und treibt ihn im Gegenteil dazu an, sich in jedem Augenblick neu in seiner Individualität herauszustellen. Die eigene Existenz in ihrer Endlichkeit zu erkennen, heißt im Grunde genommen nichts anderes, als das Leben in seiner wahren Bedeutung zu erkennen und die Verantwortung dafür zu übernehmen.

Der Buddhismus lehrt, dass die Kraft, die das Rad des Lebens antreibt, eine ewige ist, ohne Anfang und ohne Ende. Diese Lebenskraft manifestiert sich sowohl, wenn wir uns in einem passiven, schlafähnlichen Zustand befinden, als auch dann, wenn wir uns im wachen Zustand befinden – das heißt im Tod und im Leben. Jeder von uns erwacht jeden Morgen als dieselbe Person, die am Abend zuvor zu Bett gegangen ist. So erwacht auch nach dem Tod dasselbe Leben zu einem neuen Dasein. Das Leben selbst ist ein einziges Kontinuum, das uns in den Tiefen unseres Bewusstseins den Sinn von Sterblichkeit und Unsterblichkeit erkennen werden lässt. Der Mensch ist nur dann in der Lage, Gutes zu tun und moralisch zu handeln, wenn er der stets fließenden Grenze zwischen Tod und Leben in sich selbst bewusst wird. Erst durch das Bewusstsein des Todes kann er also zu einem wahrhaft geistigen Leben erleuchtet werden.

Die Absicht der Religion liegt nicht nur darin, uns vom Leiden zu befreien. Wer sie nur darauf reduziert, setzt sie in ihrer Bedeutung herab. Auch wenn in den verschiedenen Religionen das Weltliche und das Geistliche in unterschiedlicher Weise aufeinander bezogen werden, besteht doch die wahre Absicht jeder Religion darin, das Geheimnis von Tod und Leben zu offenbaren und daraus die notwendigen Prinzipien abzuleiten. In der Aufforderung Jesu etwa, dem Kaiser zu geben, was des Kaisers ist, und Gott, was Gottes ist, werden das Weltliche und das Geistliche deutlich voneinander unterschieden, wohingegen im Buddhismus, und vor allem im Mahayana-Buddhismus, beides untrennbar miteinander verbunden ist.

Gorbatschow: Meine persönliche Erfahrung mit dem Leben der einfachen russischen Bauern, denen ich mich immer sehr nah gefühlt habe, hat mich gelehrt, dass für sie nur ein einziges, einheitliches Wertesystem gegolten hat, in dem die Gebote der Religion und die Verhaltensnormen des Alltags zusammengehört haben. Wer aufrichtig an Gott glaubte, achtete darauf, sich weder in Gedanken noch Werken zu versündigen, und sorgte sich um seinen Ruf. Diese Einstellung ist tief in der russischen Seele und im russisch-orthodoxen Glauben verwurzelt.

In einer meiner Lieblingspassagen der Puschkin-Rede spricht Dostojewski von der besonderen Fähigkeit der Russen, einen anderen Menschen zu verstehen. Vielleicht, sagt er, ist die russische Seele – der Genius des russischen Volkes – am meisten von allen Völkern dazu in der Lage, die Ideen einer universalen Einheit, einer brüderlichen Liebe, eines nüchternen Blicks, der Feindseligkeit verzeiht, der Verschiedenheit erkennt und akzeptiert, der Gegensätze überwindet, in sich aufzunehmen.

Ikeda: Dostojewski legt hier ein Zeugnis von dem enormen Reichtum der russischen Kultur ab. Jede Kultur, jedes große Kunstwerk zeugt von der universalen Einheit der menschlichen Natur und ruft uns auf geheimnisvolle Weise dazu auf, alle gesellschaftlichen Schranken zu überwinden. In unserer Welt der Gegensätze und Streitigkeiten brauchen wir heute nötiger denn je einen Bereich, in dem wir alle gleich und ebenbürtig sind. Die Kunst ist ein solcher Bereich, denn sie bereichert das Leben und gibt uns das Gefühl, gleichzeitig frei und heimisch zu sein.

Kultur und Kunst sind wie blühende Rosen in dornigen Hecken. Auch das Leben ist voller Dornen, und trotzdem kann sich der Mensch in ihm durch gute Taten und Barmherzigkeit zu einer wundervollen Blüte entfalten. Die Geschichte der Menschheit ist nicht das, was durch die Alltagsgeschäfte der Politik und Wirtschaft hervorgebracht wird, denn die sind nur die stürmischen Wellen eines Ozeans, in dessen Tiefe die Meeresströmung durch Kultur, Kunst und Erziehung vorangetrieben wird.

Gorbatschow: Wie Sie zweifellos wissen, Herr Ikeda, sind alle genialen Russen, und vor allem Tolstoi, dem Buddhismus stets mit großem Respekt begegnet. Und ich glaube, dass wir die Umsicht und die Gelassenheit des Ostens und seine Achtung vor der Tradition auch heute sehr nötig haben.

Als im Oktober 1993 das Parlamentsgebäude in Moskau mit Panzergranaten beschossen wurde, war das ein schwarzer Tag für ganz Russland. Seitdem habe ich mich an jedem Jahrestag gefragt, wie es so weit kommen konnte und warum das Volk geschwiegen hat. Für mich war das an all dem das Unbegreiflichste: Warum hat das Volk nichts dazu gesagt und sagt bis heute nichts? Bis ich letztlich eine Erklärung gefunden habe: Das Volk schweigt nicht. Es ist geistig hellwach, es sieht und versteht alles. Das Volk ist weise und bewahrt Ruhe. Denn das Allerwichtigste ist, die Situation nicht völlig eskalieren zu lassen. Das heutige Russland wird vom gesunden Menschenverstand seiner Bürgerinnen und Bürger zusammengehalten, die klug und besonnen ihren Alltagsgeschäften nachgehen.

Als ich noch ganz am Anfang der Perestroika den politischen Bericht für den XXVII. Parteitag der KPdSU vorbereitete, haben meine Gesinnungsgenossen und ich nach einem Weg gesucht, unser neues humanistisches Denken für uns so gefahr- und für die anderen so schmerzlos wie möglich zum Ausdruck zu bringen. Und letztlich waren es Marx und Lenin, die uns dabei zu Hilfe gekommen sind. Ich habe damals zum Beispiel in Lenins Werken Gedanken darüber gefunden, dass den Interessen der Gesellschaft als Ganzes der Vorrang gegenüber den Interessen des Proletariats zukommt. Das war für mich der Schlüssel zu meinen eigenen Überlegungen zum Verhältnis von Klassenwerten und allgemeinen Werten der

Menschheit. Zum ersten Mal habe ich mich daraufhin getraut, das zu sagen, was ich lange schon gedacht hatte: Die Bedeutung von Zivilisation, Fortschritt und Kultur besteht allein darin, das menschliche Leben, auf dem alles beruht, zu schützen und zu bewahren.

Das vergangene Jahrhundert hat viel Schreckliches hervorgebracht und gleichzeitig wurde viel Kluges über den Wert des menschlichen Lebens und die Bedeutung von Natur und Menschheit gesagt. Als ich noch Generalsekretär war, habe ich, wie es damals üblich war, das erste Exemplar der russischen Übersetzung von Werken des japanischen Schriftstellers Roka Tokutomi erhalten. Ich habe das Buch mit nach Hause genommen und es meiner Frau Raissa Maximowna gegeben. Weil sie mir begeistert davon vorgeschwärmt hat, habe ich es dann auch gelesen. Als Mann von bäuerlicher Herkunft war ich völlig fasziniert von Tokutomis Gedanken über die Einheit von Boden, Mensch und Leben. Er schreibt:

> Wir sind auf der Erde geboren. Wir leben auf ihr und ernähren uns von dem, was sie hervorbringt. Wenn wir sterben, kehren wir zur Erde zurück. Der Mensch kann also letztlich als eine Erscheinungsform der Erde betrachtet werden. Deshalb ist die Arbeit auf dem Felde auch die ihm am besten entsprechende Tätigkeit. Der Ackerbauer hat den bestmöglichen Weg gewählt, um auf der Erde zu leben.

Ikeda: In meiner Jugend haben Tokutomis Werke, insbesondere sein Buch *Natur und Leben*, zu meiner Lieblingslektüre gehört. Daher freut es mich, dass er Sie und Ihre Frau so tief beeindruckt hat. Sie und ich sind noch mit der Erfahrung grenzenloser Weite der Natur aufgewachsen. Mit der rasant fortschreitenden Umweltzerstörung seit Mitte des vergangenen Jahrhunderts ist davon heute kaum noch etwas übrig geblieben.

Gorbatschow: Ich bin stolz darauf, von Menschen, die ihr Leben der Rettung der Natur widmen, zum Präsidenten der 1993 gegründeten Umweltorganisation *Green Cross International* gewählt worden zu sein. Auch dass ich mit dem Albert-Schweitzer-Preis der Vereinten Nationen ausgezeichnet wurde, betrachte ich als eine ganz besondere Ehre. Denn in seinem Leben als Missionar versuchte Albert Schweitzer dieselbe Aufgabe zu lösen, die auch wir uns gestellt haben, nämlich die Grundlagen für einen neuen Humanismus zu legen. In seinem Buch *Kultur und Ethik* schreibt Schweitzer, dass der Mensch nur dann wahrhaft ethisch ist, wenn er der inneren Nötigung gehorcht, allem Leben, dem er beistehen kann, zu helfen, und sich scheut, irgendetwas Lebendigem Schaden zuzufügen. Der wahrhaft ethische Mensch fragt nicht, ob sich dieses Leben, dem er beisteht, dessen auch bewusst ist. Das Leben als solches ist ihm heilig.

Diese Sicht auf die Moral und das Leben geht in vielem über das mechanistische Weltbild des 20. Jahrhunderts hinaus, in dem der Mensch durch die Vielzahl seiner Erfindungen die Natur verändert und erobert hat. Er hat die Welt in ihrer gewohnten Ordnung umgekrempelt und sich über die Folgen seiner Handlungen nur wenig Gedanken gemacht. Erst seit der Mitte des vergangenen Jahrhunderts hat diesbezüglich ein gewisser Bewusstseinswandel stattgefunden. Die Menschheit hat erkannt, dass auch ihre Zeit zu Ende gehen kann und dass die Fähigkeit, die Natur nach eigenen Vorstellungen umzugestalten, ihre Grenzen hat. Und erst mit dieser Erkenntnis ist den Menschen bewusst geworden, dass die Negation der Vergangenheit nicht immer einen Schritt nach vorne bedeuten muss, ja im Gegenteil sogar ihren Untergang bedeuten kann.

Es ist heute viel von der Krise der menschlichen Zivilisation die Rede. Nach meinem Dafürhalten handelt es sich bei dieser Krise vor allem um die völlige Entartung des Expansionismus als Ideologie. Dabei spielt es auch gar keine Rolle mehr, ob es sich um einen kommunistischen oder einen szientistischen Expansionismus handelt, denn es macht letztlich keinen Unterschied, ob man alles der Gleichheitsidee oder alles der Wissenschaft unterzuordnen versucht.

Ikeda: Ja, die goldenen Zeiten sind längst vorbei, in denen man noch glaubte, dass Vernunft und Wissenschaft Garanten für Fortschritt und Entwicklung sind. Schon Ende des 19. Jahrhunderts sind kritische Stimmen laut geworden, die das Wesen der modernen Zivilisation infrage gestellt und auf ihre Gefahren hingewiesen haben. Heute kann man sagen, dass sie recht behalten haben.

Kaum jemand hat klarer und mit größerem Nachdruck auf die negativen Konsequenzen des Expansionismus als europäischer Ideologie hingewiesen als der französische Dichter und Philosoph Paul Valéry. Er schreibt:

> Überall, wo der europäische Geist herrscht, sieht man ein Maximum an Arbeit, ein Maximum an Kapital, Ertrag, Ehrgeiz, Macht und ein Maximum an Veränderung der äußeren Natur, ein Maximum an Wechselbeziehungen und Austausch auftreten. Das Gesamt dieser Maxima ist Europa oder Europas Abbild.

Leider, so muss man sagen, herrscht diese europäische Ideologie des Expansionismus auch in Asien. Überall und in allen Dingen strebt man heute nach dem Maximalen und zerstört dabei die Natur. Die zerstörerische Seite des europäischen Geistes liegt für Valéry in seinem unersättlichen Drang, alles zu erkennen und zu beherrschen, um so die Entwicklung der modernen Zivilisation voranzutreiben. Diese Ideologie ist heute allerdings in eine Sackgasse geraten. Denn wenn es uns nicht gelingt, diesem Willen und diesem Drang nach dem Maximalen Grenzen zu setzen, ist unsere Zivilisation dem Untergang geweiht.

Die Situation, in der wir uns befinden, erinnert mich an das ostasiatische Gleichnis vom Schrecken des 29. Tages. Darin heißt es: Eine Lotusblume ließ einige wenige Blätter in einen Teich fallen. Am nächsten Tag hatte sich die Zahl der Blätter bereits verdoppelt, und so geschah es auch in den darauf folgenden Tagen. Nach 30 Tagen war der Teich vollkommen zugewachsen. Am 29. Tag aber, als der Teich erst zur Hälfte bedeckt gewesen war, hätte niemand gedacht, dass schon am nächsten Tag alles zugewachsen sein würde. Angesichts der stetig wachsenden Erdbevölkerung und der immer knapper werdenden Rohstoffe und Energiequellen ist für die moderne Zivilisation der 29. Tag bereits gekommen. Möglicherweise wird am 30. Tag nichts mehr übrig bleiben.

Gorbatschow: Die gegenwärtige Lage erlaubt tatsächlich keinen Aufschub mehr. Das Besondere an der heutigen Krise liegt ja vor allem darin, dass wir erst vor wenigen Jahren die Möglich-

keit einer totalen Selbstvernichtung der gesamten Menschheit
klar vor Augen gehabt haben. Wenn wir die rasant fortschrei-
tende Umweltzerstörung nicht in den Griff bekommen, werden
die Folgen, die wir zu erwarten haben, so gravierend sein wie
nach einem Atomkrieg.

Der technische Fortschritt hat dieses Problem nicht gelöst,
sondern vielmehr noch verschärft. An alarmierenden Warnun-
gen hat es die letzten Jahre nicht gemangelt: Treibhauseffekt,
Ozonloch, großflächige Bodenerosionen, Verschmutzung der
Weltmeere. Aber die Politiker haben all dem zu wenig Aufmerksamkeit geschenkt. Sie sind so sehr damit beschäftigt, ihre
Macht und ihren Einfluss zu vergrößern, dass sie gar nicht merken, wie ihnen förmlich der Boden unter den Füßen wegbricht.
Heute besteht aber kein Zweifel mehr daran, dass die ökologi-
sche Krise aus einer Krise der traditionellen Werte herrührt, die
wiederum die Folge einer Krise des Geistes und einer bestimmten Weltanschauung ist.

In unserer Studentenzeit haben wir Goethe gelesen, auch
wenn wir viele seiner Gedanken gar nicht wirklich verstehen
konnten. Denn als Marxisten waren wir Hegelianer und glaub-
ten, dass es Fortschritt nur durch die Negation der Vergangenheit geben könnte. Je radikaler die Überwindung der Vergangenheit und die Beseitigung ihrer Altlasten waren, so war
jedenfalls unsere Auffassung, desto größer würde dann auch
die Hoffnung auf eine blühende Zukunft sein. Goethe dagegen
wandte sich mit Nachdruck gegen Hegel und gegen die Illusionen eines Goldenen Zeitalters und eines unendlichen Fortschritts. Stattdessen hat er den Menschen den Rat gegeben, auf
die Stimme der Natur zu hören, sich ihren Gesetzen zu unterwerfen und niemals ihre Grenzen zu überschreiten.

Ikeda: Goethes Auffassung der Natur als lebendigem Organismus war auch der Grund dafür, weshalb er die Französische Revolution abgelehnt hat. In dieser Hinsicht war er weitsichtiger
als Hegel, der den Sturz der französischen Monarchie begeistert
begrüßte. Natürlich war Goethe auch älter und erfahrener als
Hegel und daher auch zurückhaltender. Er hat eine Position
des Fortschritts in kleinen Schritten vertreten, die im Gegensatz

zu jeder Art revolutionärer Gewalt stand. In Russland haben sich dann Pasternak, Schaljapin und Bunin in ihrer Kritik am Bolschewismus durch Goethes Naturanschauung und seine ablehnende Haltung den Jakobinern gegenüber inspirieren lassen. Goethes Sicht auf die Ereignisse der Französischen Revolution stellt sich in Eckermanns Werk *Gespräche mit Goethe* so dar:

> Und wiederum ist für eine Nation nur das gut, was aus ihrem eigenen Kern und ihrem eigenen allgemeinen Bedürfnis hervorgegangen, ohne Nachäffung einer andern. Denn was dem einen Volk auf einer gewissen Altersstufe eine wohltätige Nahrung sein kann, erweist sich vielleicht für ein anderes als ein Gift. Alle Versuche, irgendeine ausländische Neuerung einzuführen, wozu das Bedürfnis nicht im tiefen Kern der eigenen Nation wurzelt, sind daher töricht, und alle beabsichtigten Revolutionen solcher Art ohne Erfolg; denn sie sind ohne Gott, der sich von solchen Pfuschereien zurückhält. Ist aber ein wirkliches Bedürfnis zu einer großen Reform in einem Volke vorhanden, so ist Gott mit ihm und sie gelingt.

In diesen Gedanken wird noch einmal deutlich, dass Goethe das Prinzip der kleinen Schritte vertreten hat. Er verwendet das Wort Gott als eine Metapher, die vermutlich sowohl für das Gute als höchstes Prinzip der Menschheit als auch für den Wert des Lebens als solches steht und auch die hohen moralischen Qualitäten eines Volkes bezeichnet, die den Weg zu den universellen Werten öffnen. Solange also der lebendige Puls eines solchen Gottes in ihr schlägt, kann eine revolutionäre Bewegung nicht in Despotismus und Terror umschlagen.

Gorbatschow: Sie und ich wissen, dass der Mensch des 21. Jahrhunderts nicht mehr wie die alten Griechen von einer statischen Welt ausgehen oder nur im Hier und Jetzt leben kann, um die Freuden zu genießen, die ihm die Natur beschert. Das Bewusstsein für die Zeit in ihrer Vergänglichkeit und die Hoffnung auf eine bessere Zukunft sind uns mit dem Christentum in Fleisch und Blut übergegangen und es ist sehr unwahrscheinlich, dass wir uns von beiden jemals wieder befreien werden. Der moderne Mensch mit all seinem Expansionismus und Wissens-

drang muss sich heute ernsthaft mit sich selbst beschäftigen und
ein tieferes Verständnis dafür gewinnen, dass Mensch und Natur eine Einheit bilden.

Noch vor zwanzig Jahren hat die Jugend mit Begeisterung
Science-Fiction-Literatur gelesen, in der es um die Besiedelung
anderer Planeten oder anderer Galaxien ging. Heute ist dieses
Interesse wieder weitgehend verflogen, und auch für die Erfor-
schung des Weltraums interessiert sich kaum noch jemand.

Das liegt nicht nur daran, dass man inzwischen die Grenzen unserer wirtschaftlichen und wissenschaftlichen Möglichkeiten erkannt hat. Plötzlich war man wieder fasziniert von
dem, was wir bereits haben. Die Flüge in den Weltraum haben
uns nicht nur die Augen für die begrenzten Ausmaße von Mutter Erde geöffnet, sondern auch für ihre unbeschreibliche
Schönheit. Es scheint also manches darauf hinzudeuten, dass
der instinktive Drang, über die Grenzen der Erde hinauszugehen, allmählich nachlässt. Die Aufklärung war geprägt von
den Gedanken eines grenzenlosen Fortschritts, in dem sich die
menschlichen Kräfte unaufhaltsam und endlos nach Außen entfalten, hinein in die Natur und in den Kosmos. Auch das Interesse an einer solchen Art von Aufklärung ist heute erlahmt.

Ikeda: Faust hält kurz vor seiner Erblindung einen Monolog, der
den Zustand der modernen Zivilisation, wie Sie ihn beschrieben
haben, sehr klar zum Ausdruck bringt:

> Ich bin nur durch die Welt gerannt;
> Ein jed' Gelüst ergriff ich bei den Haaren,
> Was nicht genügte, ließ ich fahren,
> Was mir entwischte, ließ ich ziehn.
> Ich habe nur begehrt und nur vollbracht
> Und abermals gewünscht und so mit Macht
> Mein Leben durchgestürmt; erst groß und mächtig,
> Nun aber geht es weise, geht bedächtig.
> Der Erdenkreis ist mir genug bekannt,
> Nach drüben ist die Aussicht mir verrannt.

Nachdem Faust ein Leben lang durch das Leben gestürmt ist
und sich begierig alles zu eigen gemacht hat, was er zu fassen
bekommen konnte, ist auch für ihn, nun fast vollkommen er-

blindet und an der Schwelle des Todes, der Zeitpunkt gekommen, um innezuhalten und in sich selbst zu blicken. Seine Tragödie symbolisiert die Gefahren, die der modernen Zivilisation durch den Hochmut des Menschen drohen. Als Faust aber am Ende eingesteht, dass ihm der Wille des Himmels unbekannt ist, wird er von der Mater gloriosa errettet. In seinen letzten Worten: „Das ewig Weibliche zieht uns hinan" wird offenbar, wie das kühne männliche Element durch das weibliche Element neutralisiert werden kann und schließlich zu seiner Ruhe findet. Und so wird auch die moderne Zivilisation ihre Ruhe nur dann finden, wenn sie sich von dem befreit, wovon sie getrieben ist: ihrem eigenen Willen und Ehrgeiz.

Gorbatschow: Meiner Ansicht nach geht es Goethe in seinem Werk darum, das Wesen des Übermenschen zu entlarven. Wovon er zu Beginn des 19. Jahrhunderts und vor allem in seinem *Faust* spricht, redet dann auch Dostojewski am Ende des Jahrhunderts. Beiden geht es um denselben Grundgedanken, der auch heute noch aktuell ist: „O bleibe ruhig, meine Seele!" Mit einer gewissen Wehmut spricht Goethe davon, dass es unmöglich ist, die Zeit anzuhalten, obwohl er selbst kaum nach dieser Maxime gelebt hat.

Ikeda: Das eigentliche Thema des *Faust* besteht, wie Sie zu Recht sagen, darin, die menschliche Hybris offenzulegen. Denn so wie Prometheus sich anmaßt, über die Zeit und Geschichte zu herrschen, so verlangt es auch Faust danach, den Lauf der Zeit anzuhalten.

Dazu würde ich gerne ein paar Worte sagen. Die zentrale Achse der Geschichte ist das Leben. In ihm liegt das höchste Ziel von allem und auch die Geschichte hat ihm zu dienen. Geschichtlich betrachtet sind der Expansionismus und das Prinzip der ständigen Höher- und Weiterentwicklung daran gescheitert, dass sie von der Utopie eines geradlinigen Fortschritts ausgehen, der die Zeit in Vergangenheit, Gegenwart und Zukunft einteilt. Diese künstliche Schematisierung der Zeit führt dazu, dass die Vergangenheit und Gegenwart allein darauf reduziert werden, der Zukunft zu dienen. Es überrascht daher auch nicht, dass so

eine Zukunft einfach nur über die Geschichte hinweggeht und alles aus dem Wege räumt, was sich ihr in den Weg stellt.

Die Zeit aber darf nicht als etwas Unorganisches verstanden werden, das über den Menschen hinweg von der Vergangenheit in die Zukunft fließt. Vielmehr ist es der Mensch, der
der Zeit das Leben einhaucht, und erst dieses Gefühl der lebendigen Zeit entspricht dann auch der menschlichen Seele in ihrer
ganzen Tiefe.

Gorbatschow: Nach dem, was ich über mein Volk und die klassische Literatur unseres Landes weiß, würde ich sagen, dass wir
Russen immer sehr zurückhaltend waren, was die Idee des unendlichen linearen Fortschritts oder auch den endlosen Wettlauf
um die Zukunft anbelangt.

Wie schon erwähnt, hat sich zum Beispiel Alexander Her-
zen gegen den Moloch ausgesprochen, der die Menschen auf-
frisst und ihnen für die Zeit nach ihrem Tod eine goldene Zukunft auf Erden verspricht. „Schon das allein müsste die
Menschen stutzig machen; ein unendlich weites Ziel ist kein
Ziel, sondern, wenn Sie so wollen, eine List", heißt es bei ihm.
Und auch Leo Tolstoi hat den Gedanken eines unendlichen
Fortschritts abgelehnt. Er hat die westliche Sichtweise auf die
Geschichte nicht geteilt und ihr die Auffassung des Ostens gegenübergestellt, die ihm mehr zusagte. In einem Artikel über
den Fortschritt schreibt er:

> Der gesunde Menschenverstand sagt mir, wenn ein Großteil der
> Menschheit – der sogenannte Osten – das Gesetz des Fortschritts
> nicht anerkennt, ja es im Gegenteil sogar ablehnt, dann existiert
> dieses Gesetz nicht für die ganze Menschheit, sondern nur für
> einen Teil von ihr. Wie alle Menschen bin auch ich frei von dem
> Glauben an den Fortschritt … und kann auch kein allgemeingül-
> tiges Gesetz für das Leben der Menschheit erkennen. So wie man
> die Geschichte unter die Idee des Fortschritts stellen kann, so
> könnte man sie ebenso leicht unter die des Rückschritts oder ei-
> ner sonstigen historischen Phantasie stellen. Mehr noch: Es ist
> völlig nutzlos, nach allgemeingültigen Gesetzen in der Ge-
> schichte zu suchen, weil das sowieso unmöglich ist. Das all-
> gemeine ewige Gesetz ist in die Seele eines jeden Menschen ein-
> geschrieben.

Leider haben die werktätigen Massen die Warnung unserer großen Denker nicht ernst genommen. Der stalinistische Sozialismus hat ganz nach den Gesetzen von Herzens Moloch agiert. Mehrere Generationen des sowjetischen Volkes, vor allem die Arbeiter und Bauern, haben in Armut gelebt und in den dreißiger Jahren sogar Hunger gelitten; sie haben ihr Leben einer kommunistischen Zukunft geopfert, von der niemand jemals etwas sehen wird.

Ikeda: Berdjajew schreibt, dass in jeder Form der Bewusstseinserweiterung Vergangenheit und Zukunft zu einer ewigen Gegenwart verschmelzen. Diese Auffassung der Zeit kommt dem buddhistischen Verständnis sehr nahe.

Der Buddhismus lehrt, dass die Zeit ein einziges, unteilbares Kontinuum ist, in dem Vergangenheit, Gegenwart und Zukunft ineinanderfließen. Wenn wir die Gegenwart verstehen wollen, müssen wir nach ihren Ursachen fragen, die in der Vergangenheit liegen; und wenn wir etwas über die Zukunft erfahren wollen, müssen wir auf deren Ursachen in der Gegenwart schauen. Jeder Augenblick im Leben ist daher einzigartig und von größter Bedeutung. Das Lotos-Sutra definiert die „ferne Vergangenheit" nicht als einen bestimmten Zeitraum, sondern als ewige Wahrheit, nicht also als etwas, das in Bewegung gesetzt wurde, sondern das so existiert, wie es immer schon existiert hat. Die Zeit wird als eine unendliche Ausdehnung verstanden, die durch die drei zeitlichen Existenzweisen – Vergangenheit, Gegenwart, Zukunft – hindurchgeht, welche durch unsere Gedanken, Worte und Taten hervorgebracht werden und mittels derer wir nach der ewigen Wahrheit streben.

Das buddhistische Verständnis von Geschichte basiert auf der Einheit dieser drei zeitlichen Existenzweisen. Spricht man dagegen im Westen von Geschichte, liegt ihr für gewöhnlich die traditionell christliche Auffassung von Zeit zugrunde, an deren Ende die Wiederkunft Christi steht. Dieser Zeitbegriff unterscheidet sich also ganz wesentlich von dem des Buddhismus.

Der Buddhismus teilt die Geschichte, beginnend mit dem Tod von Shakyamuni, in drei Epochen ein, wobei jede etwa tausend Jahre währt. Die erste ist die Echtzeit des Gesetzes, die zweite Abbildzeit des Gesetzes und die dritte der Spätzeit des Gesetzes. In der Abfolge dieser Epochen nimmt das Böse in der Welt in dem Maß zu, wie die Lehre des Buddha an Kraft verliert. Daher muss der Buddhismus in all diesen Epochen eine jeweils eigene Ausdrucksform annehmen, um flexibel und umsichtig auf den in ihnen herrschenden Zeitgeist reagieren zu können. Er muss die nötige Weisheit besitzen, um die konkreten Bedingungen und Umstände der Zeit erkennen und die wahren Erwartungen der Menschen voraussehen zu können.

Gorbatschow: Herr Ikeda, Ihr Begriff von Humanismus ist meinem ziemlich ähnlich. Das Ziel, das Leben zu achten und zu schützen, ist das, was uns beide verbindet. Viele Intellektuelle, vor allem in Westeuropa, sind der Ansicht, dass jede Ablehnung vermeintlich modernistischer Ideologien zu einer neuen Offensive des Konservatismus und des religiösen Fundamentalismus führen wird. Ich würde daher gerne ein paar Worte darüber sagen, was ich unter einem neuen Humanismus verstehe. An erster Stelle steht für mich das menschliche Leben, das einen Wert an sich darstellt. Ihm gegenüber ist jede Theorie etwas Sekundäres. Keine Theorie und keine Idee kann die Rechtfertigung dafür sein, das Leben von Menschen zu opfern.

Als ich 1990 Polen besucht habe, kamen Wojciech Jaruzelski und ich im neu restaurierten Warschauer Königsschloss mit prominenten Kulturschaffenden aus der Sowjetunion und Polen zusammen. Unter ihnen war auch Professor Suchodolski, eine anerkannte Autorität nicht nur der polnischen, sondern auch der europäischen Kultur insgesamt. Seine Eröffnungsansprache ist mir noch in guter Erinnerung, denn er hat darin Folgendes gesagt: Das Leben ist jedem von uns nur einmal gegeben. Jeder Mensch hat nur einmal die Gelegenheit, die Freuden des Geistes und die Schönheit der Natur zu erfahren. Das Recht auf Leben ist etwas Heiliges und darf nicht verletzt werden. Es gibt keinen Zweck, der alle Mittel heiligt. Und genau das ist auch meiner Meinung nach der Ansatz, der all unsere Entscheidungen für das 21. Jahrhundert leiten muss.

Ikeda: So ist es. Ein einziges Leben wiegt schwerer als die ganze Welt. Das ist das geistige Vermächtnis, das uns das 20. Jahrhundert hinterlassen hat und das es für das neue Jahrhundert zu bewahren gilt. Aber immer noch werden wir täglich mit dem Bösen konfrontiert, das so alt ist wie die Menschheit. Wenn es uns nicht gelingt, den Krieg, die Gewalt und den Terror in der Welt zu besiegen, dann bleibt alles, was wir über den Wert und die Heiligkeit des Lebens sagen, nur leeres Gerede. Und der Mensch wird als Verlierer dastehen und bedeutungslos werden.

Gorbatschow: Eine der Lektionen aus dem 20. Jahrhundert besteht sicherlich auch darin, dass wir die Widersprüche erkennen müssen, die im Ideal eines unendlichen Fortschritts liegen. Natürlich würde es ohne Ideale keine geschichtliche Entwicklung und auch keine moderne Zivilisation geben. Aber die Geschichte hat uns eben auch gelehrt, dass der Glaube an Ideale nicht nur positive, sondern auch negative Konsequenzen hat. Er kann zwar inspirierend wirken und den Geist zu Höhenflügen anregen, aber gleichzeitig trübt er auch den Blick dafür, die Welt so zu erkennen, wie sie ist. Man kann daher sogar so weit gehen zu sagen, dass selbst ein Tolstoi, wenn auch ganz gegen seine Absicht, mit seinem Werk den geistigen Nährboden für die bolschewistische Revolution geschaffen hat. Heute wissen wir, dass jeder Maximalismus in der Theorie und jeder revolutionäre Extremismus in der Praxis seine Wurzeln in einer Idealisierung der Zukunft hat, und die Konsequenzen daraus haben wir im letzten Jahrhundert in Russland gesehen.

Oder anders gesagt: Wir müssen unterscheiden zwischen zwei verschiedenen Formen von Idealen – den ethischen und moralischen Idealen, die zu einer geistigen Weiterentwicklung des Menschen führen, indem sie ihn den Wert des Lebens erkennen lassen, und der ideologischen Utopie, die nur Gewalt und Zerstörung mit sich bringt.

Ikeda: Der Hinayana-Buddhismus idealisiert die göttliche Welt. Der Mahayana-Buddhismus hingegen verfolgt ein ganz anderes Ideal. In ihm sind die Grenzen zwischen dem Sakralen und dem Säkularen aufgehoben. Nur diejenigen können als die wahrhaft

„Erleuchteten" bezeichnet werden, die die buddhistische Lehre
in die Praxis des ganz alltäglichen Lebens umsetzen.
  Je höher ein Ideal und je schwerer es zu verwirklichen ist,
schreibt Tolstoi in seiner *Kreutzersonate*, desto besser ist es.
Ein wahres Ideal besteht darin, dass es nur im Unendlichen zu erreichen ist. Tolstoi ist der Auffassung, dass das Leben ohne Ideale
seine Lebendigkeit verliert, weil sich dann die Trägheit darin
breitmacht und jeglicher Antrieb verloren geht. Ein Leben
ohne Ideale ist nach Tolstoi ein Leben ohne Fortschritt und
Kreativität.

Gorbatschow: Die Verklärung einer idealen Zukunft hat in Russland unweigerlich zur Abwertung der Gegenwart geführt, in der
Millionen von Menschen lebten, und ebenso zu einer Diffamierung der Vergangenheit und der durch das Volk hervorgebrach-
ten Errungenschaften. Als im 19. Jahrhundert die Idealisten innerhalb der Intelligenz den Ton angaben, waren viele der festen
Überzeugung, dass nur diejenigen zu wahren Revolutionären
werden können, die ihr gegenwärtiges Leben verabscheuen. Der
von Bakunin inspirierte und von Netschajew verfasste *Revolutionäre Katechismus* – eine Art Anweisung zur Selbstverleug-
nung – ist diesbezüglich sehr lehrreich. Darin heißt es:

> Der Revolutionär ist ein vom Schicksal verurteilter Mensch. Er
> hat keine persönlichen Interessen, keine geschäftlichen Bezie-
> hungen, keine Gefühle, keine seelischen Bindungen, keinen Be-
> sitz und nicht einmal einen Namen. Alles in ihm wird von dem
> einzigen Gedanken an die Revolution und von der einzigen Lei-
> denschaft für sie völlig in Anspruch genommen. Tyrannisch ge-
> genüber sich selber, muss er auch anderen gegenüber tyrannisch
> sein. Er muss all die sanften, schwächenden Gefühle der Ver-
> wandtschaft, Liebe, Freundschaft, Dankbarkeit und sogar der
> Ehre in sich unterdrücken und der eiskalten, zielstrebigen Lei-
> denschaft für die Revolution Raum geben.

Hier tritt der ganze tragische Zwiespalt eines Lebens zutage,
das sich vorbehaltlos einem vorgegebenen Ideal verschrieben
hat. Auch wenn wir nicht ganz ohne Ideale leben können, müssen wir uns trotzdem immer der in ihnen liegenden Gefahr bewusst sein, dass sie jederzeit in Totalitarismus und Gewalt um-

schlagen können. In Russland allerdings ist man zu dieser Erkenntnis erst nach dem Scheitern des kommunistischen Experiments gelangt.

Ein neuer, wahrhafter Humanismus muss sich für das Recht des Menschen einsetzen, er selbst zu sein und sich nach seinen eigenen Möglichkeiten zu entwickeln. Der neuzeitliche Humanismus, der meiner Ansicht nach aber ein mechanischer Humanismus ist, setzt zwar auch den Menschen an oberste Stelle, schenkt aber der Vielfalt seiner Qualitäten und Begabungen zu wenig Beachtung. Er verlangt geradezu, dass sich jeder, unabhängig von seinen Fähigkeiten, zu einer allseitig entwickelten Persönlichkeit ausbilden und somit beinahe die Stelle Gottes einnehmen soll. Ein solcher Humanismus aber hat nur wenig Sympathie für diejenigen, die zu schwach für so eine umfassende Entwicklung sind. Für ihn zählt vor allem der dynamische, ja fast schon dämonische Tatmensch. Es ist daher nicht verwunderlich, dass auch Karl Marx, der Sturmvogel der proletarischen Revolution, ein Produkt dieses europäischen Humanismus war.

Ikeda: Der in der zweiten Hälfte des 19. Jahrhunderts vorherrschende Sozialdarwinismus hat sowohl auf Marx als auch auf Engels einen großen Einfluss ausgeübt. Der Logik des Sozialdarwinismus entsprechend sind es die großen Völker (nach Marx die „historischen Völker"), die die kleinen („nichthistorischen") Völker verschlingen werden. Der Kolonialismus zum Beispiel hatte seine Wurzeln in dieser Logik – und auch die grausame Kolonialpolitik der Engländer in Indien – und wurde damit gerechtfertigt, dass er den kolonisierten Ländern den Fortschritt gebracht habe. Dieser rassistischen Einstellung sind aber nicht nur die Inder, Afrikaner und Lateinamerikaner zum Opfer gefallen, sondern auch die slawischen Völker. Es war daher auch nur eine logische Konsequenz, dass sich Marx im Konflikt zwischen England und Russland, der sich gegen Ende des 19. Jahrhunderts immer weiter zuspitzte, auf die Seite der Engländer geschlagen hat. Und wie man weiß, hat er sich nicht nur darauf beschränkt, die russische Politik zu kritisieren, sondern er hat sich auch häufig ziemlich abfällig über das russische

Volk und die Slawen im Allgemeinen geäußert. Solche Bemerkungen finden sich natürlich nirgends in den Werken von
Marx und Engels, die in der UdSSR gedruckt worden sind.

Gorbatschow: Der wahre Humanismus, der die Grundlage einer
neuen Zivilisation bildet, wie sie uns beiden vorschwebt, muss
sowohl den Eigenwert jedes einzelnen Menschen als auch den
jeder Nation und jedes Volkes anerkennen. Es genügt nicht,
nur die Rechte von Minderheiten gegen die Diktatur der Mehrheit zu schützen, auch wenn darin eine der entscheidenden Errungenschaften der freiheitlichen Demokratie liegt. Wir müssen
vielmehr lernen, dass es auch in Minderheiten Wahrheiten gibt,
die universell und wertvoll sind. Deshalb muss es ganz selbstverständlich neben dem Tatmenschen auch einen Platz für den
nachdenklichen Menschen geben, der nach Frieden und Har-
monie strebt.

Ikeda: Im Buddhismus gibt es ein Sprichwort dazu, dass man die
Natur einer Kirsche, einer Aprikose, eines Pfirsichs oder eine
Pflaume nicht verändern kann. Jeder Baum bringt seine eigenen
Früchte hervor entsprechend den Gesetzen der Natur. Gäbe es
in der Welt nur Kirschbäume, würde niemand die Besonderheit
einer Kirsche wahrnehmen. Ihre Individualität kommt erst dadurch zur Geltung, dass es auch Pflaumen-, Pfirsich- und andere Bäume gibt. Der Buddhismus öffnet ein inneres Fenster,
durch das wir alles um uns herum, die Gräser, Bäume, Steine,
ja selbst die Staubkörner als Manifestationen der Buddha-Na-
tur erkennen können. Alles im unendlichen Universum ist dazu
da, einander zu dienen, weil alles aus einem geheimnisvollen
Grund hervorgeht. Die Gesamtheit aller lebendigen und nicht-
lebendigen Dinge, die Vögel und die Blumen, die Erde und die
Sonne, ist eine einzige Symphonie der Freude über das Dasein
und Ausdruck eines allumfassenden Mitgefühls, um hier die
Worte meines Mentors Josei Toda zu verwenden.

Gorbatschow: Ein weiteres wichtiges Merkmal dieses neuen Humanismus ist übrigens der Pluralismus. Damit meine ich nicht
nur, dass es die Welt in ihrer Vielfalt anzuerkennen gilt, sondern

dass man den Eigenwert dieser Vielfalt und der unterschiedlichen menschlichen und sozialen Qualitäten tatsächlich auch würdigen muss. Die Perestroika hatte ihren Anfang ja darin, dass wir die bolschewistische Einförmigkeit und Aufhebung der unterschiedlichen Eigentumsverhältnisse und Klassen zurücknehmen wollten. Einige entscheidende Schritte in diese Richtung sind uns dann tatsächlich auch gelungen. Aber nach wie vor herrscht unter den Mächtigen dieser Welt die Meinung, einen alleinigen Anspruch auf die Wahrheit zu besitzen und sie den anderen aufzwingen zu dürfen. Die Amerikaner sind zum Beispiel der Auffassung, dass jede Demokratie wie die amerikanische Demokratie auszusehen hat. Die westliche Welt betrachtet den islamischen Fundamentalismus als eine Bedrohung und der Islam fürchtet sich vor einer radikalen Modernisierung und Verwestlichung und hat Angst davor, dabei die Wurzeln seiner Identität zu verlieren.

Wie also können wir lernen, die unvermeidliche Vielfalt der Entwicklung zu akzeptieren? Die Geschichte hat gezeigt, dass sich die Menschheit schon immer schwer damit getan hat, mit unterschiedlichen Ideen, Anschauungen, Werten und Verhaltensmustern umzugehen. Alles, was in einem Widerspruch zu den eigenen Normen stand, wurde entweder abgelehnt oder grausam unterdrückt. Nonkonformisten und Abweichler wurden schon immer hart bestraft, und vor allem die herrschenden Eliten haben die Vielfalt immer als Bedrohung empfunden. Es ist daher auch nicht zu erwarten, dass die Achtung der Vielfalt sich von heute auf morgen zu einem Grundwert der Gesellschaft herausbilden wird. So ein Bewusstseinswandel braucht Zeit. Trotz alldem bin ich überzeugt davon, dass Vielfalt ein wesentliches Prinzip des 21. Jahrhunderts und die Bedingung für eine stetige und dauerhafte Entwicklung sein wird.

Aber es wird nicht ausreichen, dass wir die organische Einheit von Mensch und Natur nur anerkennen und uns für sie einsetzen. Entscheidend ist, dass wir unsere expansionistischen Bestrebungen in den Griff bekommen und die Natur in ihrer ganzen Vielfalt schützen und bewahren. Und auch unsere Einstellung zur menschlichen Natur muss sich in grundlegender Weise ändern.

Ikeda: Ich teile Ihre Auffassung vollkommen. Jede der zahlreichen Kulturen, die es auf unserem Planeten gibt, ist einzigartig und bringt ihre eigene Sicht auf die Welt mit. Wir müssen lernen, die Vielseitigkeit unserer Welt zu respektieren, und zu einer Geisteshaltung finden, in der der achtsame Umgang mit dem Menschen die höchste Priorität hat.

Leider muss man aber sagen, dass es den Menschen oft nicht gelingt, den besonderen Wert, der jedem Volk zukommt, zu erkennen. In Japan zum Beispiel werden das Volk der Ainu und die koreanische Minderheit bis heute diskriminiert, indem man sie zwingt, in bestimmten Wohnbezirken zu leben, oder ihnen die Aufstiegschancen in der Gesellschaft verwehrt.

Es ist also an der Zeit, dass die Menschen zur Besinnung kommen. Sind wir etwa dazu auf der Erde, um uns gegenseitig Leid zuzufügen? Es sind nur wenige Jahrzehnte, die wir in dieser Welt verbringen – nur ein Augenblick, verglichen mit dem ewigen Lauf der kosmischen Zeit. Warum also diesen kostbaren Moment des Lebens damit vergeuden, dass wir unsere Mitmenschen quälen? Die Wahrheit hierzu ist sehr einfach: Der Einzelne ist nicht mehr und nicht weniger wert als die Menschheit als Ganze. Diese Wahrheit ist der Ausgangspunkt und das Ziel unseres irdischen Weges, weil nur sie allein allem Sein das gleiche Recht auf Leben garantiert.

Wenn man das Leben in seiner vielfältigen Gestalt bewahren will, darf man es nicht in ein standardisiertes Schema pressen. Die ökonomische Macht ist heute der einzige Maßstab, an dem der Einzelne und die Gesellschaft gemessen werden. Aber die Ökonomie ist kein universelles Kriterium und deshalb darf sie sich auch nicht anmaßen, die letzte Instanz der menschlichen Gemeinschaft zu sein. Erst wenn es uns gelingt, die Welt nicht mehr nur mit den Augen der Ökonomie zu sehen, wird sich uns die Menschheit in ihrer ganzen, reichen Vielfalt offenbaren. Denn auch jetzt schon gibt es Völker, vor allem in den Kulturen, in denen das Leben im Einklang mit der Natur und die Verbundenheit mit der Familie eine zentrale Rolle spielen, die an innerer Kraft und Stärke den Mächten weit überlegen sind, die heute unsere Welt regieren.

Unsere Hoffnung auf ein Überleben der Menschheit richtet sich darauf, dass es möglich ist, den ökonomischen und militärischen Wettlauf durch einen Wettlauf um die je größere Menschlichkeit abzulösen. Der Grad an Humanität muss zum einzigen Maßstab dafür werden, ob man eine Gesellschaft als wahrhaft zivilisiert bezeichnen kann oder nicht. Ich bin sicher, dass der Lauf der Welt in diese Richtung gelenkt werden kann.

Gorbatschow: Der amerikanische Politikwissenschaftler Samuel Huntington hat in seinem viel diskutierten Buch *Kampf der Kulturen* die These aufgestellt, dass ein friedliches Zusammenleben zwischen den Kulturen unmöglich ist und es früher oder später zu Konflikten kommen muss. Unsere früheren Lehrer an der Universität hätten den Denkansatz, der diesem Werk zugrunde liegt, noch als einen typisch mechanistischen bezeichnet. Die Grenzen zwischen den Kulturen sind in den letzten Jahrhunderten zunehmend durchlässiger geworden, sodass sie sich wechselseitig immer stärker durchdrungen haben. In der russischen Kultur zum Beispiel ist es nach und nach zu einer Verschmelzung zwischen Ost und West gekommen. Tolstoi ist ein Weiser des Ostens und des Westens. Mir scheint, dass Huntington hier etwas verabsolutiert hat, was in Wirklichkeit nur einen Einzelfall darstellt, nämlich den in der Tat sehr ernsten Konflikt zwischen dem islamischen Fundamentalismus und der modernen amerikanischen Kultur. Ein solcher Konflikt aber besteht weder zwischen der russischen und chinesischen noch zwischen der russischen und japanischen Kultur. Anstatt also derartige Konflikte heraufzubeschwören, sollte man die Menschen eher dazu anhalten, Achtung zu haben vor dem, was an Positivem entstanden ist und sich bewährt hat. Ich denke, es ist an der Zeit, dass die Menschheit damit aufhört, sich an die Stelle der Natur zu setzen, um auf wundersame Weise einen neuen Menschen hervorzubringen. Denn es ist doch offensichtlich, dass der Versuch der modernen Wissenschaft, immer tiefer in das Innere des Menschen vorzudringen, um von der Nieren- und Herztransplantation schließlich zu einer Vervielfältigung des ganzen Menschen zu gelangen, verheerende Konsequenzen haben wird.

Der Wissenschaft des 19. und 20. Jahrhunderts ist es in erster Linie darum gegangen, die menschliche Natur zu erforschen und zu verändern. Im 21. Jahrhundert dagegen sollte es die Aufgabe der Wissenschaft – vor allem der Sozial- und Geisteswissenschaften – sein, uns darüber aufzuklären, was sich am Menschen nicht verändern lässt oder was die Gefahren solcher Veränderungen wären. Wir werden vielleicht nie bis zum Ursprung des Gewissens oder bis zu dem Punkt vordringen, wo das Mitgefühl seinen Anfang nimmt, aber trotzdem müssen wir alles dafür tun, die geistigen und kulturellen Ressourcen zu bewahren und weiterzuentwickeln, die uns antreiben, ein Leben in Verantwortung zu führen. Auch wenn der Ursprung des Lebens ein ewiges Geheimnis bleibt, muss die religiöse Ehrfurcht vor der lebendigen Natur der grundlegende Imperativ des neuen Humanismus sein. Heute kommt alles darauf an, die Strukturen, inneren Zusammenhänge und verborgenen Mechanismen dessen zu erkennen, was eine wahrhaft menschliche Zivilisation auszeichnet.

Wir müssen lernen, wie man den Krebs besiegen und Aids heilen kann. Dazu brauchen wir die Naturwissenschaften und ihren Fortschritt. Wir müssen aber auch begreifen lernen, dass das tiefste Geheimnis der Welt in der inneren, der geistigen Welt des Menschen liegt und dass diese sich nach ihren ganz eigenen Gesetzen entwickelt.

Ikeda: Das sokratische „Erkenne dich selbst" wird heute oft nur noch belächelt und als überholt und nutzlos betrachtet. Aber es sind Worte für die Ewigkeit, auch wenn wir so tun, als ob wir allwissend wären und uns über sie lustig machen. In einem rasenden Tempo ist die Menschheit von Erfindung zu Erfindung gestürmt, mit zuweilen verhängnisvollen Konsequenzen, und hat dabei Wissen mit Weisheit, Leichtgläubigkeit mit Überzeugung, Genuss mit Glück und Produktivität mit wahren Werten verwechselt. Als die Menschen dann gegen Ende des letzten Jahrhunderts allmählich aufgewacht sind, haben sie mit Bestürzung festgestellt, dass um sie herum nur Finsternis herrscht und sie nicht mehr weiter wissen. Aber vielleicht wird man das 20. Jahrhundert, das ein Jahrhundert des Hochmuts gewesen ist, irgendwann auch als das Jahrhundert der Umkehr bezeichnen können.

Auf dem Gebiet der Psychologie, insbesondere der Kinder-, Entwicklungs- und Tiefenpsychologie, sind ohne Zweifel große Fortschritte erzielt worden. Aber dass sie auch zu einem tieferen Verständnis der Worte des Sokrates geführt haben, bezweifele ich. Denn wenn man ehrlich ist, muss man doch zugeben, dass uns alle Fortschritte in Bildung und Wissenschaft nur noch weiter von dem entfernt haben, was früher Weisheit genannt wurde. Die Menschen von heute schenken der inneren Welt keine Beachtung mehr, haben ihr eigenes Selbst vergessen und rennen ruhelos im Kreis herum. Die Philosophie, einst die Königin unter den Wissenschaften, ist blass geworden, kaum noch sichtbar und hat ein geistiges Vakuum zurückgelassen.

Wir sollten dem Lärm um uns herum nicht so viel Aufmerksamkeit schenken und stattdessen den Rat Goethes beherzigen, uns der Größe der Griechen und der Schule des Sokrates zu erinnern. Wer auch nur ein wenig mit den „Dialogen" Platons vertraut ist, so schreibt er, wird schnell erkannt haben, dass dieser auf jeden philosophischen Jargon verzichtet und nur anhand von Beispielen aus dem alltäglichen Leben seine Gesprächspartner dazu bringt, sich von ihren falschen Vorstellungen zu befreien. Anders als die vielen lauten Worte, hinter denen sich häufig nur leere und flüchtige Gedanken verbergen, zeugt die ruhige Gelassenheit eines Goethe von einer Weisheit, die tief mit dem Leben verwurzelt ist.

Unterwegs zu einem neuen Humanismus

Gorbatschow: Der griechischen Philosophie ist es darum gegangen, den menschlichen Geist zu erhellen und nicht die Leidenschaften oder die niederen Instinkte des Menschen zu verklären. Erst viel später haben die Philosophen damit angefangen, den Hass, den Neid und den Selbstzerstörungstrieb als etwas Absolutes darzustellen. Vielleicht hatten die Griechen instinktiv ja noch ein Gespür dafür, dass man nichts propagieren sollte, was den Glauben an die Menschheit infrage stellen könnte. In

ihrem tiefen Verständnis dessen, was den eigentlichen Wesens-
kern des Menschen ausmacht und welche Gefahren uns drohen,
waren die Griechen weiser als die moderne Zivilisation.
Das habe ich gemeint, als ich sagte, dass der Mensch in seinen Wesenseigenschaften unwiederholbar ist. Was diese Frage
anbelangt, muss die Menschheit im 21. Jahrhundert viel vor-
sichtiger und zurückhaltender sein. Der neue Humanismus verlangt den Mut und die Beharrlichkeit von Millionen Menschen,
die bescheiden und anspruchslos ihre alltäglichen Pflichten erfüllen, studieren, arbeiten, Kinder großziehen und die Traditionen ihrer Vorfahren bewahren. Den Sinn des Lebens findet man
nicht bei jenen, die mit ausgefeilten dialektischen Modellen
oder anderen Gedankenspielen den Glauben an das Leben zerstören, sondern bei all den Menschen, die ihr Leben selbst in die
Hand nehmen.

Der Übergang zu einem neuen Humanismus und einer
neuen Zivilisation erfordert daher ein neues Paradigma
menschlicher Existenz. Die einstigen Gegensätze zwischen Kapitalismus und Sozialismus, zwischen Liberalismus und Konservatismus sind mehr oder weniger überholt, weil sie alle
von einem mechanistischen Weltbild ausgehen. Heute wird es
vielmehr darauf ankommen, die notwendigen Bedingungen
dafür zu schaffen, dass die ökonomischen Mechanismen und
die sozialen Instrumente einer Gesellschaft sich gegenseitig
durchdringen. Dadurch können dann die Grundlagen des gesellschaftlichen Lebens insgesamt gefestigt werden. Ohne einen stabilen Staat lassen sich weder die Rechte und Freiheiten
des Individuums noch eine normale wirtschaftliche Entwicklung garantieren. Und umgekehrt wird kein Staat eine Zukunft haben, der die Rechte und Freiheiten seiner Bürger ein-
schränkt.

Es gab und wird auch künftig kein allgemeingültiges Konzept dafür geben, alle Aufgaben, denen die Menschheit gegenübersteht, zu lösen. Was aber für die heutige Welt in ihrer Universalität und Interdependenz unabdingbar ist, ist die
Fähigkeit, die Vielfalt der unterschiedlichen Interessen und
Ideen in den Blick zu nehmen und sie miteinander in Einklang
zu bringen.

Es muss uns darum gehen, ein neues Paradigma einzuleiten, das alle menschlichen Errungenschaften des Geistes und des praktischen Lebens in sich vereint, aus welchen ideologischen oder politischen Strömungen diese auch stammen. Die Grundlage eines solchen Paradigmas müssen die universellen Werte der Menschheit sein, wie sie sich über die Jahrhunderte herausgebildet haben, und an erster Stelle der Wert des Lebens selbst. Die Suche nach einem solchen neuen Paradigma muss also in der Suche nach einer Synthese der Dinge bestehen, die die Menschen, die Nationen und Völker einen und nicht trennen.

Ikeda: Ich bin ganz Ihrer Meinung. Alles beginnt mit dem ersten Schritt. Ein großer Berg entsteht aus der Vielzahl kleiner Steine und eine friedvolle Gemeinschaft ist die Folge der einzelnen Taten derer, die zu ihr gehören. Das Streben des Einzelnen nach Vollkommenheit ist daher auch der einzig verlässliche Weg, um das Glück aller zu erreichen. Deshalb hoffe ich wirklich, dass die Mehrheit der Menschen zu dieser Einsicht gelangt und bereit ist, diesen ersten bescheidenen, aber äußerst mutigen Schritt zu tun.

Gorbatschow: Im 21. Jahrhundert werden sich die tödlichen Krisen entweder noch verschärfen oder es wird zu einem Jahrhundert der moralischen Läuterung und geistigen Gesundung, zu einem Jahrhundert der allumfassenden Renaissance der Menschheit werden.

Frederico Garcia Lorca hat geschrieben, dass der Kampf in der Welt nicht ein Kampf zwischen menschlichen, sondern zwischen kosmischen Kräften ist. Den Ausgang dieses Kampfes symbolisiert er mit einer Waage. In der einen Schale liegen sein Schmerz und sein Opfer, und in der anderen die Gerechtigkeit für alle, die allerdings nur unter den Mühen eines Übergangs in eine noch unbekannte Zukunft zu erreichen ist. An seiner eigenen Option lässt er keinerlei Zweifel: „Meine Faust fällt auf die Schale der Gerechtigkeit."

Ich bin überzeugt davon, dass es die Aufgabe aller vernünftigen politischen Kräfte, aller geistigen und ideologischen Strömungen und aller Konfessionen ist, diesen Übergang voran-

zutreiben und dadurch der Menschlichkeit und Gerechtigkeit
zu ihrem Sieg zu verhelfen. Dann kann das 21. Jahrhundert
auch wirklich zu einem Jahrhundert der Renaissance, zu einem
Jahrhundert des Menschen werden.

Nachwort von Michael Gorbatschow

Vom Neuen Denken zu einer neuen Politik

Die Werte und Mechanismen, die der Entwicklung der modernen europäischen Zivilisation zugrunde lagen, haben sich heute nahezu erschöpft. Der grassierende Konsumismus und die unaufhörliche Akkumulation von Kapital stehen in einem eklatanten Widerspruch zu den grundlegenden Interessen der Menschheit und bedrohen das Gleichgewicht zwischen Mensch und Natur. Drogenkonsum, Terrorismus und Verbrechen nehmen ständig zu, und niemand scheint etwas dagegen tun zu können. Und auch die in den letzten Jahren wieder verstärkt aufflammenden ethnischen Konflikte haben die Menschheit völlig unvorbereitet getroffen.

Daher kann unser Versuch, nach den moralischen Lehren zu fragen, die wir aus den Erfahrungen der Menschheit im 20. Jahrhundert ziehen können, vielleicht von Nutzen sein. Selbst wenn es nur ein Anstoß für eine vertiefende Besinnung auf den geistigen und moralischen Zustand unserer Zeit ist. Herr Ikeda und ich stammen aus zwei verschiedenen Kulturkreisen mit ganz unterschiedlichen Erziehungs- und Bildungssystemen. Und entsprechend sind auch unsere Biografien sehr unterschiedlich geprägt: meine durch die kommunistische Ideologie des Marxismus, seine durch die tiefe Tradition des Buddhismus. Was aber allein von Bedeutung ist, ist die Tatsache, dass wir, nicht zuletzt auch durch dieses Gespräch, eine gemeinsame moralische Ebene gefunden haben. Die universellen Werte der Menschheit sind eine Tatsache, die als Grundlage dafür dienen kann, dass die unterschiedlichen Zivilisationen einander näherkommen und sich besser verstehen. Die Voraussetzung dafür ist allerdings, dass die jeweiligen Gesprächspartner die Sprache der Moral und nicht die der Gewalt und der Vorurteile sprechen. Mit dem Ende des Kalten Krieges hat die Welt die einzigartige Gelegenheit erhalten, endlich zu einer globalen Verständigung

unter den Völkern zu gelangen. Diese Gelegenheit ist aber wei-
testgehend ungenutzt geblieben, und zwar deshalb, weil der
Westen die moralische Bedeutung dieser Veränderungen unterschätzt hat. Er hat es versäumt, mit den nach Freiheit streben-
den postkommunistischen Ländern in einen Dialog zu treten,
der genau unter diesen moralischen Gesichtspunkten hätte geführt werden müssen. Wir standen an der Schwelle zu ganz
neuen geopolitischen Möglichkeiten und Gedankenspielen,
aber der Westen, durch egoistisches Kalkül an Händen und Füßen gefesselt, war außerstande, einen ersten Schritt in diese
Richtung zu machen.

Deshalb möchte ich nicht, dass unsere Leser uns für bloße
Moralapostel halten, die nicht sehen, was vor ihrer Nase liegt,
und die Hindernisse verkennen, die es auf dem Weg zu einer
neuen humanistischen Zivilisation noch zu überwinden gilt.
Blinden Egoismus und blinden egoistischen Eifer hat es bereits
mehr als genug gegeben.

Die Mehrheit der Leser wird uns aber vermutlich darin
Recht geben, dass die Zeit reif ist, die jahrhundertealte Kluft
zwischen Politik und Moral zu überwinden. Wir müssen erkennen, dass die künftige Welt nur eine Welt in Vielfalt sein kann –
eine Welt von Welten – und dass in einer solchen Welt wirkliche
Freiheit nur möglich ist, wenn auch eine innere Offenheit für sie
besteht. Gleichzeitig stellt sich die Frage, wie so ein friedliches
Miteinander und Zusammenwirken zwischen den verschiedenen Zivilisationen zu erreichen ist. Wer wäre in der Lage, den
verschiedenen Kulturen ihr Recht auf unabhängige und eigenständige Entwicklung zu gewährleisten? Wie lässt es sich vermeiden, dass es im Zuge der Befriedung regionaler Konflikte
nicht zu neuen Monopolisierungen kommt? Wer hat das Recht,
sich bei grundlegenden Meinungsverschiedenheiten zwischen
den Kulturen als Schiedsrichter aufzuspielen? Und, die wichtigste aller Fragen, lässt sich die Entwicklung der Welt überhaupt in eine bestimmte Richtung lenken?

Mit dem Ende des Kalten Krieges ist unsere Welt nicht si-
cherer geworden. Viele betrachten heute die totale Verwestlichung der Welt mit ebenso viel Sorge wie früher die Bedrohung einer gewaltsamen Ausbreitung des Kommunismus. Der

Westen ist offensichtlich nicht in der Lage, die Ergebnisse des Neuen Denkens, das die Welt aus der Blockpolitik und der totalen Konfrontation befreit hat, klug zu nutzen. Die Früchte des Neuen Denkens, die nur unter äußerst großen Schwierigkeiten hervorgebracht werden konnten, verkümmern förmlich vor unseren Augen. Noch vor wenigen Jahren ist Russland dem Westen mit offenen Armen und den allerbesten Absichten entgegengerannt. Aber niemand im Westen ist dem Beispiel Russlands gefolgt. Der Westen war weder in der Lage, eine neue Doktrin der kollektiven Sicherheit zu entwickeln, noch ist es ihm gelungen, irgendeine Vision für eine friedliche Entwicklung der Welt zu entwerfen. Auch heute noch wird das Schicksal der Welt von Strukturen bestimmt, die sich in der Zeit des Kalten Krieges herausgebildet haben. Als der Warschauer Pakt aufgelöst wurde, bestand die dringende Notwendigkeit, ein neues System kollektiver Sicherheit in Europa zu entwickeln. Aber die gesamteuropäischen Bestrebungen fielen bald wieder den alten Verhaltensmustern zum Opfer, in denen es immer nur um den Versuch ging, den Einflussbereich der NATO in Richtung Osten zu erweitern. Die ganze Verteidigungspolitik des Westens konzentriert sich mittlerweile auf die Frage, wie viele postkommunistische Staaten der NATO beitreten sollen und wann das geschehen soll. Was für negative Konsequenzen so eine rein strategische Herangehensweise an die Aufgabe einer europäischen oder globalen Sicherheitspolitik hat, wird dabei vollkommen übersehen.

Das ist nur eines von vielen Beispielen, die zeigen, dass der Westen weder moralisch noch intellektuell auf die Veränderungen vorbereitet war, die mit unserer neuen Politik eingeleitet worden sind. Er hat nicht aufgehört, sich auf den alten, eingefahrenen Gleisen zu bewegen.

Wer heute in einer Welt, die nicht mehr in Blöcke gespalten ist, einen Führungsanspruch erhebt, und sei es auch in bester Absicht, läuft Gefahr, dass die Menschen am Segen der Demokratie zu zweifeln beginnen. Das sollte man bedenken, solange noch Zeit ist und sich die Menschen noch nicht ganz von ihr abgewandt haben. Die instinktive Zurückweisung dieser neuen, jetzt allerdings demokratischen Vereinheitlichung hat in der

neuen unipolaren Welt möglicherweise schon zu mehr Kriegen
geführt als in der alten bipolaren Welt, in der jedes Streben
nach Weltherrschaft noch in Schranken gehalten wurde. Im
Westen ist man immer noch der Ansicht, dass die Veränderungen in der alten Sowjetunion eine Folge des äußeren Drucks gewesen sind. Aber eigentlich ist der Wandel, der dort stattgefunden hat, Ausdruck eines moralischen Fortschritts der ganzen
Menschheit gewesen, vor allem derjenigen Völker, die nicht länger bereit waren, unter der Lüge einer totalitären Ideologie zu
leben. Man sollte sich daran erinnern, dass das Verlangen nach
Freiheit, nach freundschaftlichen Beziehungen mit der übrigen
Welt und nach einem Ende der Politik der Angst und Bedrohung
kein Zeichen der politischen Schwäche Russlands war. Die Achtung der persönlichen Grundrechte und Freiheiten nach west-
lichem Vorbild hat natürlich eine Rolle gespielt. Aber daraus
sollte man nicht den falschen Schluss ziehen, dass es den Ländern in der postkommunistischen Welt nur darum gegangen ist,
sich so schnell wie möglich in eine „strahlende amerikanische
Zukunft" zu stürzen, und dass umgekehrt die Mission Amerikas
allein darin bestanden hat, diesen Ländern so schnell wie möglich die Grundregeln der Demokratie beizubringen.

Es wurde also versucht, eine neue demokratische Zivilisation allein auf bürokratischem Wege, gewissermaßen von oben
herab, aufzubauen. Leider haben dabei viele in den westlichen
Ländern vergessen, dass das Herz der Demokratie aus den
grundlegenden moralischen Werten besteht, über die wir in diesem Buch gesprochen haben. An erster Stelle denke ich hier an
den Grundsatz der moralischen und politischen Würde jedes
einzelnen Menschen sowie an den Grundsatz der Toleranz und
des Respekts vor der Meinung des anderen. Ich teile die Auffassung von Herrn Ikeda, dass es wahre Freiheit und wahre Demokratie nur dort geben kann, wo auf Gewalt verzichtet wird.
Eine Demokratie, die mit Gewalt – oder wie 1993 in Russland
mit Panzergranaten – durchgesetzt wird, ist nichts wert. Demokratie lässt sich nicht mit Doppelmoral vereinbaren. Als im Oktober 1993 das Parlamentsgebäude in Moskau beschossen und
gestürmt worden ist, hat der Westen eine solche Doppelmoral
an den Tag gelegt – und dabei seine eigenen Prinzipien verraten.

Ich frage mich oft, was wohl aus einer Demokratie wird, die mit Gewalt durchgesetzt wird. Was passiert, wenn plötzlich diejenigen schwach werden, die die Gewalt zuvor angewendet haben? Und wie lange hält wohl ein Frieden, wenn diejenigen, die ihn mit Raketen aufgezwungen haben, keinen Einfluss mehr haben?

Ich stelle die Werte der Demokratie überhaupt nicht in Zweifel und auch nicht ihre Fähigkeit, die gesellschaftliche Entwicklung in diesen schwierigen Zeiten in die richtigen Bahnen zu lenken. Ich war und bleibe ein Gegner autoritärer Herrschaft und jeder Praxis und Ideologie der „eisernen Faust". Nur auf dem Weg freier demokratischer Wahlen kann der Übergang vom Totalitarismus zur Demokratie gelingen. Das ist auch der Grund, warum ich darauf bestanden habe, dass in Russland in regelmäßigen Abständen Parlaments- und Präsidentschaftswahlen durchgeführt werden. Wenn wir es also ernst damit meinen, eine neue humanistische Zivilisation hervorzubringen, dann ist es unsere Pflicht, die liberale Ideologie und die demokratischen Institutionen einer kritischen Prüfung zu unterziehen. Das Bewusstsein der Menschheit muss sich gleichermaßen in zwei Richtungen entwickeln.

Als wir die Politik der Perestroika eingeleitet haben, haben wir die Ideologie und Praxis des Kommunismus einer kritischen, schonungslosen Analyse unterzogen. Uns ist klar geworden, dass die Vorstellung, die Menschen zu ihrem Glück zwingen zu können, nichts Gutes bewirkt und die Anwendung von Gewalt sich früher oder später einmal rächen wird. Dass Gewalt und revolutionärer Extremismus nie zu rechtfertigen sind, darüber haben Herr Ikeda und ich uns ja schon ausführlich ausgetauscht. In unserem Gespräch haben wir sehr ausführlich über die Kritik des kommunistischen Extremismus und seinen Versuch, die Welt in einer radikalen Weise umzugestalten, gesprochen. Daher will ich in diesem Nachwort die Gelegenheit nutzen, deutlich zu machen, dass wir auch ernsthaft über die Schwächen und Unzulänglichkeiten der Institutionen der westlichen Demokratie sprechen müssen.

Der kommunistische Totalitarismus ist heute fast völlig verschwunden, und trotzdem ist die Krise der modernen Zivili-

sation dabei, sich immer weiter auszubreiten. Die leidgeprüften
Völker Bosniens mussten zum Beispiel einen hohen Preis dafür
zahlen, dass der Westen alles dafür getan hat, aus den ehemaligen Teilrepubliken Jugoslawiens so schnell wie möglich unabhängige Präsidialrepubliken zu machen. Über das ehemalige Jugoslawien wurden internationale Entscheidungen von großer
Tragweite getroffen, ohne dabei die spezifischen Besonderheiten dieser Region zu berücksichtigen. Der Westen war nicht
ausreichend vorbereitet, um eine erfolgreiche Friedensmission
durchführen zu können, was schließlich die UNO dazu gezwungen hat, mit den entsprechenden Maßnahmen, einschließlich massiver Bombardements, in den Konflikt einzugreifen.
Und kaum waren die ersten Abkommen unterzeichnet, haben
sich in der kroatisch-muslimischen Konföderation schon wieder
die ersten Risse gezeigt.

Auch in der neuen unipolaren Welt hängt das Schicksal
ganzer Völker wieder einmal von den jeweiligen Stimmungen
der politisch Verantwortlichen in den USA ab, ja sogar von
den Wahlkampfkampagnen der jeweiligen Präsidentschaftskan-
didaten. Im Friedensabkommen von Dayton 1995 ist man
schließlich zu Entscheidungen gekommen, die man mit ein wenig gesundem Menschenverstand und auch bei geringen Kennt-
nissen der Geschichte Serbiens schon von Anfang an hätte treffen können. Ich bin überzeugt davon, dass die jugoslawische
Tragödie vermeidbar gewesen wäre, wenn der Westen die Unabhängigkeit von Kroatien, Slowenien und später dann von
Bosnien-Herzegowina nicht so schnell anerkannt hätte. Er hätte
stattdessen eine internationale Friedenskonferenz einberufen
sollen, um die verfeindeten nationalen Parteien zu Kompromissen zu bewegen und die Rechte der Minderheiten in den neu
entstehenden Nationalstaaten zu sichern. Aber alle hatten es
furchtbar eilig, die serbischen Kommunisten so schnell wie
möglich zu bestrafen und die Völker Jugoslawiens möglichst
bald auf den Weg der Demokratie zu bringen. Es waren also
wieder einmal die ideologischen Voreingenommenheiten, die
alles andere in den Hintergrund gedrängt haben.

Dass die Ideologie in der Weltpolitik wieder neu auflebt,
liegt nicht zuletzt auch daran, dass die Ursachen und Motive

für das Neue Denken und unsere Initiativen, den Kalten Krieg
zu beenden, nicht objektiv bewertet worden sind. Wir haben
den alten ideologischen Ballast nicht deshalb abgeworfen, weil
wir zu Sklaven einer neuen Ideologie werden oder von nun an
bei einem Milton Friedman oder Friedrich August von Hayek
in die Schule gehen wollten. Wir haben die Ideologie im Namen
der Moral abgelehnt.

Es ist daher meiner Ansicht nach nur konsequent, dass
auch die Prinzipien und Institutionen der Demokratie – und insbesondere der amerikanischen Demokratie – kritisch überprüft
werden müssen. Die Versuche des Westens, im ethnisch gespaltenen Bosnien freie Wahlen abzuhalten, um es gewissermaßen
in ein neues Amerika zu verwandeln, sind wirklich nicht gut
ausgegangen. Eine Ursache dafür war, dass grundlegende Dinge
einfach nicht berücksichtigt worden sind. Zum Beispiel die Tatsache, dass bosnische Serben, die fünfhundert Jahre lang versucht haben, sich von der Herrschaft der Osmanen zu befreien,
plötzlich in einem Land leben sollten, das möglicherweise von
einem muslimischen Präsidenten regiert werden würde. Selbst
in Afrika, das sich vom Kolonialismus befreit hat, hat die Geschichte der einzelnen Staaten nicht einfach wieder bei null angefangen. Die Völker auf dem Balkan blicken auf eine über tau-
sendjährige Geschichte zurück, über die man nicht so einfach
hinweggehen kann. Aber genau das ist geschehen, und ähnlich
hat es sich auch verhalten, als die internationale Staatengemein-
schaft den Zerfall der Sowjetunion unterstützt und dabei ganz
wesentliche Faktoren außer Acht gelassen hat.

Es gibt in den westlichen Ländern, und selbst in den USA,
viele Wissenschaftler und Politiker, die eine Fülle von Gründen
ins Feld führen, die den Anspruch Amerikas auf die ideologische und politische Vorherrschaft in der Welt infrage stellen.
Ihre Argumente sind dabei in etwa die folgenden: Erstens sind
die Vereinigten Staaten gar nicht reich genug, um all die vielen
Programme zur Unterstützung der Demokratie in der Welt in
effektiver Weise umsetzen zu können. Häufig bewirken sie deshalb sogar eher das Gegenteil dessen, was intendiert gewesen
ist. Das nationale Budget reicht nach Meinung dieser Wissenschaftler ja nicht einmal für eine Krankenversicherung von Ar-

men und Alten. Zweitens sind die USA selbst in vielerlei Hinsicht überhaupt nicht als Vorbild geeignet. Denn sie unterstützen zwar andere Länder dabei, ethnische und Rassenkonflikte zu überwinden, sind aber in ihrem eigenen Land dazu nicht in der Lage. Der sogenannte „Marsch der Millionen", eine große Demonstration der Afroamerikaner, die im Oktober 1995 in Washington stattfand, hat nur ein weiteres Mal gezeigt, dass die Rassenkonflikte weiter schwelen und noch kein Weg gefunden worden ist, die Kluft zwischen dem schwarzen und weißen Amerika zu überwinden. Drittens sind die Amerikaner, was sie häufig sogar selbst zugeben, so sehr in den Mythen über ihr eigenes Land gefangen, dass sie gar nicht mehr in der Lage sind, andere Realitäten zur Kenntnis zu nehmen. Der durchschnittliche Amerikaner hat nur sehr vage Vorstellungen von anderen Kulturen und deren Geschichte, sodass es ein Leichtes ist, die öffentliche Meinung zu manipulieren. Und viertens besitzen in Amerika die Massenmedien, die vierte Gewalt im Staat, eine unglaubliche Macht, die Präsidenten ins Amt bringen und wieder stürzen kann. Die große Mehrheit des amerikanischen Volkes ist so sehr damit beschäftigt, sich den nötigen Lebensunterhalt zu verdienen, dass sie sich mit dem Weltbild, das sie von den elektronischen Medien vermittelt bekommen, zufriedengeben müssen. Daher sind also die Trends in der öffentlichen Meinung wie aber auch in der Politik ganz von der Redlichkeit und Integrität derjenigen abhängig, die die Medienkonzerne kontrollieren.

Gegen diese sich immer weiter ausbreitende Allmacht der „vierten Gewalt" kann nur eine neue und globale kulturelle Revolution helfen, die jeden einzelnen Menschen zum bewussten Subjekt der Weltpolitik macht. Auch wenn das 20. Jahrhundert zweifellos große Erfolge in der Bildung der breiten Volksmassen erzielt hat, müssen wir doch auch erkennen, dass die entscheidenden Aufgaben, die uns die großen Lehrer und Erzieher der Menschheit hinterlassen haben, noch nicht gelöst sind. Selbst in den fortschrittlichsten Nationen, die USA eingeschlossen, ist das durchschnittliche Bildungsniveau in der Bevölkerung wirklich niedrig. Wachsender Drogenkonsum und zunehmende Kriminalität machen deutlich, dass die Seelen der Menschen krank sind, dass es der modernen Gesellschaft an geistigen Werten und Menschlichkeit mangelt. Die Kluft zwischen dem gebildeten und dem ungebildeten Teil der Gesellschaft wird trotz aller Anstrengungen immer größer, was dazu führt, dass Millionen von Menschen auch weiterhin von der Politik manipuliert werden können. Obwohl die Vereinigten Staaten sich die Führungsrolle in der heutigen demokratischen Zivilisation aufgebürdet haben, sind sie nichtsdestotrotz genauso von all diesen Problemen betroffen.

Die Probleme und Widersprüche im politischen System der Vereinigten Staaten, dem Vorposten westlicher Demokratien, sind nur ein Beispiel für unsere These, dass es an der Zeit ist, die moderne liberale Zivilisation als Ganze einmal auf den Prüfstand zu stellen. Aber bei aller Diskussion über dieses Thema müssen wir uns auch darüber Gedanken machen, wie eine neue Gleichschaltung der Welt vermieden werden kann. Das Problem einer globalen Sicherheit kann heute nur dadurch gelöst werden, dass alle Staaten gemeinsam die Verantwortung für die Zukunft der Menschheit übernehmen. Und ich verwende hier das Wort Sicherheit in einem sehr weiten Sinne, der neben dem militärischen Bereich auch die Bereiche der Wirtschaft, der Ökologie und der Informationstechnologie mit einschließt.

Da sich mittlerweile herausgestellt hat, dass alle Projekte, die eine Weltregierung angestrebt haben, nur reine Fantasiegebilde gewesen sind, sollten wir nun dringend damit anfangen, die bereits bestehenden internationalen Organisationen zu reformieren. Vor allem die UNO muss ihre Macht und Handlungsfähigkeit bei der Befriedung internationaler Konflikte stärken. Denn im Falle Bosniens sind all ihre diesbezüglichen Schwächen zutage getreten. An erster Stelle die mangelhafte finanzielle Ausstattung und die Abhängigkeit von den Vereinigten Staaten. Und zweitens die zweifelhafte Rolle des Sicherheitsrates. Denn in der Vergangenheit hat es sich gezeigt, dass dessen Mitglieder sich bei Beschlüssen über friedenssichernde Maßnahmen in erster Linie von den eigenen nationalen Interessen leiten lassen und dementsprechend dann auch entweder die eine oder die andere Konfliktpartei unterstützen. Dass das nicht

zu einer Entspannung, sondern Verschärfung der jeweiligen
Konflikte führt, steht außer Zweifel.

Was kann man daraus nun für Schlussfolgerungen ziehen?
Die UNO wird nur dann eine Zukunft haben, wenn sie zu einer
vollkommen unabhängigen und finanziell gut ausgestatteten
Organisation wird, die in der Lage ist, im Interesse einer globalen Sicherheit nach ihren eigenen politischen Grundsätzen zu
handeln. Die wirtschaftliche und militärische Macht eines Staates war bislang ausschlaggebend dafür, einen Sitz im Sicherheitsrat zu bekommen. Aber es gibt auch noch andere Kriterien,
die eine Zivilisation auszeichnen, und daher wird es nötig sein,
den Kreis seiner Mitgliedsstaaten zu erweitern. Denn wenn wir
tatsächlich eine neue Zivilisation im Sinne einer Welt von Welten hervorbringen wollen, dann muss auch der Sicherheitsrat
eine Welt von Welten sein. Die Vertreter aller heute existierenden Zivilisationen, ohne jede Ausnahme, müssen das Recht haben, Einfluss auf die Entscheidungen des Sicherheitsrates zu
nehmen, weil diese ja auch in irgendeiner Form die Sicherheit
der ganzen Menschheit betreffen.

Als souveräne Staaten stellten die Mitglieder der Vereinten
Nationen bislang ihre eigenen nationalen Interessen stets über
alles andere. Würde man dagegen die UNO im Sinne einer zivilisatorischen Definition begreifen, wie ich sie eben beschrieben
habe, dann würde das dem Sicherheitsrat die Möglichkeit geben, nach und nach über den Rahmen einer bloßen Organisation souveräner Staaten hinauszugehen – also mehr zu sein als
diese – und ihn in die Lage versetzen, Entscheidungen im Interesse der Menschheit als Ganzes zu treffen. Die Frage, wie das
Zusammenwirken zwischen der UNO und den regionalen Organisation aussehen könnte, wäre dann in demselben Kontext
einer solchen zivilisatorischen Definition zu behandeln.

Und noch eine Organisation muss man hier nennen, die sowohl mit dem zu tun hat, was ich als Perspektive für die UNO
skizziert habe, als auch mit dem, worüber Herr Ikeda und ich
gesprochen haben: die UNESCO. Denn wenn die Menschheit
immer weiter zusammenwächst und zu einer Einheit wird, warum sollte man dann nicht auch daran denken, Richtlinien für
ein Erziehungs- und Bildungssystem zu entwickeln, das sich an

dem von uns so genannten neuen Humanismus orientiert und
sowohl auf den moralischen Erfahrungen der ganzen Menschheit als auch auf der Weisheit der großen Religionen basiert.
Und letztlich müsste man dann auch noch ein Lehrbuch über
die Weltgeschichte schreiben, und zwar nicht als eine Geschichte von Kriegen, sondern von moralischen Taten. Es
kommt einem daher fast wie eine Ironie der Geschichte vor,
dass die „Washington Post" einen Wettbewerb über die heraus-
ragendste Persönlichkeit des zweiten Jahrtausends mit einem
Artikel über Tschingis-Khan eröffnet hat.

Heute aber muss es um eine größere Aufgabe gehen, nämlich um die kulturelle Neuorientierung der ganzen menschlichen Zivilisation und um eine neue moralische und kulturelle
Reformation.

Nachwort von Daisaku Ikeda

Die Menschenwürde in der Krise

Der Dialog mit Herrn Gorbatschow hat zweifellos einen bleibenden Eindruck in mir hinterlassen, denn schon allein die Tatsache, dass diese Gespräche möglich waren, hat mich tief bewegt. Es ist wirklich nicht selbstverständlich, sich mit dem ehemaligen Staatsoberhaupt einer Nation, die den Atheismus zur Staatsdoktrin erklärt hat, über Religion auszutauschen. Auch wenn mir natürlich von Anfang an bewusst war, dass ich einer außergewöhnlichen Persönlichkeit gegenübersitze, die wie kein anderer für ein Neues Denken steht. Als wir uns vor einigen Jahren zum ersten Mal begegnet sind, sagte er in aller Freimütigkeit, dass unsere Visionen von der Zukunft der Menschheit im 21. Jahrhundert auch die Religionen einschließen müssten. Während unseres Dialogs ist mir dann zunehmend bewusst geworden, dass diese Aussage durchaus ernst gemeint war.

Die tragischen und in mancher Hinsicht auch entmutigenden Ereignisse der vergangenen Jahre haben die Meinung darüber, ob es denn tatsächlich so etwas wie einen Fortschritt in der Geschichte gibt, stark auseinandergehen lassen. In unseren Gesprächen haben Herr Gorbatschow und ich wiederholt die Meinung zum Ausdruck gebracht, dass Einheit im Gegensatz zu Trennung etwas Gutes ist. Daher bin ich auch der Auffassung, dass vieles von dem, was sich nach dem Fall der Berliner Mauer in der Welt ereignet hat, als ein Rückschritt in der Geschichte zu betrachten ist. Trotz des eher pessimistischen Tons, der in Francis Fukuyamas Buch *Das Ende der Geschichte* aus dem Jahre 1992 anklingt, wird darin der Sieg des Kapitalismus über den Sozialismus verkündet. Vor allem in Japan wurde damit die freudige Erwartung verknüpft, dass nun alle sozialistischen und kommunistischen Diktaturen in sich zusammenfallen würden. Autoren und Journalisten überboten sich gegenseitig in ihrem Optimismus, dass es nun überall zu einer wahren Demokratisierungswelle kommen würde. Und entsprechend waren die meisten der politischen Analysen nicht gerade von nüchterner Sachlichkeit geprägt. Denn die liberale Gesellschaft hatte zwar nach Punkten gewonnen, aber es war doch eher ein Sieg, den sie vor allem den Fehlern ihres Gegners zu verdanken hatte. Das hat allerdings kaum jemand beachtet, man hat den Sieg zum eigenen Verdienst erklärt und sich freudig in eine neue Zeit gestürzt, ohne sich Gedanken darüber zu machen, wohin diese einen bringen sollte. Erst die Ereignisse der späteren Geschichte haben der liberalen Gesellschaft deutlich gemacht, wie unbegründet ihr Optimismus gewesen ist. Die Vision einer neuen Weltordnung, die nach dem Sieg im Golfkrieg entstand, wurde schnell von neuen Ereignissen hinweggespült. Nicht einmal ein Wrack blieb davon übrig.

Die Lawine, die im letzten Jahrzehnt des 20. Jahrhunderts Russland und die anderen ehemals sozialistischen Länder überrollt hat, war nur an der Oberfläche ein Triumph des Liberalismus und der Demokratie des Westens. Auf jeden Fall aber handelte es sich dabei um ein Ereignis von immenser Bedeutung, dessen Ursachen tief in der Vergangenheit liegen und das in seiner Wirkung weit in die Zukunft reichen wird. Wir sollten es daher nicht als etwas betrachten, das nur anderswo geschehen kann. Denn was sich hier ereignet hat, ist in seinem Kern nicht leicht zu erklären und schon gar nicht mit Kategorien wie Sieg oder Niederlage zu erfassen.

Wir müssen zunächst fragen, inwiefern dieses Ereignis von weltweiter Bedeutung ist. Dann müssen wir uns aber auch ganz nüchtern und ehrlich selbst befragen, was dieses Ereignis mit der Situation in unserem eigenen Land zu tun hat, egal wo wir leben. Und schließlich müssen wir bereit sein, so klugen Menschen wie zum Beispiel Michail Gorbatschow zuzuhören, wenn er uns erklärt, was ihn und seine Mitstreiter dazu gebracht hat, sich für die Perestroika und das Neue Denken zu entscheiden. Dabei müssen wir uns aber auch vor Augen halten, dass diese einst führenden Repräsentanten des russischen Volkes, die ihrer alten Ideologie abgeschworen haben, keineswegs die Absicht hatten, zu Sklaven einer neuen Ideologie zu werden.

Denn nur in diesem Licht wird man dann auch verstehen können, inwiefern der amerikanische Weg sie immer wieder irritieren musste.

Die Vereinigten Staaten hatten und haben auch heute noch die Tendenz, das Richtige und das Falsche nach ideologischen Gesichtspunkten zu beurteilen. Besonders schnell erhitzen sich die Gemüter der Amerikaner immer dann, im guten wie im schlechten Sinne, wenn es um Begriffe wie Freiheit, Demokratie und Menschenrechte geht. Die daraus resultierende Tendenz der Amerikaner, sich als „Weltpolizei" aufzuspielen, ist vor allem in der zweiten Hälfte des 20. Jahrhundert sehr deutlich zum Vorschein getreten. Doch angesichts einer immer komplexer werdenden Welt hat dieser amerikanische Weg, der zwar immer klar markiert und geradlinig, aber eben auch ideologisch begründet war, immer wieder in Sackgassen geführt. Die amerikanische Diplomatie ist auf diesem Weg auch immer wieder gescheitert und musste besonders in den Ländern der sogenannten Dritten Welt schwere Rückschläge einstecken. Der Vietnamkrieg ist dafür ein besonders schmerzvolles Beispiel.

Der klassische Western-Film verkörpert auf ideale Weise das, was man als eine „Cowboy"-Philosophie bezeichnen könnte: Die Indianer sind die Bösen und die amerikanische Kavallerie die Guten. Auch wenn solche Filme heute außer Mode gekommen sind, haben sie doch im Bewusstsein der Menschen einen nachhaltigen Eindruck hinterlassen.

Nach dem Zerfall der Sowjetunion waren die USA in erster Linie darum bemüht, ihre Nachfolgestaaten in eine Marktwirtschaft wie nach dem Lehrbuch zu drängen. Der amerikanische Soziologe Immanuel Wallerstein dagegen hat die Zeit nach dem Ende des Kalten Krieges genauer analysiert und davon gesprochen, dass mit dem Jahr 1989 nicht nur die marxistisch-leninistische, sondern auch die westliche Deutung geschichtlicher Prozesse an ihr Ende gekommen ist. (Derselbe Wallerstein hat übrigens noch während der Siegesfeierlichkeiten am Ende des Golf-Krieges die beunruhigende Voraussage getroffen, die sich später als richtig erwiesen hat, dass all das Konfetti für die Kriegsheimkehrer schon sechs Monate später einen bitteren

Nachgeschmack haben werde, weil diese dann arbeitslos sein würden.)

Wir wissen heute, dass dem arroganten Rausch an der vermeintlichen Überlegenheit von Kapitalismus und Liberalismus bald ein böses Erwachen gefolgt ist, als es nämlich am Ende des Jahrhunderts zu den ersten kriegerischen Auseinandersetzungen gekommen ist. Die früheren sozialistischen Staaten, die sich so schnell wie möglich aus der Lethargie und Stagnation der vergangenen Jahrzehnte befreien und in eine neue Epoche aufbrechen wollten, sahen sich plötzlich von den Werten und Idealen des Westens verraten. Sie waren verzweifelt und orientierungslos, weil der von ihnen eingeschlagene Weg in einer Sackgasse geendet hatte. Wenig überraschend war das allerdings für die, die schon gewusst hatten, dass der materielle Überfluss der liberalen Gesellschaften des Westens, und auch Japans, auf Bedingungen beruhte, die die Menschen krank machen. Die Gier nach Geld, der Hedonismus und der Säkularismus führen weder zu einem glücklichen noch zu einem erfüllten Leben und sie bringen auch nicht das Bild einer Gesellschaft hervor, die für die Menschen erstrebenswert ist. Liberalismus und Demokratie sind heute in vielerlei Hinsicht zu leeren Worthülsen geworden, sodass die liberale Gesellschaft mittlerweile an dem kritischen Punkt angelangt ist, an dem sie ihre eigenen Werte nur noch dadurch rehabilitieren kann, dass sie sie einer grundlegenden Prüfung unterzieht.

So wie Großbritannien im 19. Jahrhundert war Amerika im 20. Jahrhundert zur führenden Weltmacht geworden. Doch als dann in dem zu Ende gehenden Jahrhundert die ersten dunklen Wolken über Amerika aufzogen, begann auch der einstige Glanz des „American way of life", des „amerikanischen Traums" und der „amerikanischen Demokratie" zu verblassen. Überall war nun die Rede davon, dass jetzt auch die letzte verbliebene Supermacht im Niedergang begriffen sei und sich das amerikanische Jahrhundert dem Ende neigte. Die zunehmende Amerikanisierung der Welt geriet plötzlich ins Stocken und Amerika selbst wurde zu einer gespaltenen Nation. Jeder fragte sich, wie es so weit hatte kommen können. Amerika war nur das Symbol für die Krise der modernen Zivilisation insgesamt.

Aber die Wurzeln dieser Krise reichen viel tiefer, als es im Gegensatz von Liberalismus und Sozialismus zum Ausdruck gekommen ist, weil dieser Gegensatz sich ja nur an der Oberfläche der Krise abgespielt hat. Wer also wirklich zu deren Ursachen gelangen will, muss tief in die vergangenen Jahrhunderte hinabsteigen.

Die Krise, von der wir heute sprechen, ist keine des Systems, sondern der Menschheit an sich – eine Krise, die die Würde des Menschen infrage stellt. Ich glaube, dass Herr Gorbatschow und seine Mitstreiter das sehr genau erkannt haben, als sie in ihrem Neuen Denken die ausgetretenen Pfade der Ideologie verlassen und einen Weg der Moral eingeschlagen haben.

Wenn wir tatsächlich einen Fortschritt in Richtung einer besseren Gesellschaft erzielen wollen, dann müssen wir eine Vielzahl ganz konkreter Probleme in Angriff nehmen, wie etwa die zunehmende Zerstörung unserer Umwelt, die mangelhafte wirtschaftliche Entwicklung in ländlichen Gebieten, die sich erschöpfenden Energiequellen und die weltweite Verknappung der Nahrungsmittel. Aber als Buddhist sage ich auch, dass wir all diese, wenn man so will, äußeren Probleme so lange nicht in den Griff bekommen werden, wie es uns nicht gelingt, auch zu einer inneren Reinigung unseres Geistes und unserer Seele zu gelangen.

Von außen betrachtet erstrahlt unsere moderne Zivilisation in einem hellen Glanz, aber die Menschen in ihr scheinen sich selbst für unbedeutend zu halten und sind oft tief unglücklich. Besessen von dem Verlangen nach Vergnügen, Komfort und Effizienz jagen sie ihren jeweiligen Bedürfnissen nach. Zunehmend fixiert auf die eigenen, egoistischen Interessen laufen sie blind in die Fallen, die sie sich selbst gestellt haben: Geldgier und Hedonismus. Über das, was größer ist als sie und über sie hinausgeht, rümpfen sie die Nase und bleiben doch selbst gefangen in den engen Grenzen einer Welt, die vollkommen säkular geworden ist. Die Menschen von heute haben ihre Einheit mit der Natur und dem Universum verloren und sind unfähig geworden, voller Stolz und mit erhobener Stimme ihr eigenes Menschsein in die Welt hinauszurufen, so wie es Walt Whitman

in seinem *Song of Myself* gemacht hat: „Walt Whitman, ein
Kosmos, von Manhattan der Sohn."
       Whitman war ein Mensch auf großer Linie. Adam Smith
entwickelte die Vorstellung eines ganz anderen Menschentypus – den homo oeconomicus. Daraus konstruierte er seine
eigene Wirtschaftstheorie beruhend auf menschlichem Egoismus. Der heutige „homo oeconomicus" hat nicht mehr viel
zu tun mit demjenigen, den Adam Smith vor Augen hatte.
Zwar ging auch er in seiner Theorie der politischen Ökonomie
von der Erkenntnis aus, dass alles menschliche Streben von
Egoismus und Profitmaximierung geleitet sei, stellte diesen
aber auch das Mitgefühl an die Seite, weil nur so der göttliche
Plan, Wohlstand für alle Menschen zu gewährleisten, verwirk-
licht werden könne. Für Smith ist es die unsichtbare Hand Gottes, die den Weg zum Wohlstand aller vorgibt, aber dieser Weg
muss zugleich auch ein Weg menschlicher Tugendhaftigkeit
sein. Genügsamkeit, Fleiß, Besonnenheit, Gewissenhaftigkeit,
Beharrlichkeit und Verlässlichkeit gehören daher auch zu den
wesentlichen Merkmalen seines Modells einer erfolgreichen
Wirtschaftsordnung. Dieses überaus ethische Konzept wirtschaftlichen Handelns steht in einem diametralen Gegensatz
zu dem, was den heutigen „homo oeconomicus" auszeichnet
(und zwar nicht nur in der Finanzwelt), der nur noch nach Ge-
winn und Verlust kalkuliert. Auch wenn für Smith der Egoismus und die Eigensucht zur Natur des Menschen gehören, so
ist es doch unabdingbar, diese durch Erziehung und Bildung so
weit zu humanisieren, dass sie auch mit der Würde des Menschen vereinbar sind. Sein homo oeconomicus war frei von
den Eitelkeiten des Hedonismus und der Geld-Verehrung, die
seine moderne Variante auszeichnen.
       Ich war sehr glücklich, als der Kalte Krieg endlich zu Ende
gegangen ist, und ich habe dieses Ende als ein Zeichen zuneh-
mender Demokratisierungsprozesse in der Welt gedeutet. Aber
schon damals habe ich mir gewisse Sorgen darüber gemacht,
wie man sicherstellen könnte, dass diese Prozesse auch unumkehrbar bleiben. Das Maßhalten, die innere Selbstbeherrschung
und auch die Selbstdisziplin des Menschen sind meiner Ansicht
nach die entscheidenden Voraussetzungen dafür, dass Demo-

kratie gelingen kann. Ob aber auch die Mehrheit der Menschen dazu bereit sein wird, ist ungewiss.

Anfang der neunziger Jahre habe ich anlässlich der alljährlichen Friedenskonferenz der Soka Gakkai International einen Vortrag gehalten, in dem ich auch auf Platons Kritik an der Demokratie zu sprechen kam. Schon damals habe ich betont, dass die Demokratie gefährdet bleibt, solange es nicht zu einem grundsätzlichen Bewusstseinswandel der Menschen kommt.

Alexis de Tocqueville hat in seiner scharfsinnigen Analyse der amerikanischen Demokratie deutlich gemacht, dass im Gegensatz zur feudalen Gesellschaft, die starr und unflexibel ist, in einer Demokratie alles in einem ständigen Fluss begriffen ist, eben weil sie auf den Prinzipien der Freiheit und Gleichheit beruht. Und er hat recht, denn nichts ist weniger starr und festgelegt als der menschliche Geist. Man kann nicht erwarten, dass sich stabile und dauerhafte demokratische Strukturen herausbilden, solange Egoismus und Eigennutz triumphieren. Die Gefahr, dass am Ende der Pöbel die Herrschaft übernehmen könnte, ist durchaus nicht von der Hand zu weisen.

Platon war nicht zuletzt auch deshalb so skeptisch gegenüber der attischen Demokratie, weil sein Lehrer Sokrates ja gerade im Namen dieser Art von Volksherrschaft zum Tode verurteilt worden war. In seinem philosophischen Dialog *Der Staat* lässt er keinen Zweifel daran, welche Staatsform er für die beste hält. An erster Stelle steht für ihn die Aristokratie, danach kommen die Timokratie, die Oligarchie, die Demokratie und schließlich die Tyrannei, die alle bereits Verfallsformen der Aristokratie darstellen. Die Demokratie steht für ihn erst an vierter Stelle, weil sie aufgrund ihrer inneren Widersprüche unweigerlich in der Tyrannei enden wird. Der berühmte britische Philosoph und Mathematiker Bertrand Russell und auch viele andere Verfechter der modernen Demokratie haben diese Auffassung Platons kritisiert und zurückgewiesen. Ich bin allerdings der Ansicht, dass man auch nach mehr als 2000 Jahren Platons Befürchtungen und seine Skepsis hinsichtlich der Demokratie nicht einfach außer Acht lassen sollte, denn die vielen Rückschläge, die es seit dem Ende des Kalten Krieges in den Demokratisierungsprozessen der verschiedensten

Länder gegeben hat, haben gezeigt, dass er dafür durchaus gute Gründe hatte.

Wie ich bereits mehrmals betont habe, steht für mich die innere Welt des Menschen, seine innere Grundeinstellung und Haltung, an erster Stelle. Davon ausgehend muss man auch das betrachten, was Platon über die Zwangsläufigkeit sagt, mit der die Demokratie in die Tyrannei führt. Die Verfechter der Demokratie argumentieren, so heißt es in seinem *Staat*, dass der Mensch von Natur aus frei ist, und da die Freiheit das höchste Gut der Demokratie ist, ist diese auch die einzig dem Menschen angemessene Staatsform. Da nun aber die Demokratie den Menschen in seinem unersättlichen Drang nach Freiheit noch zusätzlich unterstützt, entgegnet Platon ihnen, bringt sie eine so große Vielzahl an Bedürfnissen hervor, dass diese auf heimtückische Weise die Oberhand über dessen Seele gewinnen und ihn schließlich zu Ehrsucht und Streitlust verleiten. Genügsamkeit wird in der Folge als Dummheit abqualifiziert, Besonnenheit als unmännlich und Mäßigung als tölpelhaft. In Scharen schmücken sich die Menschen nun mit Ehrenkränzen, in Prozessionen ziehen sie ausgelassen durch die Straßen und „unter beschönigenden Benennungen" singen sie ein Loblied auf Zügellosigkeit, Liederlichkeit und Schamlosigkeit. Bis dann schließlich die ganze Situation außer Kontrolle gerät und nach einem starken Führer gerufen wird, der die Ordnung wieder herstellt. Wie bei den Bienen wird nun unter den „nichtsnutzigen Drohnen" eine mit einem Stachel ausgewählt und zum Führer der Masse ernannt, wobei dieser schnell seinen diabolischen Machtgelüsten nachgibt und sich in einen Tyrannen verwandelt. Das so ernüchternde wie scharfsinnige Fazit Platons lautet daher am Ende: „Natürlich also geht die Tyrannis aus keiner anderen Staatsverfassung hervor als aus der Demokratie, aus der zur höchsten Spitze getriebenen Freiheit die größte und drückendste Knechtschaft."

Man muss sich darüber im Klaren sein, dass es in Platons *Staat* nicht in erster Linie um eine Theorie politischer Systeme geht, sondern vielmehr um die Frage, was den Menschen in seinem eigentlichen Menschsein ausmacht. Es ist gerade dieses unablässige Bemühen darum, das innerste Wesen des Menschen

zur Erscheinung zu bringen, verknüpft mit einer ungeheuren
Sprachgewalt, die Platons Werke ewig jung erscheinen lassen
und daher auch für unsere Zeit unverzichtbar machen. Einiges
in seinen Dialogen klingt für moderne Ohren natürlich etwas
irritierend. Aber in der Art und Weise, wie diese Dialoge unser
Denken ausgehend von Alltagssituationen auf die eigentlichen
Fragen des Menschen lenken, also auf die Fragen nach einem
wahrhaft guten und glücklichen Leben, haben sie bis heute
nichts von ihrer Gültigkeit und Faszination verloren.

Der sehr einflussreiche und auch weltweit bekannte amerikanische Journalist Walter Lippmann hat immer wieder auf
die Bedeutung der sokratischen Methode für die Weiterentwicklung der Demokratie hingewiesen. In seinem äußerst bemerkenswerten Buch *Die öffentliche Meinung* weist er auf die
ambivalente Rolle der Massenmedien in der Herausbildung
der öffentlichen Meinung hin. Die Selektion von Informationen
und die Verwendung von Stereotypen sind laut Lippmann für
den politischen Meinungsbildungsprozess bis zu einem gewissen Grade unvermeidlich, da die breite Masse nur wenig Interesse für das Gemeinwesen mitbringt. Diese Art der „Manipu-
lation" ist allerdings nur dann gerechtfertigt, wenn sie im
Dienst höherer politischer Ziele steht. Um daher aus der breiten, unwissenden Masse ein gebildetes und aufgeklärtes Volk
von Wählern zu machen, müssen sich die politisch Verantwortlichen in einer Demokratie den sokratischen Dialog zum Vorbild nehmen.

Im Buddhismus heißt es, dass jemand, der nicht in der Lage
ist, einen drei Meter breiten Graben zu überwinden, auch niemals in der Lage sein wird, einen Graben zu überwinden, der
dreißig Meter breit ist. Der Buddhismus sagt außerdem, dass
selbst die längste Reise mit dem ersten Schritt beginnen muss.
Das heißt mit anderen Worten, dass jedes noch so ehrgeizige
Ziel immer dann scheitern muss, wenn wir das aus dem Blick
verlieren, was direkt vor unseren Augen liegt. Auch in den sokratischen Dialogen geht es immer um das, was das Nahelie-
gende ist. Und deshalb können sie uns auch heute, wo es um
die Stärkung der demokratischen Prozesse in der Welt gehen
muss, dabei helfen, optimistisch in die Zukunft zu blicken.

In Platons *Gorgias* macht sich der Athener Politiker Kallikles, der recht scharfsinnig ist, über Sokrates' Ermahnung zur Besonnenheit lustig, indem er sagt: „Wohlleben, Zügellosigkeit, Freiheit, wenn sie festen Rückhalt hat, das ist die Tugend und Glückseligkeit." Sokrates bleibt wie immer ganz gelassen, nimmt das heißblütige Großmaul freundlich beiseite, verwickelt ihn in sein berühmtes Frage-Antwort-Spiel und legt dabei nach und nach all die Widersprüche seiner hedonistischen Lebenseinstellung offen. Da heißt es zum Beispiel in einer der Fragen, die er Kallikles stellt: „Nun sage mir zunächst: Wenn jemand die Krätze hat und es juckt ihn und er kann sich in Fülle kratzen und sein ganzes Leben mit Kratzen zubringen – heißt das auch glücklich leben?" Woraufhin dieser zunächst völlig verblüfft ist. Das Gespräch geht dann noch eine ganze Weile hin und her und am Ende fragt Sokrates, ob jemand, der sich der Vergnügungssucht hingibt, wohl auch tatsächlich glücklich ist, und ob jemand, der ein Leben in Bequemlichkeit führt, wohl auch ein gutes Leben führt. Kallikles wird immer kleinlauter und muss schließlich, wie immer in den platonischen Dialogen, Sokrates in allem Recht geben, was er sagt. Ob das einem Sokrates bei einem Gespräch mit den Hedonisten unserer Zeit und jenen, die nur noch das Geld anbeten, wohl auch gelingen würde?

Ganz wie bei Sokrates ist es auch bei Shakyamuni die Verbindung von Mitgefühl und Weisheit, die den Menschen den rechten Weg weisen soll. Einmal kam eine Frau zu ihm, die um ihr kürzlich verstorbenes Kind trauerte, und bat ihn um ein Mittel, das es wieder ins Leben zurückbringen könnte. Shakaymuni entgegnete ihr, dass er ein Mittel kenne: Sie solle ihm nur Weißen Mohn besorgen aus einem Haus, in dem noch nie jemand gestorben sei. Also band die Frau ihr totes Kind auf den Rücken und machte sich auf die Suche. Aber in jedem Haus, in dem sie nachfragte, war schon einmal jemand gestorben. Als es dann dunkel wurde und sie immer noch keinen Weißen Mohn gefunden hatte, dachte sie bei sich: „Ich habe immer nur an den Tod meines eigenen Kindes gedacht, und während ich nun durch die ganze Stadt gelaufen bin, musste ich feststellen, dass es dort mehr Tote gibt als Lebende." Und schon begann ihre

Trauer nachzulassen. Als sie dann schließlich wieder bei Sha-kyamuni angekommen war, klärte er sie über die Grundwahr-heiten allen Seins auf: über die Unbeständigkeit des Lebens, über die Unumgänglichkeit des Todes und die vier Arten des Leidens – Geburt, Altern, Krankheit, Tod.

Sokrates und Shakyamuni haben den Dialog als den einzigen Weg betrachtet, der es dem Menschen ermöglicht, aus eigener Kraft zur Wahrheit zu gelangen. Ich habe immer davon geträumt, dass es auch mir gelingt, auf diesem Weg so weit wie möglich voranzukommen. So steinig und verschlungen er auch sein mag, so bleibt er für mich doch auch heute noch der einzig gangbare, um all die Schwierigkeiten und Probleme unserer Zeit zu überwinden. Und ich bin der festen Überzeugung, dass das auch der Weg ist, der Herrn Gorbatschow dazu antreibt, überall in der Welt eine kulturelle Revolution anzustoßen, die die Menschen dazu befähigt, aus eigener Kraft zu denken.

Mir ist bewusst, was für eine gewaltige Aufgabe das ist. Das gesprochene Wort zählt heute nicht mehr viel und wird zumeist sogar verdächtigt, die eigentlichen Absichten zu verschleiern. Aber das war auch zur Zeit des Sokrates nicht anders, als die Sophisten für Geld und Ruhm ihre Weisheiten unters Volk brachten. Sokrates selbst wurde angeklagt, weil er angeblich die Jugend verführte, er wurde verleumdet und schließlich zum Tode verurteilt. Aber die Geschichte ist ein strenger Richter, und man darf sich fragen, welche Worte der Menschlichkeit mehr zu ihrem Recht verholfen haben, diejenigen des Sokrates, der trotz aller Schmähungen, Verunglimpfungen und sogar Todesdrohungen seinen Idealen treu geblieben ist, oder diejenigen der Sophisten. Mein Mentor Josei Toda hat immer gesagt, dass Worte, hinter denen keine innere Überzeugung steht, nur Schall und Rauch sind. Dieser Grundsatz ist für mich in meinen Gesprächen mit Herrn Gorbatschow immer leitend gewesen.

Die Gedanken, die Herr Gorbatschow über die künftige Rolle der Vereinten Nationen geäußert hat, teile ich voll und ganz. Das lässt sich auch meinen zahlreichen Vorträgen über die Notwendigkeit verstärkter Friedensanstrengungen in der Welt entnehmen. Die UNO, und vor allem der Sicherheitsrat, hat in der Vergangenheit zu sehr auf die Option der militärischen Gewalt gesetzt, und tut das auch heute noch. Meiner Auffassung nach wird sie aber nur dann eine Zukunft haben, wenn es ihr gelingt, all die Möglichkeiten der Konfliktlösung auszuschöpfen, die sich ihr auf dem Weg einer „sanften Gewalt" bieten. Wahrscheinlich wird es immer wieder internationale Konflikte geben, die nur mit einem Militäreinsatz zu befrieden sind, aber ich habe größte Zweifel daran, dass wir auf diesem Weg zu einer stabilen Weltordnung gelangen werden. Der Golf-Krieg und die Kriege auf dem Balkan haben uns die Grenzen einer solchen Möglichkeit nur allzu deutlich vor Augen geführt. Anstatt also diesen Weg weiterzuverfolgen, müssen die Vereinten Nationen, die sich ja als eine Ratsversammlung zur Beförderung von Humanität verstehen, in erster Linie Mechanismen und Regeln etablieren, die das Wort und den Dialog in den Mittelpunkt stellen. Die Soka Gakkai International (SGI), die als Nichtregierungsorganisation bei den Vereinten Nationen akkreditiert ist, wird alles in ihrer Macht Stehende tun, um diesen Prozess voranzubringen.

Quellen und Verweise*

S. 13: Alexander S. Zipko, *Proschtschanie s Kommunismom*, 1991.

S. 14: Fjodor Schaljapin, *Maska i dusha: moi sorok let na teatrakh*, Moskau: Sojusteatr, 1991, S. 222.

S. 21: André Maurois, *Au commencement était l'action*, Paris: Librairie Plon, 1966, S. 93; 94.

S. 90f.: *Die Schriften Nichiren Daishonins*, Freiburg: Herder, 2014, S. 354.

S. 103: Fjodor M. Dostojewski, *Schuld und Sühne*, Kapitel 41.

S. 124: *Das Lotos-Sutra*, übers. Max Deeg, Darmstadt: Wissenschaftliche Buchgesellschaft, 2007, S. 125.

S. 124f.: *Die Schriften Nichiren Daishonins*, Freiburg: Herder, 2014, S. 941.

S. 126: Nichiren Daishonin, *Record of Orally Transmitted Teachings*, Tokyo, S. 115.

S. 130: Hans Kelsen, *Aufsätze zur Ideologiekritik*, Neuwied: Luchterhand, 1964, S. 230–231.

S. 134: Soka Gakkai International, Charta.

S. 139: Leo Tolstoi, *Was ist Religion und worin besteht ihr Wesen*, Anker eBooks, 2014, Position 278.

S. 139: Mahatma Gandhi, http://courses.dl.kent.edu/21020/hgandi.htm

S. 140: Mahatma Gandhi, *Harijan*, 10. Februar 1940, S. 445.

S. 144: Rabindranath Tagore, *Stray Birds*, London: Macmillan, 1917, S. 33.

S. 164f.: Edward S. Morse, *Japan Day By Day*, New York: Houghton Mifflin, 1917, S. 44.

S. 172: Norman Cousins, *Human Options*, New York: Berkley Books, 1983, S. 27.

S. 177: Namentlich nicht genannter Journalist, *Den* (Nr. 32, 1993).

S. 189: Karl Marx, *Ökonomisch-philosophische Manuskripte*, Ms. 44, I.2/389.

S. 221: Johann Peter Eckermann, *Gespräche mit Goethe*, 4.1.1824.

S. 222: Johann Wolfgang von Goethe, *Faust, Zweiter Teil*, Vers 11433 ff.

S. 228: Sergei Netschajew, Der *Revolutionäre Katechismus*, 1869, erste Sätze.

---

* Viele Formulierungen und Sätze, die Michail Gorbatschow und Daisaku Ikeda zitieren, werden im Gespräch Autoren bzw. Werken zugeordnet, ohne dass ein genauer Stellennachweis erfolgt.

Personenregister

Saz, Natalja Iljinitschna 209
Schaljapin, Fjodor Iwanowitsch 14,
    221
Schlesinger, Arthur 202
Schukow, Georgi Konstantinowitsch
    68
Schweitzer, Albert 93, 213, 217f.
Shakyamuni (Siddhartha Gautama)
    40f., 62, 125f., 141f., 178,
    225, 260f.
Shariputra 142
Sinjawski, Andrej Donatowitsch 48
Smith, Adam 184, 256
Sokrates 235, 257, 260, 261
Solschenizyn, Alexander Issajewitsch
    51, 57, 79, 84–86
Stalin, Jossif Wissarionowitsch 12,
    17, 31, 35f., 53–55, 57, 61,
    63f., 68–70, 73, 77, 85, 98
Stancu, Zaharia 162
Stolypin, Pjotr Arkadjewitsch 170
Struwe, Pjotr 208
Suchodolski, Bogdan 226
Suworow, Alexander Wassiljewitsch
    158

Tagore, Rabindranath 144
Tarkowski, Andrej Arsenjewitsch
    209
Tatsui, Baba 164

Timofejewitsch, Jermak 29
Tocqueville, Alexis de 257
Toda, Josei 15, 19f., 23–25, 33, 60,
    91, 119, 173, 204, 230, 261
Tokutomi, Roka 217
Tolstoi, Lew Nikolajewitsch 25, 27,
    61, 119, 136, 138, 143, 178,
    216, 224, 227, 228, 233
Toynbee, Arnold Joseph 65, 120
Trotzki, Lew Davidowitsch 77, 155,
    191
Tschaadajew, Pjotr Jakowlewitsch
    66
Tschingis-Khan 249
Turgenjew, Iwan Sergejewitsch
    165f.

Uschakow, Fjodor Fjodrowitsch 158

Valéry, Paul 219
Vimalakirti 141f.

Wallerstein, Immanuel 253
Weber, Max 125
Whitman, Walt 164, 255f.

Zasulich, Vera 203
Zalygin, Sergei Pawlowitsch 57
Zipko, Alexander Sergejewitsch 13,
    87